社会に切りこむ心理学

データ化が照らし出す社会現象

松井 豊 監修
髙橋尚也・宇井美代子・畑中美穂 編

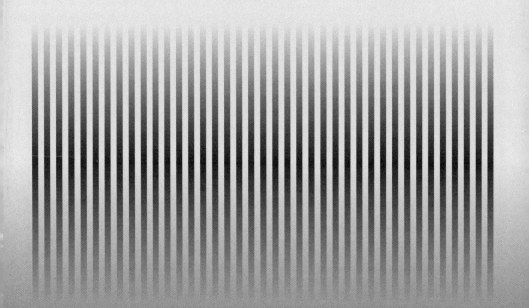

サイエンス社

はじめに

　本書は,『対人関係を読み解く心理学——データ化が照らし出す社会現象』『社会に切りこむ心理学——データ化が照らし出す社会現象』の2巻本のうちの一巻である。それぞれの巻のテーマは対人関係と社会問題と異なっている。また各巻の中でも,各章において実際に扱われている現象はさまざまである。しかし,すべての章に共通している点がある。それは,現象に基づいてボトムアップ式にデータを収集し,データから現象を理解しようとするアプローチである。

　社会心理学に関する良書は多くあり,それらの書籍では社会心理学の根底となる基本的な理論や構成概念が丁寧に解説されている。しかし,私たちの身の回りに生じる現象には,既存の理論だけでは説明できない奥深さや多様性がまだまだ存在している。たとえば,恋愛という現象を見てみよう。恋愛はあまりに私的なこととされ,研究の価値が薄いとみられた時代があった。しかし,巷には恋愛をテーマとする雑誌やドラマ,映画などが多く存在している。この事実から,恋愛は人間の社会生活の中の重要な一側面となっていることが推測される。恋愛はそれぞれの恋人同士が営む独自性のある非常に私的な関係である。一方,ドラマや映画を見たり,時には感動したりするのは,そこに恋愛の普遍性を見ているのかもしれない。

　こういった現象を理解していくためには,理論から仮説を導出し,現象を追究していくトップダウン式の研究だけでなく,現象に関するデータを丹念に収集し,分析し,そして分析結果から人間の行動の一般性や普遍性を導き理論化していく,というボトムアップ式の研究も必要となる。ボトムアップ式の研究では,私的でささいなこと,あたりまえで研究の価値が薄いと考えられがちなこととして研究されてこなかったために理論が十分に確立されていない現象や,情報機器の発達などによって社会状況がめまぐるしく変化する中,これまでの社会には存在していなかった新規な現象などを開拓していくことが可能となる。

　本書では,それぞれの章,あるいはコラムにおいて,各執筆者が興味・関心をもった現象に対して,ボトムアップ式に進めてきた研究の過程を記している。

はじめに

興味・関心を抱いた現象に対して，先行研究での知見を整理し，先行研究で説明されていないことを明確にし，面接調査や質問紙調査や実験，また雑誌の分析などからデータを丹念に積み重ね，複数の研究から現象を理論化していく過程をご覧いただけるだろう。

『対人関係を読み解く心理学——データ化が照らし出す社会現象』では，日々の暮らしの中で接する「他者との関係性」「他者とのかかわりの中でとられる行動」「スキル」に関する研究を紹介する。具体的には，「他者との関係性」として，友人関係，恋愛関係，先輩・後輩関係，上司・部下関係に関する研究を，「他者とのかかわりの中でとられる行動」として，自己開示，許し，援助行動，集団への所属に関する研究を，「スキル」として，対人スキル，恋愛スキルに関する研究を，それぞれ取り上げる。

『社会に切りこむ心理学——データ化が照らし出す社会現象』では，「日常的な出来事」「社会臨床」「政策の基盤」に関する研究を紹介する。具体的には，「日常的な出来事」として，自尊感情の変動，物事を先延ばしにする心理，ファンの心理，大学生のアルバイト，うわさに関する研究を，「社会臨床」として，がん医療，犯罪被害者遺族，被災した人々，また行政職員や消防職員や警察官という援助者に関する研究を，「政策の基盤」として，刑務所の受容，男女の役割・共生，行政と市民に関する研究を，それぞれ取り上げる。

また，それぞれの巻の終章では，ボトムアップ研究から対人関係や社会を読み解き，切りこむ際の詳細や留意点をまとめている。

これから卒業論文や修士論文を書き始める方には，ボトムアップ式により研究を進めていく事例として本書をお読みいただき，ご自分の研究テーマに応用していただければ幸いである。また，本書は社会心理学の初学者の方にも分かりやすいように留意したつもりである。実際には研究をされない方にとっても，本書が自分に身近な現象について理解を深める一助になれば幸いである。

監修者　松井　豊
編者　宇井美代子・畑中美穂・髙橋尚也

目　次

はじめに …………………………………………………………………… i

第 1 章　自尊感情の揺れ動きと適応　1
　1.1　自己に対する評価 ………………………………………………… 1
　1.2　自尊感情研究の最前線 …………………………………………… 3
　1.3　揺れ動く自尊感情 ………………………………………………… 8
　1.4　まとめ ……………………………………………………………… 16

第 2 章　先延ばしの心理過程　19
　2.1　先延ばしは治療すべき悪癖――先延ばし研究の問題意識 …… 19
　2.2　先延ばしをしやすいことは悪いことなのか …………………… 22
　2.3　先延ばしの原因 …………………………………………………… 24
　2.4　先延ばしを複数のタイプからとらえる ………………………… 29
　2.5　おわりに …………………………………………………………… 39

第 3 章　ファン心理を科学する　41
　3.1　ファン心理研究の歴史 …………………………………………… 41
　3.2　ファン心理の特徴 ………………………………………………… 44
　3.3　ファン心理研究の課題 …………………………………………… 51
　3.4　まとめ ……………………………………………………………… 58

コラム 1　古くて新しいうわさ ……………………………………… 60

第 4 章　大学生とブラックバイト　63
　4.1　ストレスとは何か ………………………………………………… 63

4.2　職業性ストレス理論 ………………………………………………… 65
　4.3　職業性ストレスが健康に及ぼす影響 ………………………………… 69
　4.4　大学生における労働 …………………………………………………… 71
　4.5　ま　と　め ……………………………………………………………… 77

第5章　男女の共生　79
　5.1　日本は必ずしも男女平等な国とはいえない ………………………… 79
　5.2　男女の格差をもたらす心理的背景要因 ……………………………… 82
　5.3　個人が考えるさまざまな男女平等の判断基準 ……………………… 86
　5.4　男女平等観が個人間で異なるとき …………………………………… 92
　5.5　今後の研究に望まれるもの …………………………………………… 95

コラム2　男性の性役割 ………………………………………………… 96

第6章　行政と市民の心理学　99
　6.1　行政と心理学 …………………………………………………………… 99
　6.2　市民を取り巻くコミュニティ ………………………………………… 101
　6.3　行政に対するイメージと信頼 ………………………………………… 103
　6.4　公務員組織の特徴 ……………………………………………………… 106
　6.5　行政と市民のコミュニケーション …………………………………… 107
　6.6　行政との協働の進展プロセス ………………………………………… 115
　6.7　行政に関わる心理学の展望 …………………………………………… 117

第7章　偏見の低減
　　　　──PFI（官民協働）刑務所開設を事例として　119
　7.1　ステレオタイプ・偏見・差別 ………………………………………… 119
　7.2　ステレオタイプ・偏見形成の背景 …………………………………… 120

7.3　接触による偏見低減 …………………………………………… 121
　　　7.4　効果的接触と社会的・制度的支持 …………………………… 122
　　　7.5　官民協働刑務所開設の背景 …………………………………… 122
　　　7.6　刑務所に対する態度 …………………………………………… 125
　　　7.7　PFI刑務所開設が地域住民の心理に与えた影響 …………… 128
　　　7.8　PFI刑務所の事例からみた接触による偏見低減効果 ……… 128
　　　7.9　ま と め ………………………………………………………… 131

第8章　がん医療における悲嘆　133

　　　8.1　悲 嘆 と は ……………………………………………………… 133
　　　8.2　がん患者と家族が体験するさまざまな悲嘆 ………………… 137
　　　8.3　死別による悲嘆がもたらす問題 ……………………………… 140
　　　8.4　がんで家族を亡くした遺族の悲嘆への介入 ………………… 143
　　　8.5　ま と め ………………………………………………………… 148

第9章　犯罪被害者遺族の心理学　149

　　　9.1　親しい人を犯罪で失うということ——悲嘆とトラウマ，PTSD
　　　　　 ……………………………………………………………………… 150
　　　9.2　犯罪被害者遺族となってから知ること ……………………… 154
　　　9.3　遺族を助ける——私たちができる支援 ……………………… 160
　　　9.4　ま と め ………………………………………………………… 163

第10章　消防職員の惨事ストレス　165

　　　10.1　消防職員の惨事ストレス ……………………………………… 165
　　　10.2　消防職員のストレス開示 ……………………………………… 168
　　　10.3　消防職員の外傷後成長 ………………………………………… 174
　　　10.4　ま と め ………………………………………………………… 176

コラム3　警察官の惨事ストレス ………………………………… 177

第11章　被災した自治体職員の心理　179
11.1　自治体職員が被災するということ ……………………… 179
11.2　被災の影響 ……………………………………………… 183
11.3　実際に行われたストレスケア ………………………… 190
11.4　被災に備える …………………………………………… 193

コラム4　消防職員の惨事ストレス対策研修 …………………… 198

第12章　ボトムアップ研究から社会に切りこむこと　201
12.1　ボトムアップ研究の特徴 ……………………………… 201
12.2　本書で取り上げたトピック …………………………… 203
12.3　身近なことの客体化 …………………………………… 204
12.4　フィールドでコラボレーション ……………………… 205
12.5　政策に切りこむ心理学 ………………………………… 206
12.6　ボトムアップ研究のゴール …………………………… 208

コラム5　終章を読んで——血液型ステレオタイプ研究を例にとって
　　　　………………………………………………………………… 211

おわりに ……………………………………………………………… 217
引用文献 ……………………………………………………………… 218
人名索引 ……………………………………………………………… 241
事項索引 ……………………………………………………………… 243
執筆者紹介 …………………………………………………………… 245

第1章
自尊感情の揺れ動きと適応

市村美帆

　あなたは，自分自身をどのように評価しているだろうか？　また，その評価は「いつも同じ」だろうか？　心理学では，人が自分に対して行う評価は，自己評価や自尊感情としてとりあげられ，その機能や，人のさまざまな行動および心理的適応との関連について研究が行われている。

　本章では，人が自分に対して行う評価の中でも，自分に対する全体的な評価である「自尊感情」に注目し，その評価の揺れ動きの特徴，および，心理的適応との関連について取り上げることとする。

1.1　自己に対する評価

1.1.1　人が自分に対して行う評価とは？

　心理学では，自己に対する評価について，さまざまなとらえ方がある。たとえば，「僕は運動能力がいいほうだ」や「私のスタイルはよくない」など，運動の能力や外見の魅力など，自分の特定の側面に関する評価がある。一方で，「自分にはいいところもわるいところも色々あるけれど，そんな自分でいいと思う」とか「どうせ自分なんて，何をしてもだめだ」というように，自分に対して全体的な評価をすることもある。前者のように，自分の特定の側面に関する評価を「**自己評価**」といい，後者のように，自分に対する全体的な評価を「**自尊感情**」という。

　以下の3項目は，ローゼンバーグの自尊感情尺度（山本他，1982）から抜粋した項目である。3項目の回答の合計得点（3点から15点の範囲）が高いほど，

自尊感情が高く，全体的な自分に対して高い評価をしていることを示す。読者のみなさんにも，回答してみていただきたい。

	あてはまらない	ややあてはまらない	どちらともいえない	ややあてはまる	あてはまる
1 少なくとも人並みに価値のある人間である。	1	2	3	4	5
2 自分に対して肯定的である。	1	2	3	4	5
3 だいたいにおいて，自分に満足している。	1	2	3	4	5

1.1.2　評価はいつも同じ？

　さて，回答していただいた3項目への回答は，いつも同じだろうか？　たとえば，期末テストが終わり，低い点数の答案が戻ってきた後に回答したら，自分の勉強不足を不甲斐ないと感じたり，能力の低さを感じたりして，自分に対して否定的な評価をするのではないだろうか？　一方，長い間片思いをしていた相手に自分の気持ちが伝わり，恋人関係になった後に回答したら，自分の気持ちが伝わった喜びを感じたり，自分を必要としてくれる人がいることが嬉しくなり，自分に対して肯定的な評価をするだろう。前者のように，物事に失敗してしまったり，低い評価を受けたりすると，自尊感情は低くなると考えられる。後者のように，人から受け入れられ，必要とされたりすると，自尊感情は高くなると考えられる。このように，自尊感情はいつどんなときでも同じなのではなく，日常生活の中で経験するさまざまな出来事によって，変化するものと考えられる。

　図 1.1 は，ある大学院生の1週間の自尊感情の高さの変動グラフと，出来事の概要である。自尊感情は，友達と遊びに行ったことや，やらなければいけないことを1つずつ解決するなどの出来事に伴って，得点が上昇している。一方で，適当に作業をした自分にうんざりしたり，やることが多すぎて泣きたくなったなど，ネガティブな出来事や感情に伴って，得点が低下しているように見受けられる。

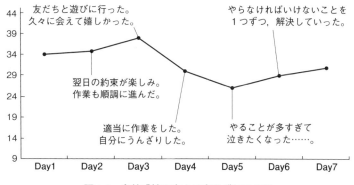

図 1.1　自尊感情の高さの変動グラフの例
7日間（1日1回）就寝前に，測定時の自尊感情の高さの指標となる状態自尊感情尺度（阿部・今野，2007）に回答し，それぞれ合計得点（得点範囲9〜45点）を算出し，グラフ化した。

　このように，人が自分に対して行う評価は，特定の側面に対する評価である自己評価と，全体的な評価である自尊感情がある。全体的な評価である自尊感情の高さはいつも同じではなく，日常生活のさまざまな出来事によって変化する。

1.2　自尊感情研究の最前線

　これまで取り上げてきたように，自己に対する全体的な評価である自尊感情は，比較的イメージしやすい心理的特徴である。また，自尊感情は，人の行動や心理的適応など，さまざまな心理的な問題に影響すると考えられている。そのため，さきほど取り上げたローゼンバーグの自尊感情尺度は，尺度が開発されて以来，数多くの自尊感情に関する研究で用いられており，心理学でもっともよく用いられる心理尺度の一つとなっている。このような背景から，自尊感情に関する知見は日々蓄積されてきた。本節では，近年の自尊感情研究の動向について取り上げる。

1.2.1 高い自尊感情のメリットとデメリット

　他者について「あの人はいつも自分に自信があって，すごいな。うらやましいな」と思うことはないだろうか。このように，一般に人は，自尊感情は高いほうが望ましいと考えているようである。

　実際に，自尊感情が高いほど，望ましい特徴があることが報告されている。たとえば，自尊感情が高いほど，抑うつや不安が低いこと（Smart & Walsh, 1993；Ciarrochi et al., 2001）や，ウェルビーイング（well-being）が高いこと（Diener, 1984）が明らかにされている。しかしその一方で，自尊感情が高いほど，攻撃性が高いこと（Kernis et al., 1989；Baumeister et al., 1996）も明らかにされている。

　このように，高い自尊感情には心理的に適応的な特徴と不適応的な特徴があることが明らかにされている。高い自尊感情の望ましさについては，異なる知見があり，高い自尊感情が必ずしも望ましいとはいいきれない。

1.2.2 自尊感情のさまざまなとらえ方

　自尊感情に関する研究が蓄積される一方で，自尊感情とは何かという概念に関する問題についても，たびたび議論がなされている。

　自尊感情は，「自己に対する肯定的，あるいは否定的な態度」（Rosenberg, 1965）や「自己への肯定的評価」（Baumeister, 1998）と定義されている。なお，自尊感情は自尊心やセルフエスティーム（self-esteem），自己評価と表現されることもある。ただし，自己評価については，先にあげたように，「僕は運動能力がいいほうだ」や「私のスタイルはよくない」など，運動の能力や外見の魅力など，自分の特定の側面に関する評価を示す概念として用いられることが多い。

　また，自尊感情を，「状態自尊感情」と「特性自尊感情」からとらえることもある。阿部・今野（2007）は，自尊感情の状態と特性について議論した研究を整理し，状態自尊感情とは「現時点の自分に対して感じる全体的な評価であり，日常生活の出来事などに対応して変動するもの」であり，特性自尊感情は「時間や状況を通した自分に対して感じる全体的な評価であり，比較的安定し

ているもの」と定義している。

　さらに，自尊感情の新たなとらえ方として，ソシオメーター理論（sociometer theory；Leary et al., 1995）や存在脅威管理理論（terror management theory；Solomon et al., 1991）がある。2つの理論は共に，自尊感情の機能について議論している。ソシオメーター理論では，人が生きていくためには他者との良好な関係性が必要不可欠であると考えており，自分が他者から受容されているのか，拒否されているのかを監視するシステムとして自尊感情は存在するととらえている。一方，存在脅威管理理論では，人は他の生物とは異なり，高度な知的能力をもっているために，避けることのできない死に対して不安を抱いており，その不安感を和らげるためにさまざまな文化があると考えている。文化によって，人が生きる世界には意味があり，安定的で永続的であるととらえることができ，その文化で価値ある人間であると思えること（高い自尊感情）によって，人は死に対する不安を和らげることができるととらえている。

　このように，自尊感情に関する知見が蓄積される一方で，自尊感情とはどのようにとらえられるべきなのか，自尊感情の機能や役割という本質的な問題についても検討されている。

1.2.3　自尊感情の高さ以外の特徴

　自尊感情研究では，ローゼンバーグの自尊感情尺度で測定される自己に対する評価の「高さ」だけでなく，自尊感情の「質」も注目されている（Kernis, 2003）。自尊感情の「質」とは，自尊感情の高さが「本当に（真に），高いものなのだろうか」ということに注目している。たとえば，一見，自尊感情が高いようにみえるが，実はその自尊感情はとても脆く，何らかのきっかけで自尊感情が低くなってしまうのであれば，本当に（真に）高い自尊感情とはいえない。

　自尊感情の「質」として，無意識レベルの自尊感情（潜在的自尊感情）や，自尊感情の根源（随伴性自尊感情）や，自尊感情の揺れ動き（自尊感情の変動性）などが注目されている。

1.　潜在的・顕在的自尊感情

　ローゼンバーグの自尊感情尺度などを用いて測定した自尊感情は，人が自分

自身のことを考え，回答したものであり，意識化された評価である。これを**「顕在的自尊感情」**という。一方で，無自覚な回答による無意識的な自尊感情を，**「潜在的自尊感情」**という。潜在的自尊感情は，自分では気づくことができない自尊感情である。意識的な評価である顕在的な自尊感情が高くても，無意識的な評価である潜在的な自尊感情が低い場合は，自尊感情が本当に真に高いとはいえない。本当は自尊感情が低いにもかかわらず，その評価を隠し，自尊感情を高くみせているのである。自己愛に関する研究では，自己愛人格者が，自分自身が劣っている（潜在的自尊感情が低い）ことを，自分自身を誇大的にみせる（顕在的自尊感情が高い）ことによって隠しているという考え方もある（自己愛のマスクモデル；Bosson et al., 2008）。

なお，無意識レベルの自尊感情の測定には，主に，潜在連合テスト（IAT；Implicit Association Test）が用いられる。**潜在連合テスト（IAT）**は，「自分」と「他者」，「良い」と「悪い」の各概念間の結びつきの強さをとらえる実験課題である（たとえば潮村, 2008）。実験課題では，呈示された単語（たとえば，「私」や「賢い」など）を，出来るだけ早く，「自分」と「良い」のカテゴリー，もしくは，「他者」と「悪い」のカテゴリーのどちらかに分類する作業を行う。また，「自分」と「悪い」のカテゴリー，「他者」と「良い」のカテゴリーでも分類する作業を行う。このような実験課題の単語を分類する作業から，「自分」と「良い」の結びつきの強さを測定し，その結びつきが強いほど，無意識的な評価である潜在的自尊感情が高いことを示す。

2. 随伴性自尊感情

難関大学に合格・進学したことが自分の自信になっていたり，大切な家族の存在が自分を支えているというように，人は特定の出来事や他者の存在を根拠として，自己に対して高い評価をすることがある。**随伴性自尊感情**は，自尊感情がなんらかの外的な基準や出来事に随伴（依存）しているかどうかということに着目している。たとえば，競争などで他者よりも優れることを自尊感情の根源としている場合，他者よりも優れたときには高い評価をすることができるが，他者よりも劣ってしまったときには高い評価をすることができなくなってしまう。このように外的な基準や出来事に随伴している自尊感情は，本当に

（真に）高い自尊感情とはいえない。また，競争の勝敗のように結果が常に不安定でわからないものに随伴するよりも，家族の存在を支えにしているように比較的安定しているものに随伴しているほうが，自尊感情の高さが安定すると考えられる。

　随伴性自尊感情については，個人の自尊感情がどの程度外的な基準に随伴しているかを測定する尺度（伊藤・小玉，2006）や，自尊感情が随伴する領域をとらえる尺度（Crocker et al., 2003）が作成されている。

3. 自尊感情の変動性

　短期間に連続して自尊感情を測定すると，得点が大幅に揺れ動く人と，安定している人がいる。自尊感情の変動性研究では，短期間の自尊感情得点の揺れ動きの個人差に注目しており，自尊感情の変動性は「**短期的な自尊感情の変動のしやすさ**」（Kernis et al., 1989）と定義される。たとえば，失敗などの出来事に伴って，自尊感情がジェットコースターのように急落下してしまう場合は，本当に（真に）高い自尊感情とはいえない。カーニス他（Kernis et al., 1989）によれば，自尊感情が高く安定している者よりも，高く不安定である者のほうが，敵意や怒りを感じやすく，自尊感情が平均的に高くても，その高さが安定しているか，不安定であるかによって，異なる特徴がある。

　自尊感情の変動性は，同一の調査対象者に，短期間（5～7日間）に，1日1回ローゼンバーグの自尊感情尺度を用いて自尊感情の測定を行う。そして，調査対象者ごとに，短期間の測定によるデータから，個人内標準偏差を算出し，自尊感情の揺れ動き（変動性）の得点とする（たとえばKernis et al., 1989）。

　以上のように，自尊感情の「質」は，自己に対する評価が潜在的にも顕在的にも高いのかどうか，なんらかの基準や出来事に随伴（依存）しているのかどうか，どのような時でも安定しているのかどうかなど，自尊感情の脆さに注目しているという点で共通していると考えられる。また，自尊感情の「質」に注目することにより，本当に（真に）高い自尊感情とは何か，適応的な自尊感情の特徴について明らかにすることができる。

1.3 揺れ動く自尊感情

これまで取り上げてきたように，近年の自尊感情に関する研究は，自尊感情とは何かという問題や，自尊感情の機能や役割について議論し，自尊感情の「質」に注目することによって，適応的な自尊感情の特徴について検討している。

以下では，自尊感情の「質」の一つである自尊感情の変動性に着目した2つの研究について取り上げる。第1に，自尊感情の揺れ動きを正確にとらえるためにはどうしたらよいのか，すなわち，自尊感情の変動性の測定の問題に取り組んだ一連の研究である。第2に，自尊感情をその高さと変動性の2側面から，自尊感情の4タイプを構成した研究である。各タイプの自尊感情は，どのような心理的特徴と関連するのかという問題に取り組んだ一連の研究である。

1.3.1 自尊感情の揺れ動きを正確にとらえる手段

自尊感情の変動性を測定するためには，自尊感情の揺れ動きを正確にとらえる必要があり，以下の2つの「道具」が必要となる。第1に，測定尺度である。すなわち，ある時点の自尊感情の高さを，正確に測定できる尺度である。測定時に，調査対象者が，「いま」の自分の自尊感情がどのような状態なのか，回答できるようにするための教示の文章や項目が必要となる。第2に，測定手法である。自尊感情の変動性を測定するためには，1人の調査対象者に，短期間に連続して自尊感情の測定をする必要がある。連続した測定には，調査対象者が回答するだけでなく，調査実施者が調査を行うことにも負担がある。十分なデータを確保するためには，調査対象者にも，調査実施者にも，より負担の少ない手法を用いなければならない。

1. 測定尺度

ある時点の自尊感情の高さを正確に測定できる測定尺度として，阿部・今野（2007）は，状態自尊感情尺度を開発している。状態自尊感情尺度は，ローゼンバーグの自尊感情尺度（山本他，1982）の各項目の文章を「いま，自分は人並みに価値のある人間であると感じる」というように，「いま，……感じる」

1.3 揺れ動く自尊感情

> これはあなたが「いま」この瞬間に考えていることを測るための質問紙です。
> 普段ではなく「いま」の自分が考えていることです。
> 以下の文章を読んで、今のあなたの状態に最もあてはまる程度を1つ選んでください。

		あてはまらない	ややあてはまらない	どちらともいえない	ややあてはまる	あてはまる
1	いま,自分は人並みに価値のある人間であると感じる	1	2	3	4	5
2	いま,自分には色々な良い素質があると感じる	1	2	3	4	5
3	いま,自分は敗北者だと感じる	1	2	3	4	5
4	いま,自分は物事を人並みにうまくやれていると感じる	1	2	3	4	5
5	いま,自分には自慢できるところがないと感じる	1	2	3	4	5
6	いま,自分に対して肯定的であると感じる	1	2	3	4	5
7	いま,自分にほぼ満足を感じる	1	2	3	4	5
8	いま,自分はだめな人間であると感じる	1	2	3	4	5
9	いま,自分は役に立たない人間であると感じる	1	2	3	4	5

図1.2 状態自尊感情尺度の質問紙の例 (阿部・今野, 2007を基に作成)
項目3, 5, 8, 9は逆転項目であり,得点を逆転化して用いる。

と改変し,教示の文章にも「いま」という表現を加えて作成している(**図1.2**)。

阿部・今野(2007)によれば,状態自尊感情尺度は,高い内的一貫性をもっており,状態自尊感情尺度の得点が成功や失敗などの出来事に伴って変化することが実験によって明らかにされており,尺度の信頼性と妥当性が確認されている。

2. 測定手法

自尊感情の揺れ動きを測定する手法については,市村(2012)において有効な測定手法はどのようなものなのかについて,検討されている。これまで,同一の調査対象者に複数回調査を実施するには,日誌法が用いられることが多かった。たとえば,阿部他(2008)は,測定期間(7日間)の全質問紙を冊子型にし,1日1ページ(日付や曜日が印刷されているもの)を毎晩就寝前に記入するように教示し,後日回収している。このような日誌法を用いると,通常の

質問紙調査と同様，多数の調査対象者に質問紙を配付して，データを収集することができる。しかし，1日1回の測定を確認することができず，前日のことを思い出して記入したり，数日分まとめて記入したものが含まれてしまう可能性がある。阿部他（2008）によれば，参加した調査対象者のうち半数以上が，前日のことを思い出して翌日に記入したり，数日分をまとめて記入していた。

そこで，市村（2012）は，1日1回の測定を確認するために，携帯電話を測定に使用している。調査実施者があらかじめ質問項目が記載された用紙を配付し，調査対象者は用紙を見ながらメール本文に回答を作成し送信するという「メール機能を用いた調査」と，調査実施者がweb上に携帯電話からアクセス可能な回答ページを作成し，調査対象者がweb上で回答するという「web機能を用いた調査」[1]を実施している。その結果，携帯電話の両機能を用いて1日1回の測定を確認することができた有効データを十分に確保している。

阿部他（2008）の日誌法を用いた調査と，市村（2012）のメール機能およびweb機能を用いた調査の各対象者の回答状況と，各手法の特徴について**表1.1**にまとめた。

日誌法は，冊子型の質問紙を配付し，後日回収するため，調査対象者1日1回回答しているかどうか，確認することができない。また，調査対象者が配付された冊子型の質問紙を手元に置いておく必要があったり，日記をつけるといった習慣のない対象者には負担のある手法であるようである。調査実施者は，冊子型質問紙の作成および配付，回収とデータ入力が必要となるが，心理学研究で行われることの多い質問紙調査の実施と同様であり，負担は少ない。

一方で，携帯電話のメール機能およびweb機能を用いた調査は，1日1回の調査対象者の回答を確認することができる。調査対象者は，メール機能を用いた調査では質問項目が記載された用紙を常備している必要があるが，web機能を用いた調査では携帯電話を所持していれば調査に参加することが可能である。また携帯電話を用いた調査を実施するにあたり，メール機能を用いた調査では，

---

[1] web機能を用いた調査は，放送大学ICT活用・遠隔教育センターのREAS（Real time Evaluation Assistant System；リアルタイム評価支援システム）を用いている。

表 1.1　自尊感情の変動性を測定する各手法の測定状況
（阿部他（2008）と市村（2012）の結果をふまえ作成）

	日誌法		携帯メール機能		携帯 web 機能	
	n	%	n	%	n	%
参加者	173		124		122	
有効データ	55	(31.8)	89	(71.8)	94	(77.0)
無効データ	118	(68.2)	35	(28.2)	28	(23.0)
振り返り	77	(44.5)				
まとめて記入	23	(13.3)				
脱落			25	(20.2)	23	(18.9)
時間外回答			8	(6.5)	4	(3.3)
未記入あり	9	(5.2)	2	(1.6)	1	(0.8)
不明	9	(5.2)				
1日1回の測定の操作	×		○		○	
対象者の負担の軽減	△		△		○	
実施の負担の軽減	○		△		△	

調査実施者はメールの送信受信の作業や，データ処理などの最小限のスキルのみが必要となる。web 機能を用いた調査についても，市村（2012）が利用した web 上の調査を容易に実施するサービスなどが多数あり，近年では携帯電話やスマートフォン，インターネットを調査に利用しやすくなっている。

以上のように，自尊感情の変動性の測定手法として，ある時点の自尊感情の高さを正確に測定することができる測定尺度である状態自尊感情尺度が開発され，短期間に連続して自尊感情の測定をする負担の少ない測定手法として携帯電話を用いた調査が有効であることが明らかになった。

1.3.2　自尊感情の高さと変動性による 4 つのタイプ

ここで，最近の 1 週間を振り返ってみて，自分の自尊感情の得点がどのように変化しているか考えてみてほしい。前述した図 1.1 のようなグラフを描いてみるとよいだろう。もし，正確に測定するのであれば，今日から 1 週間（1 日 1 回），前述した図 1.2 の状態自尊感情尺度に回答し，それぞれ合計得点を算

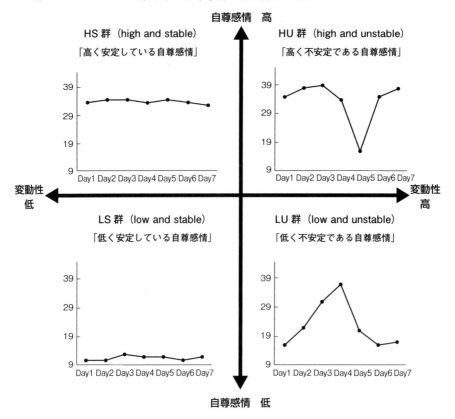

図 1.3　自尊感情の高さと変動性による 4 つのタイプ（群）と代表的な変動グラフ
　　　（市村，2011 を参考に作成）
　　各グラフの縦軸は状態自尊感情得点，横軸は測定日を表す。

出し，グラフ化してみてもよい。測定された状態自尊感情得点の平均的な高さはどのくらいで，その得点はどのくらいばらついているだろうか。

　前述した状態自尊感情尺度と，自尊感情の変動性の測定手法を用いると，各個人の自尊感情の平均的な高さと，自尊感情の揺れ動き（変動性）の高さをとらえることができる。さらに，自尊感情の平均的な高さと変動性の高さの 2 側面から，**図 1.3** のような自尊感情の 4 つのタイプ（群）を構成することができる。

　これまでの研究において，自尊感情の 4 つのタイプ（群）には異なる心理的

特徴があることが明らかになっている。たとえば，自尊感情が高く安定している人と低く安定している人の間には抑うつ得点に差がある一方で，自尊感情が高く不安定である人と低く不安定である人の間には抑うつ得点に差がない（Kernis et al., 1991：市村，2012）。また，自尊感情が高く安定している人よりも，高く不安定である人のほうが，敵意や怒りを感じやすく（Kernis et al., 1989），評価過敏性自己愛傾向が高い（市村，2011）。さらに，自尊感情が低く安定している人よりも，不安定である人のほうが，ウェルビーイング（well-being）が高いこと（Paradise & Kernis, 2002）が明らかにされている。このように，自尊感情の4つのタイプは，心理的適応などの望ましい心理的特徴において異なる。また，従来の自尊感情研究が注目してきた自尊感情の高さ別にみると，自尊感情の高さが同じであっても，その自尊感情が安定しているか，不安定であるのかによって，異なる心理的特徴をもっている。

　そもそも，なぜ，自尊感情が不安定になっているのだろうか。自尊感情が不安定である人は，公的自己意識が高く（Kernis et al., 1992；阿部他，2008），日々の肯定的・否定的な出来事に影響を受けやすいこと（Greenier et al., 1999）が明らかになっている。すなわち，自尊感情が不安定である人は，外から見られる自己に意識を向けやすく，日々経験する出来事に影響を受けやすいために，ポジティブな出来事によって自尊感情が上昇し，ネガティブな出来事によって自尊感情が低下していると考えられる。

　また，自尊感情が不安定である人は，自尊感情が低下した状況にさまざまな反応を示す。自尊感情が低下した状況での反応として，ネガティブな評価を与えられた際の反応（Kernis et al., 1993）や，困難な問題に直面したり不快な出来事を経験したりした際の援助要請（脇本，2008）が取り上げられている。結果を概観すると，自尊感情が高く不安定である人と，自尊感情が低く不安定である人にはそれぞれ以下のような特徴がある。自尊感情が高く不安定である人は，自己に対する評価を維持するために，ネガティブな評価をした人の魅力や能力を低く評価し（Kernis et al., 1993），自分の弱さや対処能力の低さを他者に伝えることになってしまう援助を要請しにくい（脇本，2008）。他方，自尊感情が低く不安定である人は，自己に対する評価を改善しようと，ネガティ

ブな評価の正確性を高く評価し（Kernis et al., 1993），他者に援助を要請したりする（脇本，2008）。このように，自尊感情が不安定である人は，自尊感情が低下した状況において，自己に対する評価を維持するもしくは改善しようとする点が異なっている。

　市村（2011）は，カーニス他（Kernis et al., 1993）や脇本（2008）をふまえ，自尊感情が不安定である人が，ネガティブな出来事によって自尊感情が低下した際に，低下した自尊感情を守るもしくは回復するために，どのような行動をとるのか，自尊感情の低下後の回復行動について注目している。はじめに，市村（2011）は，日々の生活の中で，自尊感情が低下した出来事として，自分自身がだめな人間だと思ったり，自信を失ったり，落ち込んだりした出来事を思い出してもらい，低下した自尊感情を回復するために，もしくは気持ちを和らげるために行った行動について，自由記述形式の質問紙調査によって回答を求めた。回答から得られた268個の行動を整理し，自尊感情の低下後の回復行動に関する項目を作成した。その後，調査を行い，因子分析を用いて4因子（14項目）を抽出した（**表1.2**）。

　自尊感情の高さと変動性の2側面と，自尊感情の低下後の回復行動との関連について検討したところ，自尊感情の2側面による4群は，自尊感情の低下後の行動において異なっていることが明らかになった（**図1.4**）。自尊感情が高く安定している人は，自尊感情が低下した際に，他者に開示をしたり，気晴らしをしたりするなどさまざまな行動をする。自尊感情が高く不安定である人は，自尊感情が低下した際に，気晴らし行動のみをしており，自己に対する評価を維持するために，自分の弱さや能力の低さを他者に伝えることになってしまうような開示をしない。自尊感情が低く安定している人は，自尊感情が低下した際に，回復行動をしない。自尊感情が低く不安定である人は，自尊感情が低下した際に，他者に開示をしたり，なぐさめてもらうなどの受容希求行動をしており，自己に対する評価を改善するために，他者を必要とした行動を選択する。

　以上のように，自尊感情の平均的な高さと変動性の高さの2側面による自尊感情の4つのタイプには，異なる心理的特徴がある。高い自尊感情においては，自尊感情が安定している人よりも，自尊感情が不安定である人のほうが敵意や

表 1.2 自尊感情の低下後の回復行動に関する項目（市村，2011 を基に作成）

第 1 因子　開示行動
1　人に話を聞いてもらう
2　その出来事を話すために，電話やメールをする
3　その出来事を文字（手紙やメール）にして，他者に伝える
4　その出来事や解決方法について，人と一緒に考えようとする
5　人に意見やアドバイスを求める
6　なんとなく人と連絡をとるために，電話やメールをする

第 2 因子　受容希求行動
1　人に「あなたは悪くない」と肯定してもらえるようにする
2　人に共感してもらったり，なぐさめてもらえるようにする
3　人にはげましてもらえるようにする

第 3 因子　気晴らし行動
1　人と意識的に楽しいことばかりを話す
2　ひとりで，意識的に楽しいことばかり考える
3　人と一緒に好きなこと（趣味など）をする

第 4 因子　内省行動
1　その出来事について，ひとりで反省する
2　その出来事について，ひとりで考える

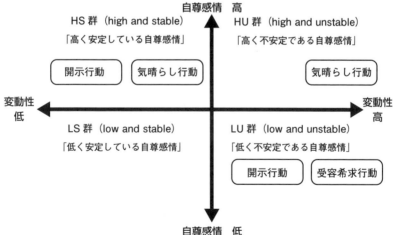

図 1.4　各群の自尊感情低下時の回復行動（市村，2011 の解析結果を図示）

怒りを感じやすい（Kernis et al., 1989）などの心理的に望ましくない特徴がある。また，自尊感情が高く不安定である人は，外から見られる自己に意識を向けやすく，日常生活のさまざまな出来事に自己に対する評価が影響を受けやすい。そのため，自分の弱さや能力の低さを他者に伝えることを避けるなどして，自己に対する高い評価がジェットコースターのように急落下してしまわないように，その高さを維持しようとしていると考えられる。

一方で，低い自尊感情においては，自尊感情が安定している人よりも，自尊感情が不安定である人は，ウェルビーイング（well-being）が高く（Paradise & Kernis, 2002），心理的に望ましい特徴がある。また，自尊感情が低く不安定である人は，外から見られる自己に意識を向けやすく，日常生活のさまざまな出来事に自己に対する評価が影響を受けやすい。そのため，人になぐさめてもらうなど他者に支えてもらうことにより，自己に対する低い評価を高め，その低さを改善しようとしていると考えられる。

1.4 まとめ

本章では，全体的な自己に対する評価である自尊感情に着目し，近年の自尊感情研究が取り組んでいる自尊感情とは何かという問題や，自尊感情の機能や役割に関する議論や，自尊感情の「質」という側面について取り上げた。そして，自尊感情の「質」の一つである自尊感情の変動性に着目し，測定手法の開発と，自尊感情の高さと変動性の2側面による4つのタイプ（群）の特徴に関する研究を取り上げた。

自尊感情の変動性の測定手法については，ある時点の自尊感情の高さを正確に測定することができる測定尺度と，短期間に連続して自尊感情の測定をする負担の少ない測定手法の2つの「道具」が開発された。これまで，自尊感情の揺れ動きを正確に測定する手段はなかったが，開発された状態自尊感情尺度（阿部・今野，2007）と，携帯電話を用いた測定手法によって，正確に測定することが可能となった。また，短期間に連続して自尊感情の測定をすることは，回答する調査対象者だけでなく，調査をする調査実施者にも負担があったが，

携帯電話を用いた測定手法によって，両者の負担を最小限とし，解析に用いることのできる多数の有効データを収集することが可能となった。また，携帯電話を用いた測定手法は，自尊感情以外にも，短期間に揺れ動く心理的な特徴をとらえる研究や，その他の縦断的な調査にも応用することが可能である。

　自尊感情をその高さと変動性からとらえることによって，自尊感情を4つのタイプにわけることができ，また各タイプ（群）には，異なる心理的特徴があることが明らかになった。高い自尊感情においては，安定している人よりも不安定である人のほうが心理的に望ましくない特徴があり，両者の違いが明らかになった。これまで，高い自尊感情の望ましさについては，知見が矛盾していることが指摘されていたが，自尊感情の変動性に着目することにより，高い自尊感情の望ましさに関する知見の矛盾も解決することができる。加えて，低い自尊感情においても，安定している人よりも不安定である人のほうが心理的に望ましい特徴があり，両者の違いが明らかになった。自尊感情をその高さと変動性からとらえ，自尊感情を4つのタイプ（群）にわけることによって，自尊感情と心理的適応や，行動などさまざまな心理的特徴との関連をより詳細に理解することが可能となる。自尊感情の4つのタイプ（群）の特徴については，今後更なる検討が必要であると考えられる。

第2章
先延ばしの心理過程

小浜　駿

　何かをつい遅らせてしまうことは，きわめて日常的な現象である。期末テストの勉強を前日までほとんどせず，いわゆる一夜漬けでテストに臨んでしまった経験を，誰もが容易に思い出すことができるはずである。いやいや，自分は先延ばしなんかしないという方も，友人が先延ばしをして，大慌てでテスト勉強やレポートを書いている様を目にしたことは多いであろう。

　こうした，何らかのやるべきことを遅らせる現象は，先延ばし（procrastination）として専門的に研究されている。先程の例にあげた学業に関する先延ばしだけでなく，納税や手紙の投函など，日常的な現象にも先延ばしが生じることがある。こうした先延ばしはなぜ生じるのか，先延ばしをするとどんな気持ちになるのかといったようなことについて，本章では，さまざまな側面から明らかにする。なお，本章では，先延ばしの対象を「課題」と述べることとする。レポートやテストなどの学業課題も，納税のような日常的な出来事も，みな課題とみなしひとまとめにして述べる。

　本章の2.1では，これまでの先延ばし研究の問題意識や前提についてまとめ，心理学において先延ばしがどのような現象として扱われてきたのか，大枠から見ていく。2.2では先延ばしが健康や課題成績へ与える影響についてまとめ，2.3では先延ばしの原因についてまとめる。2.4では近年の研究知見を丁寧に紹介し，複数の先延ばしタイプについて説明する。タイプ分け診断もあるので，是非やってみていただきたい。2.5では，2.4までの内容をまとめた上で今後の研究の展望を述べ，本章のまとめとする。

2.1　先延ばしは治療すべき悪癖——先延ばし研究の問題意識

　先延ばしは，概して悪いものとしてとらえられてきた。レポートの提出期限に遅れたとき，テスト勉強を一夜漬けで済ませたときに，誇らしげにしている

人はおそらくいないことだろう。大抵の人が申し訳なさそうな態度をとっているはずである。「先延ばし＝サボタージュ（サボり）」と考えれば，悪いものというニュアンスがよりわかりやすいにちがいない。

　それと同時に，先延ばしは習慣的な現象として扱われることが多かった。すなわち，先延ばしをしやすい人たちには共通の性格特性（先延ばし特性）があり，先延ばしをしやすい性格の人は，どんな課題でも，どんな状況でも先延ばしをしがちであると考えられてきた。この先延ばし特性をもった人たちは，先延ばしが悪いものであると知りつつも，何度も何度も繰返し先延ばしをしてしまうのである。

　人間は完璧ではないので，たまには勉強がおろそかになってしまうこともあるかもしれない。約束事に遅刻してしまうこともあるだろう。たまのことなら問題ない。しかし，いつも先延ばしをしてしまうのであれば，問題になってしまう。では，先延ばし特性とはどのようなもので，そうした人たちの悪癖をどのように改善すればいいのだろうか。こうした問題意識から，先延ばし研究の黎明期である1980年代から，先延ばしをしやすい性格を測定して，治療が必要なレベルの人間をスクリーニング（選り分け）することを試みた研究が多く見られるようになった。

2.1.1　先延ばしの定義

　実証的研究を見ていく前に，「先延ばし＝治療すべき悪癖」という考えの根拠として，先延ばしの定義を見てみよう。定義を見れば，それぞれの研究者が抱いている「先延ばしとはこういうもの」というイメージが見えてくるはずである。

　「何らかの達成されるべき課題を遅らせること」とするレイ（Lay, 1986）の定義のように，先延ばしを広くとらえようとする定義も存在する。しかし，他の定義を見てみると，やはり先延ばしは悪いものであると考える定義が多い。たとえば，フィーとタングニー（Fee & Tangney, 2000）は，先延ばしを「最終的に課題の成功を妨げるような，習慣的な課題遂行の遅延」と定義し，オーウェンズとニュービギン（Owens & Newbegin, 2000）は「低い学業成績や自

尊感情，不安と強く関連する，自分を衰弱させる習慣」と定義した。「終わらせよう，あるいは終わらせたいとまで感じている学業課題であるにもかかわらず，期待された時間の枠内で達成することに失敗すること」(Senecal et al., 1995) という定義も存在する。先延ばしに関する苦悩や葛藤が浮き彫りになるような定義である。

また，先延ばしは安定的で習慣的な現象であることを前提とした定義も多く見られる。上記のフィーとタングニー (2000) やオーウェンズとニュービギン (2000) でも，習慣という言葉によって定義が行われている。クナウス (Knaus, 2000) は，先延ばしを「目標達成が必要なものごとを先に延ばす傾向」と定義している。

このように，先延ばしは習慣的に繰り返される悪癖であり，その背景には性格特性としてなんらかの個人的な要因が存在すると見なされてきた。

2.1.2　先延ばしの測定

実際に先延ばしをしやすい性格はどのように測定されるのだろうか。先延ばし特性に関する代表的な測定尺度として，GPS (General Procrastination Scale) と DPS (Decisional Procrastination Scale) があげられる。

GPS はレイ (1986) によって作成され，林 (2007) によって邦訳されている。13項目で構成され，得点が高いほど先延ばしを行いやすい性格であることを表す。「いつも『明日からやる』といっている」「もっと前にやるはずだった物事に取り組んでいることがよくある」といった全般的な傾向に関する項目と，「手紙を書いた後，ポストに入れるまでに数日かかる」「必要なものでさえ，ぎりぎりになって購入する」といった日常の先延ばし行動について測定されている。

DPS は，行動の遅らせやすさを測定する GPS と異なり，決断の迷いや遅れを測定する。DPS はマン (Mann, 1982) によって作成され，宮元 (1997) によって邦訳された。「何か重要なことで決断をする時，ささいな問題にこだわり多くの時間を費やす」「どうしても決断が必要になるまで決断しない」といった項目で測定され，得点が高いほど決断を遅らせやすい性格であることを表

す。

2.2 先延ばしをしやすいことは悪いことなのか

　先延ばしは治療すべき悪癖であるという前提から先延ばしをしやすい人の性格を測定する質問項目が開発されてきたが，実際のところ，先延ばしは悪いものなのだろうか。本節では，実証結果をもとに，この点について考えていく。
　一般的に，先延ばしは3つの側面に対して悪影響を与えるものと考えられている。それは，精神的健康，課題成績，対人関係である。
　精神的健康は，主に否定的感情やストレスの生じやすさについて検討されている。先延ばしをすればするほど落ち込み，ストレスを感じ，自分が嫌いになるかもしれない。仮にそうだとすれば，先延ばしは精神的健康に悪影響を与えているとみなすことができる。課題成績は，学業成績や仕事における売上げなどに代表される物事のパフォーマンスである。先延ばしをした結果として単位を落としてしまった，あるいは先延ばし特性が高い人は概して成績が低い，といった結果が示されれば，先延ばしは課題成績に悪影響を与えているとみなすことができる。また，先延ばしは対人関係にも悪影響を与えると考えられている。先延ばしをするほど他者から馬鹿にされ，信用を失い，場合によっては友人や恋人を失うかもしれない。これら3側面のうち，先延ばしはとくに精神的健康と課題成績について重点的に検討されており，実証データも豊富である（Steel, 2007）。そこで，本節では，先延ばしが精神的健康と課題成績の2側面に与える影響についてまとめる。

2.2.1 精神的健康に与える影響

　先延ばしは悪いものであるという観点から研究が始まったため，先延ばしをしやすい性格と適応性について検討を行った研究は非常に多い。そこで，多数の研究をひとまとめにして統計指標が得られるメタ分析を行った研究（Steel, 2007；van Eerde, 2003）を中心に紹介する。
　全104本の研究をまとめたヴァン・エールデ（van Eerde, 2003）によるメ

タ分析の結果，先延ばし特性と特性不安および状態不安，抑うつとは正の関連があり，自尊感情とは負の関連があることが示された。全205本の研究をまとめたスティール（Steel, 2007）によるメタ分析においても，同様の結果が示されている。この結果から，非常に多くの研究において，先延ばしを行いやすい人が慢性的な不安に悩まされており，落ち込みやすく，自分を好きになりにくいことがわかる。したがって，先延ばしは精神的健康に悪影響を与える悪癖と考えられる。

しかし，個々の研究を見ていくと，話はそう簡単ではない。タイスとバウマイスター（Tice & Baumeister, 1997）は，先延ばし特性とストレスとの関連を縦断的に検討し，テストまで時間的余裕のある学期初期と，テストが間近になった学期終期とで変数間の関連を比較した。その結果，学期初期では先延ばし特性とストレスとが有意な負の相関を示し，学期終期では有意な正の相関を示した。たとえば，大学の前期の授業であれば，7月下旬のテスト期間では，先延ばしをしやすい人ほどストレスを強く感じていた。しかし，学期の初期である4月上旬では先延ばしをしやすい人ほどストレスが低い結果が得られたのである。

またレイ（Lay, 1994）は，先延ばし特性と不安との関連を検証する上で，特定の場面の心境を操作する工夫を行った。自分の学習習慣や学習計画について10分間の自由記述を行うように教示し，教示前と教示後の2時点で結果を比較したのである。教示前は先延ばし特性と不安とが無相関であり，教示後は有意な正の相関が示された。すなわち，勉強について意識したときに限って，先延ばしをしやすい人ほど不安を感じやすかったのである。

1学期を通じてストレスに与える影響ついて検討したタイスとバウマイスター（1997）と，実験中に一時的に生じた不安について検討したレイ（1994）とでは研究の文脈が異なるが，共通する点がある。それは，先延ばしをしやすい人は課題について考えているときだけストレスを感じている可能性があるということである。先延ばしは精神的健康に悪影響を与えやすいが，時期や心理状態といった細かな要因を考慮する必要があると考えられる。

2.2.2 課題の成績に与える影響

続いて，先延ばしが課題成績に与える影響はどうだろうか。先延ばしをするほど成績が下がるのだろうか。こちらもメタ分析の結果を中心に見ていくことにする。

ヴァン・エールデ（2003）によるメタ分析の結果，先延ばし特性と期末試験の成績や GPA（Grade Point Average；学業成績を得点化し，全科目の平均を求めたもの）との間に負の相関が示された。同様にスティール（2007）によるメタ分析においても，先延ばし特性と課題成績に関する変数との間に負の相関が示されている。すなわち，先延ばしをしやすい人ほど課題成績は下がる傾向にあった。

一方で，先延ばしをしても課題成績に悪影響を与えないことを示した研究も存在する。ピシル他（Pychyl et al., 2000）では，大学生を先延ばししやすい性格をもっている人とそうでない人に分類し，GPA を比較した結果，GPA には差が見られなかった。また，先延ばしのしやすさと GPA には関連が見られなかった。したがって，先延ばしは課題成績に悪影響を与えない可能性もあると考えられる。先延ばしを行う際の意識に着目して検討を行ったチューとチョイ（Chu & Choi, 2005）では，受動的に先延ばしを行う者は先延ばしを行わない者よりも成績が低かったが，先延ばし前に意図性をもち，能動的に先延ばしを行う者と先延ばしを行わない者との間には成績の差がないことが示されている。このように，先延ばしが常に課題成績に悪影響を与えているわけではないことも示されている。チューとチョイ（2005）の知見から推測すると，先延ばし前の意図性が高い能動的な先延ばしは悪癖ではなく，むしろ課題に好影響を与える可能性が高いと考えられる。

2.3　先延ばしの原因

2.2 では，先延ばしが精神的健康や課題成績に与える影響についてまとめた。結果について考えれば，原因に興味や疑問が湧く読者の方もいるであろう。本節では，先延ばしの原因についてまとめる。

2.3 先延ばしの原因

クナウス（Knaus, 2000）によると，先延ばしが問題視されるようになったのは産業革命以降であり，電子化が進んだ現代社会になったことでより一層その傾向が顕著になったという。産業革命以前は，日が沈めば何もできなかったし，そもそも課題の量自体が少なかった。こなすべき課題が少なく，休むのに十分な時間が確保されていれば，先延ばししてしまうことも少なかったであろう。電子化が進む前の時代では，会社や学校にいないから課題ができません，と言えば言い訳が立った。しかし現在は，手元にあるスマートフォンでやりなさいと言われてしまう。こうして24時間課題に追われ続けている私たちには，とにかく時間がないし，すぐに先延ばしがばれて怒られてしまう，というわけである。

こうした社会構造，産業構造の変化に原因を求めることも可能ではあるが，やはり個人の性格や行動にも原因があるといえるだろう。前節と同様に，以降ではメタ分析の結果を紹介する。

2.3.1 先延ばしをしやすい人の性格

先延ばしの研究では，5因子性格検査との関連が豊富に検討されている。5因子性格検査は，人間が5つの基本的な性格をもつと仮定して性格を測定したものである。5因子性格検査との関連を検討することで，先延ばしをしやすい性格のような細かい性格の源泉に，どのような基本的特徴があるのかを知ることができる。

スティール（2007）によるメタ分析では，先延ばしと5因子性格検査の情緒不安定性との間に正の関連が，勤勉性との間には負の関連が示されている。したがって，不安や落ち込みといった否定的感情を感じやすい性格（情緒不安定性）の人ほど，また，勤勉で計画的に振る舞うことのできる性格（勤勉性）ではない人ほど，先延ばしをしやすいといえる。一方で，興味や関心が外界に向けられ，行動的で社交的な性格（外向性）と，新しい知識や経験に対して心を開ける性格（開放性）と，他者と協調的に行動できる性格（調和性）との間には関連が示されなかった。これらの基本的性格は，先延ばしには影響しないと考えられる。ただし，友達との交友関係が盛んであるほど課題をせずに遊んで

しまいたいという気持ちになりやすいため，友人関係の多さは先延ばしの原因になるといわれている（Strongman & Burt, 2000）。したがって，外向性の高い人は，間接的に先延ばしをしてしまいやすいといえる。

2.3.2 目標達成のための動機

　先延ばしは，さまざまな動機によって影響を受ける。先延ばしのせいで悪い成績をとってしまったら，他者から馬鹿にされるかもしれないし，信用を失うかもしれない。それは嫌だ。そんな気持ちが，目の前の課題をやっつけるか，それとも先延ばしをするか，その判断に影響を与えるはずである。

　一般的に，失敗したくない気持ちが強いほど先延ばしをしにくいように思われる。テストでいい点数をとるためには，たくさんテスト勉強をする必要があるだろう。そのためには，一夜漬けでは時間が不足することが予想できる。したがって，先延ばしをせずに早いうちから課題に取り組む必要がある。しかし，「不安で手につかない」という表現もあるように，あまりに気持ちをいれこみすぎていると，これもまたテスト勉強の邪魔になりそうである。

　こうした，課題に関する動機の強さ，あるいは弱さと先延ばしとの関連は，失敗不安，完全主義，セルフ・ハンディキャッピングなどの研究によって調べられている。

　失敗不安は，その名の通り，失敗してしまったらどうしようという不安である。ヴァン・エールデ（2003）とスティール（2007）のメタ分析の結果，先延ばしをしやすい性格の人ほど失敗不安が高いことが示されている。したがって，失敗したくない気持ちは，先延ばしをせずに課題を頑張るほうに向くのではなく，概して「不安で手につかない」悪影響のほうが強いと考えられる。

　完全主義は，物事を完璧に成し遂げたいと思う気持ちである。完全主義の人は，ミスを許さず，テストで100点をとることを目指し，成績はA（優）でなければ我慢できないと考える人である。逆に完全主義でない人は，たとえひどい点数をとってしまっても単位を取得できればいいや，と考えるであろう。こうした目標設定の高さやミスしたくないという気持ちの強さと先延ばしとの関連は複数の研究で検討されている。やはりメタ分析の結果で概要を紹介すると，

2.3 先延ばしの原因

ヴァン・エールデ（2003）による分析では，弱い関連ながら，完全主義が強いほど先延ばしをしやすいという結果が示された。一方で，スティール（2007）によるメタ分析では，完全主義と先延ばしとの明確な関連が示されなかった。すなわち，たくさんの研究をひとまとめにしてしまうとはっきりした結論が出なかったという結果である。

メタ分析で研究をひとまとめにしてしまうと結論がはっきりしないので，個別の研究を見てみると，完全主義にはいくつかの種類があり，その中に先延ばしと関連しやすいものとそうでないものがあることが明らかになった。前者が社会規定的完全主義であり，後者が自己志向的完全主義である。社会規定的完全主義は，他者の影響を受けて完全主義的な目標設定をしている状態である。お母さんに愛してもらえないのが嫌だから，先生に怒られたくないから，友達に馬鹿にされそうだから，こうした理由から自分は完全でなければならないと考える人は，社会規定的完全主義が強い人であるといえる。一方，自己志向的完全主義は，自分のために完全であろうとする目標設定である。ゲームのハイスコアを出したい気持ちなどがよい例である。誰もゲームをやれとは言っていないけど，自分が自分のために頑張りたいからハイスコアを目指す，という考え方は自己志向的完全主義である。フレット他（Flett et al., 1992）では，社会規定的完全主義が高い人ほど先延ばしをしやすい傾向が強いと報告されている。一方，自己志向的完全主義は，先延ばしとの関連が示されていない。したがって，他者からの要求に応えるために完璧を目指して課題をやろうとすると，かえって課題を先延ばしにしてしまうことがわかった。一方，自分のために良い成績をとろうと高い目標を設定した場合には，必ずしも先延ばしにはつながらないことがわかった。

セルフ・ハンディキャッピングは，自分の能力を低く評価されるのが嫌だからこそわざと手抜きをする，といういささか複雑な現象である。人は，誰かの能力を判断する際に，まずは成果を見る。成功した人は一般的に失敗した人よりも能力が高いと判断されやすい。しかしそれだけでなく，成果が得られた背景も重要となる。運よく成功した人と実力で成功した人では，後者のほうが有能である可能性は高いであろう。こうした，成果の背景にあるものをコントロ

ールすることを意図した行動がセルフ・ハンディキャッピングである。誰でも，人から馬鹿にされたり自分を無能だと判断されたりするのは嫌であろう。低評価を避けるためにまず思いつく方法は，努力することである。努力すれば失敗する可能性が減るため，失敗による低い評価を避けられる。しかし，努力した上で失敗した場合には，能力を低く評価されてしまう。失敗したときに自己評価が大きく傷つくことを避けるためには，わざと手抜きをして失敗し，運や不調といった実力以外の原因で失敗したと思われたい。そのため，セルフ・ハンディキャッピングが生じる。

先延ばしは，こうした自己評価を防衛するためのセルフ・ハンディキャッピングなのではないかと考えられ，多くの研究において先延ばし特性とセルフ・ハンディキャッピングとの関連が検討されている。2つのメタ分析の結果，先延ばしをしやすい人は，セルフ・ハンディキャッピンも行いやすいという結果が得られている。したがって，セルフ・ハンディキャッピングとして課題に対する手抜きをするために，わざと先延ばしが行われていると解釈することが可能である。

2.3.3 その他の要因

他にも，先延ばしに影響を与えやすいと考えられるいくつかの要因を紹介する。

代表的なものは，自己効力感である。自己効力感とは，特定の領域において必要とされる行動をうまく実行できるイメージである。数学のテストでいい点をとれそうで，そのための知識ももっているし勉強方法もわかっている，という場合には数学という教科に対する自己効力感が高いといえる。先延ばしは自己効力感と負の関連があることが示されており，課題をうまく実行できそうにないイメージをもっているほど先延ばしを行いやすい。先延ばしは課題成績に悪影響を与えやすいため，悪い成績をとって自己効力感がますます低下し，それが更なる先延ばしを引き起こすという悪循環が生じてしまうと考えられる。

刺激希求も先延ばしに影響を与える要因の一つである。刺激希求は新鮮な刺激を求める気持ちの強さを表し，この気持ちが強いほど先延ばしを行いやすい。

課題の中には，退屈で刺激の少ない状態で努力を強いられるものもあるだろう。刺激希求の高い人は，そうした退屈な努力が嫌になってしまい，刺激的で楽しい遊びに気持ちが向いてしまいがちであるため，先延ばしをしやすい。

　また，悲観主義も先延ばしを行いやすくさせる原因となる。悲観主義は，物事の良い面と悪い面のうち，悪い面に着目しやすい性格である。「失敗することが不安で課題が手につかない」状態が先延ばしに影響することはすでに述べたが，物事の悪い面ばかりを見てしまう悲観主義の人は先延ばしをしてしまいやすい。

2.4　先延ばしを複数のタイプからとらえる

　ここまで，メタ分析の結果を中心に紹介してきたように，先延ばしという現象は，大筋では不適応的なものであることがわかった。しかし，細かな研究の結果を拾い上げてみると，先延ばしは精神的健康に良いこともあれば悪いこともあるし，課題成績に悪影響を与えることもあれば影響を与えないこともある，ということになってしまう。これでは頭が混乱するばかりで何もわからないだろう。先延ばしの原因についても同様に，はっきりした結果が示されていない。だらしないから先延ばしをするという結果もあるし，神経質だから先延ばしをするという結果もある。失敗したくない気持ちが強いから先延ばしをするという解釈も成り立つし，失敗したくなければ先延ばしなどせずに頑張るという解釈も成り立ってしまう。

　こうした研究の混乱を解消するために，近年の研究では，先延ばしをより詳細にとらえようとするアプローチがとられ始めている。ここでは，先延ばしに複数のタイプが存在すると考えた研究を紹介する。「先延ばし＝治療すべき悪癖」という考えを捨て，先延ばしをタイプ分けすることで，先延ばしをしても成績の良い人もいれば悪い人もいる，という考え方が可能になる。

　このときとくに重要になるのが，何を考えて先延ばしをしたのか，という観点である。先延ばしが精神的健康に与える影響は課題を意識するかどうかによって左右される可能性があり，課題成績に与える影響は能動性によって左右さ

れる可能性があった。こうした意識によって先延ばしをタイプ分けできれば，よりわかりやすい知見が手に入るかもしれない。

こうした観点に基づき，小浜の一連の研究（小浜・松井, 2007；小浜, 2010）では，先延ばしが生じる前・中・後の意識を収集し，そこで生じやすい意識の特徴を明らかにするによって先延ばしのタイプを分類するアプローチがとられている。

2.4.1 複数のタイプの発見

小浜・松井（2007）は，大学生 12 名を対象としたインタビューによって予備調査を行った後，大学生 105 名を対象とした調査によって，課題を先延ばしにして行った行動と先延ばし前・中・後の意識について自由記述の収集を行った。先延ばし前の意識は，なぜ先延ばしをしたのか，また課題に取り組むか課題を先延ばしするかの判断の際に何を考えたのかを尋ねている。先延ばし中の意識は，課題を先延ばしにしている最中にどのようなことを考えていたのかを尋ねた。先延ばし後の意識は，先延ばしをやめて課題に取り組み始めたときにどのようなことを考えたのかを尋ねている。

のべ 754 件の意識を収集し，先延ばし前・中・後の意識の相互関連を検討したところ，先延ばしは「息抜きのための先延ばし」「感情葛藤を伴う先延ばし」「意図的先延ばし」「外的理由による先延ばし」の 4 種類に分けられることが示唆された。「息抜きのための先延ばし」は，課題が辛いと感じているときに，一時的な息抜きを意識して行われる先延ばしである。この先延ばしでは，先延ばし後にやる気が出やすく，先延ばしによって課題への支障が生じにくいことが示唆されている。「感情葛藤を伴う先延ばし」は，課題に対する逃避として先延ばしを行うが，先延ばし中には課題をやりたくない気持ちとやらなければならない気持ちとの間に葛藤が生じ，憂うつさや気分の重さも併せて生じる先延ばしである。「外的理由による先延ばし」は，サークルやアルバイトといった用事や，人との交遊などによって先延ばしを行い，先延ばし中には，先延ばしをしていることに対する罪悪感や気がかりが生じる先延ばしである。この現象は，課題に対する支障が高いことが示唆されている。「意図的先延ばし」は，

状況の楽観視やわざと自分を追い込んだりすることを理由に先延ばしをしており，先延ばし中には開放感を感じられるが，先延ばし後には後悔や自己嫌悪が生じる先延ばしである。

こうした研究をさらに推し進め，より統計的に安定した指標を用いて多人数を対象とした調査を行った研究が小浜（2010）である。小浜（2010）は，学業課題に絞って先延ばしの意識を測定することとして，先延ばし前23項目，先延ばし中13項目，先延ばし後11項目の合計47項目を作成した。大学生440名を対象として作成された47項目を測定した結果，先延ばし前は「先延ばし前の否定的感情」「状況の楽観視」「計画性」の3因子，先延ばし中は「先延ばし中の否定的感情」「先延ばし中の肯定的感情」の2因子，先延ばし後は「先延ばし後の否定的感情」「気分の切り替え」の2因子の合計7つの意識が抽出された。

抽出された7つの意識と先延ばし行動の行いやすさを測るGPS（林，2007）と決断の先延ばしの行いやすさを測るDPS（宮元，1997）の関連をまとめた結果，先延ばしの際の意識は3タイプに大別されることが分かった（**図2.1**）。

第1のタイプは，先延ばし前・中・後で一貫して否定的感情が生じる「否定感情タイプ」である。課題をやらないといけないのは重々承知ではあるが，課題が辛くてどうしてもやりたくないため先延ばしをしてしまう。先延ばし中は課題のことが気になって罪悪感や焦燥感が生じており，先延ばし後に残るのは自己嫌悪や後悔だけ，という現象である。このタイプは，決断を遅らせる傾向を表すDPSとも関連が強いことが示されていることから，決断の迷いが生じやすいタイプであると考えられている。否定感情タイプの先延ばしの典型例としては，こんな場面を想像していただきたい。必修の授業のレポートが期限直前まで迫っている。必修であるからやらなければいけないのは自明である。しかし，レポートが難しく，どうしてもやりたくない。迷いながらも，つい先延ばしをして机の脇にある本に手を伸ばしてしまう。本を読んでいるものの，本の内容は頭に入らず，課題のことが気になってばかりいる。またしても迷う。本を置いて課題に戻ろうか。でもやりたくない。こうしてずるずると先延ばしをし，得たのは「自分は怠け者である」という自己嫌悪だけである。

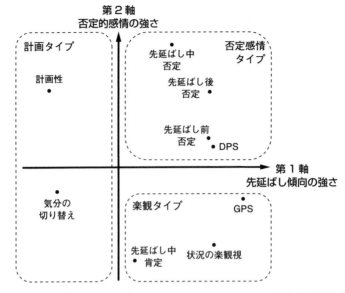

図 2.1　先延ばしの 3 タイプ（小浜，2010，2012，2014 を基に筆者が作成）

　第 2 のタイプは，先延ばし前の状況の楽観視と先延ばし中の肯定的感情が高い「楽観タイプ」である。このタイプは，小浜・松井（2007）で指摘された「意図的先延ばし」と同様の現象である。まだ課題をやらなくていいと楽観的に考えて先延ばしをする。思い切り遊んでいるため，先延ばし中は開放感や楽しさを感じられるが，先延ばし後に遊びすぎたことを後悔してしまうタイプである。このタイプは GPS との関連も強く，日常的にも先延ばし行動を行いやすいと考えられる。このタイプの先延ばしは，友人に誘われてテスト期間中に遊びに行ってしまったことを考えると容易に理解できるであろう。遊びに行く前は，どうせテストはどうにかなるだろうと考えている。そして，遊んでいる最中は非常に楽しいし，勉強のことはすっかり忘れてしまう。場合によっては徹夜をしてたっぷりと遊ぶことだろう。その後，疲れた体に鞭打ってテスト勉強をしなければならなくなったとき，自分が楽観的過ぎたことにはじめて気づき，後悔するのである。

　第 3 のタイプは，先延ばし前の計画性と先延ばし後の気分の切り替えが高い

「計画タイプ」である。課題を意識しながら一時的な息抜きとして計画的に先延ばしを行った結果，先延ばし後にはしっかりと気分転換ができるという能動的なタイプである。先延ばし特性を測る GPS や DPS との関連が低いことから，このタイプの人たちはそもそも先延ばしをしやすい性格ではなく，課題の休憩として計画的に先延ばしを使いこなしていると考えられている。こういうタイプの先延ばしでは，疲れたり課題がひと段落したりしたときに，だらだらと遊んだりはしない。何分遊ぶか，遊んだ後に課題のどこに手をつけるか，しっかりと計画を立てる。好きなテレビ番組を見ている間だけ休憩しよう，今から10分だけ本を読んで，その後はレポートを再開しよう，といった具合である。否定感情タイプと違って気分転換ができ，かといって楽観的タイプと違って遊びすぎず，ちょうどいい気分の切り替えができるのである。

2.4.2 タイプごとの特徴

先延ばしには3タイプが存在することが明らかとなったが，どのようなタイプ分けを行っても先延ばしはみな悪いものなのだろうか。それとも，先延ばしの仕方によっては精神的健康や課題成績に良い影響があるのであろうか。また，それぞれのタイプの先延ばしは，どのような人が行いやすいのだろうか。こうした疑問を解消するため，それぞれのタイプの特徴について検討されるようになった。

小浜（2009）は，大学生259名を対象に，タイプ別の完全主義傾向と自尊感情について検討を行った。また，小浜（2010）は，大学生2,010名を対象にそれぞれのタイプに特徴的な性格について検討した。ここでは5因子性格検査や不安の感じやすさ，楽観主義，ストレス状況下での感情調整能力について検討されている。小浜（2012）は，大学生279名を対象にタイプ別のストレス対処様式と精神的健康について比較を行った。ストレス対処様式は，気晴らしの目的，気晴らしの結果，気晴らしへの依存度などから検討されている。さらに，小浜（2014）は，大学生259名を対象にそれぞれのタイプの学業成績と目標志向性について比較検討を行った。目標志向性とは，学業場面で設定する目標の違いを表すものであり，学習内容への理解を深めようとする目標と，良い成績

表 2.1 3タイプの特徴 (小浜, 2009, 2010, 2012, 2014 を基に筆者が作成)

		否定感情タイプ	楽観タイプ	計画タイプ
適応性	精神的健康	自尊感情が低い 精神的に不健康		自尊感情が高い 精神的に健康
	学業成績		悪い, ばらつきが大きい	良い
性格	基本的性格	非計画的 情緒不安定	非計画的	計画的で勤勉
	認知的傾向	非楽観的 熟慮的	楽観的 非熟慮的	
	感情的傾向	自己嫌悪や抑うつを感じやすい	感じやすい	感じにくい ストレス環境下の感情調整に優れる
ストレス対処（気晴らし）	気晴らし前の特徴	気分をすっきりさせる自信がない	気分をすっきりさせるために気晴らし	問題を明確にするために気晴らし
	気晴らしの結果	気分が悪化	気分がやや悪化 目標が不明確になる	目標が明確化
	依存度	やや依存的	依存的	
目標設定	目標志向性	悪い成績を避ける	良い成績を望まない	
	完全主義	完全でありたいと願う 社会規定的	完全でありたいと思わない	自己志向的

をとろうとする目標と，悪い成績を避けようとする目標がある。

　これらの検討の結果をひとまとめにしたものが**表2.1**である。「**否定感情タイプ**」は自尊感情が低く，精神的にも不健康であった。したがって，従来指摘されてきた先延ばしの不適応性の中でも，とくに精神的健康への悪影響が特徴的なタイプであるといえる。精神的健康が悪化しやすい原因として，元々情緒が不安定で自己嫌悪や抑うつを感じやすい性格であることに加え，気晴らしで気分をすっきりさせるのが下手であった。また，熟慮的で物事を楽観的に考え

づらい性格をしており，完全でありたいと願う気持ち，とくに他者から失敗を非難されることを避けたい欲求が強かった。目標志向性も同様に，悪い成績をとってしまうことを避ける傾向にあった。こうした特徴をひとめとめにすると，「否定感情タイプ」の人たちは物事の悪い側面について考えすぎてしまう傾向にあり，「失敗することが不安で課題が手につかない」結果として先延ばしをしてしまう。しかし，失敗したらどうしようという不安が強いため，先延ばしをして遊んでいても楽しめないし，先延ばしをする自分を責めてしまう。こうして，常に否定的感情が生じてしまう「否定感情タイプ」の先延ばしが生まれてしまうと考えられる。

「楽観タイプ」は，成績が悪いか，良い成績と悪い成績とのばらつきが大きかった。したがって，先延ばしが課題成績に与える悪影響が強いタイプであると考えられる。原因としては，もともと勤勉ではなく，計画的に振る舞うことが苦手な性格をもつことにくわえ，物事を楽観的に考えすぎていることがあげられる。楽観タイプの人たちは，ストレスを感じると嫌な気分を解消するために気晴らしをしやすい特徴をもっていた。しかし，気分をすっきりさせるために気晴らしをしても気分は晴れず，だらだらと依存的に気晴らしを行いやすいことがわかった。また，課題の目標を設定する際に，他のタイプよりも良い成績をとろうとする動機が弱かった。課題へのやる気が強すぎて，完璧を期すあまりに先延ばしをしてしまう「否定感情タイプ」とは逆に，このタイプは課題へのやる気が低いことが先延ばしの原因になると考えられる。

「計画タイプ」は，精神的健康も学業成績も良好であった。先延ばしは治療すべき悪癖とみなされてきたが，計画タイプのような，先延ばしを上手に使いこなせる人たちもいるようである。では，なぜこのタイプの人たちは先延ばしをしても悪影響が生じないのか。まず，このタイプの人たちは元々計画的で勤勉な性格であった。そのため，「楽観タイプ」とは違い，課題成績に悪影響が生じるほど先延ばしをしすぎることがないのであろう。また，ストレス状況下で感情をコントロールするのが上手であるため，「否定感情タイプ」のように「失敗することが不安で課題が手につかない」こともなく，ミスや他人に怒られることも気にしないため，精神的にも快適な状態で課題ができるのであろう。

2.4.3 簡易診断と改善方法

こうしたタイプ別の説明を読むと，「自分はどんなタイプなのか」という疑問が出てくる方もいるかもしれない。そんな方々のために，自分のタイプを知るための簡易診断方法（小浜・高田，2018 a；高田・小浜，2018）をご紹介する。暗算でも診断できるくらいの簡単なものなので，興味のある方はやってみていただきたい。筆記用具と電卓があればより確実である。

まずは図 2.2 にある 9 つの質問に答えていただきたい。Q 1 から Q 3 まで，それぞれ 3 項目の質問で構成されている。各項目であてはまると思ったところに○をつけ，3 項目の平均点を算出する。Q 1，Q 2，Q 3 それぞれの平均点を出したら，図 2.3 をご覧いただきたい。まず，Q 1 で答えていただいた「状況の楽観視」が 3.2 点未満か以上か，が基準となる。3.2 未満の方のうち，「状況の楽観視」が 2.5 未満の方は「計画タイプ」となる。「状況の楽観視」が 3.2 未満 2.5 以上の方は，Q 3 の「先延ばし後の否定的感情」の得点を見ていただきたい。これが 3.8 以上の方は，やはり「計画タイプ」である。一方で，「先延ばし後の否定的感情」が 3.8 未満の場合には「計画切替タイプ」となる。このタイプは簡易診断方法の開発過程で抽出されたもので，名前の通り「計画タイプ」と非常によく似ている。およそ「計画タイプ」と同じであるが，とくに精神的にタフで，ストレスを溜めにくいタイプであるとご理解いただければ問題ない。

「状況の楽観視」が 3.2 以上の方のうち，「先延ばし後の否定的感情」が 3.8 未満の方は「楽観タイプ」となる。3.8 以上の方は，Q 2 の「先延ばし中の肯定的感情」の得点を見ていただきたい。これが 3.5 以上の方は再び「楽観タイプ」に分類され，3.5 未満の方は「否定感情タイプ」となる。

自分のタイプがわかったところで，それぞれのタイプが課題へ取り組む際に気をつけるべき，ちょっとしたコツとなる考え方を紹介する。

まず，もっとも適応的な計画タイプは，「これでいいんだ」と自覚することが重要となる。現時点で精神的健康も課題成績も十分に良好であるため，考えをわざわざ改める必要はない。逆に，課題を成功させようという思い入れをこれ以上強くしすぎると，「不安が強すぎて課題が手につかない」ことに由来す

2.4 先延ばしを複数のタイプからとらえる

皆さんは今までテスト勉強やレポート（2つをまとめて課題とします）をしてきたと思います。この設問では，**課題準備中によく感じる気持ちや考え**についてお尋ねします。以下の文章を読んで，1～5のうちあてはまると思うものひとつに○をつけてください。

1. まったくあてはまらない　　2. あまりあてはまらない　　3. どちらともいえない
4. 少しあてはまる　　5. 非常にあてはまる

Q1 課題に取り組む前の気持ちとしてあてはまると思うものに○をつけてください。						平均点
1. 課題の準備を先延ばししても大丈夫だと思うことが多い	1	2	3	4	5	
2. 後で課題をやればいいと楽観的に考えやすいほうだ	1	2	3	4	5	
3. 課題に対しての見通しが甘いことが多い	1	2	3	4	5	

Q2 課題をやっていないときの気持ちとしてあてはまると思うものに○をつけてください。						平均点
4. 課題をせずに遊んでいるときに，開放感を感じるほうだ	1	2	3	4	5	
5. 試験期間中でも，課題をやっていないときは気楽であると感じる	1	2	3	4	5	
6. やるべき課題から目をそむけると，一時的にせよほっとする	1	2	3	4	5	

Q3 課題に取り組み始めたときの気持ちとしてあてはまると思うものに○をつけてください。						平均点
7. 課題を先延ばしにした自分を振り返って，よく自己嫌悪に陥る	1	2	3	4	5	
8. なぜ課題をこんなに先延ばしにしてしまったのかと思うことが多い	1	2	3	4	5	
9. 課題をしていなかったことに気づいたときには焦ってしまう	1	2	3	4	5	

図2.2 先延ばしのタイプ分類（その1）

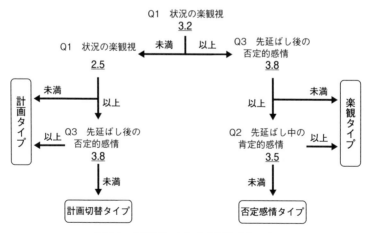

図2.3 先延ばしのタイプ分類（その2）

る先延ばしを行ってしまうおそれがある。

　楽観タイプは，精神的健康への悪影響よりも課題成績に対する悪影響が強かった。また，課題を完璧にこなしたいという気持ちが弱く，少々目標が低すぎる傾向にあった。したがって，まずは危機感をもつべきであろう。今すぐ課題をやらなくてもどうにかなるという楽観視は，先延ばしを招き，最終的に課題成績を下げている。どうにかなるという認識が間違いであると認めることが課題成績向上の第一歩である。また，決断を遅らせるより行動を遅らせる傾向にあるため，毎日の予定表を作成しそれを守るといった，行動を改善する努力も効果的であろう。

　否定感情タイプは，課題を完璧にこなさなくてはならないという動機が強すぎることや，物事の悪い側面について考え込む傾向があることから「失敗することが不安で課題が手につかない」状態に陥っている。したがって，まずは気を楽にして不安を下げる必要がある。そのためには，もう少し自分勝手になっていいと考えることが効果的である。このタイプは他者に失敗を責められることを気にしすぎるあまり先延ばしをしてしまうことと，自分のために完璧さを追求している計画タイプは課題成績が良いことを思い出していただきたい。悪いのは目標が高いことではなく，他人からの非難を意識しすぎることである。「自分のやっている課題なんだから，他人にあれこれ言われる筋合いはない」と開き直り，疲れているときは思い切って休んでしまおう。そうした意識の切り替えができれば，気晴らしの後には気分がすっきりし，課題へ取り組む元気が湧いてくることが多い。

　タイプ別の先延ばし改善方法は検討されてからまだ間もなく，いまだはっきりとした結論は出ていないが，こうした教示を行うことによって，3タイプすべてにおいて課題の提出が早くなることが示されている（小浜・高田, 2018 b）。締め切り前に時間がなく，課題提出がぎりぎりになってしまう楽観タイプ，あるいは否定感情タイプの方々は参考にするといいかもしれない。否定感情タイプの先延ばしを減らすための教示は，失敗をしたくない状況であえて課題をせずに休むという勇気がいる方法であるが，一度試してみていただきたい。

2.5 おわりに

　先延ばしという言葉は，何となく響きが悪い。計画性のない怠け者がやってしまう悪癖という印象である。心理学に詳しくない人たちが素朴なイメージを抱くだけでなく，専門家も同じように考え，先延ばしは不適応的な現象であるという前提で研究が進められてきた。そして，その研究文脈は一部において正しかった。複数の分析結果をまとめると，先延ばしは計画性や勤勉な性格をもたない人が行いやすく，精神的健康や課題成績に悪影響を与えていた。

　しかし，調査面接や自由記述調査などの探索的な調査方法を駆使して，一から先延ばしという現象について調べてみると，先延ばしという現象は怠け者のひと言では語れない複雑な実態をはらんでいることがわかった。楽観タイプのような，ある意味では典型的な先延ばしの実像も存在した。逆に，計画タイプのような適応的な先延ばしも見つかった。また，同じ不適応的な先延ばしでも，否定感情タイプのような目標が高い人だからこそ陥る落とし穴もあった。

　さらに，楽観タイプと否定感情タイプでは，改善のために必要な考え方が異なっていた。すなわち，楽観タイプはより危機感をもって行動を改善することが効果的で，否定感情タイプは他者からの評価を気にせずに心を穏やかに保つことが効果的であると示唆された。これは，ある意味で真逆の対応である。否定感情タイプの人の危機感をあおってはますます「不安で手につかない」状態が強くなってしまうが，先延ばしは怠け者の悪癖であるというイメージをもっている人は，誰にでも「もっと頑張れ」と危機感をあおってしまう。

　先延ばしをやめたい，この悪癖を直したいと考えている人の中には，改善の努力むなしく先延ばしが直らなかった人もいるかもしれない。とくに，巷のイメージと先延ばし改善のための考え方が大きく異なっている「否定感情タイプ」の方は，そうした袋小路に迷い込んでいる可能性が高い。先入観を捨てて一からデータを集めなおした先延ばし研究の流れと同じように，みなさんも先入観を捨てて，自分が課題をする際にどのような意識をもっているのか，一から見つめなおしてみてほしい。そうすれば，先延ばしをしてもいいじゃないかと考えられるようになるかもしれないし，課題に悪影響を与える先延ばしを減

らすことができるかもしれない。本章の概説と簡易診断，そして改善のためのコツがそうした意識変革に役立てば幸いである。

　専門的にも「先延ばし＝治療すべき悪癖」という考えから脱却し，よりつぶさに現象をとらえた研究が始まったばかりである。今後はこうしたアプローチが増え，先延ばしを改善したい人々の支援となる知見が増えることを望んでいる。

第3章
ファン心理を科学する

小城英子

　「私は〇〇のファンです」といったとき，あなたなら〇〇に誰を入れるだろうか。どんな人でも，おそらく誰かのファンであることを自認しているのではないだろうか。しかし，そんなファンの心理がどのようなものなのかについては，あまり認識されてはいないように思われる。実際にファン心理を分析してみると，楽曲が好き，落ち込んでいるときに励まされた，いつも自分にパワーをくれる，人生の師匠，心の恋人である，売れてしまうと寂しい，スキャンダルを起こしてもずっと応援したい……など，さまざまな側面を見出すことができる。

　本章では，これからファン心理を研究してみようと思う学生，あるいは自分のファン心理を分析してみたい人に向けて，先行研究の知見を紹介し，今後の展望をまとめることにする。まず，3.1 ではファン心理研究の歴史を概観し，それを受けて 3.2 では「メディアを介した対人魅力」としてのファン心理の特徴について整理する。そして，3.3 ではメディアや社会の多様化とともに変化してきたファン心理の現状と課題を，3.4 ではまとめとして，これからの研究の展望についてを述べることとする。

3.1 ファン心理研究の歴史

3.1.1 関連理論

1. マス・メディアと有名性の付与

　マス・メディアが発達して巨大な影響力をもつようになってから，それまでは個々別々に存在していた人々に対して一斉に同一の情報発信が可能になり，その結果として世論を形成・共有する「**大衆**」が出現する。その結果として，メディアによって大衆に認知され，そのこと自体が「**有名性**」(石田，1998) と

いう価値をもつ有名人が出現した。有名人とは，オーディエンスにとってテレビや雑誌などのメディアを介してしか出会うことができない人々であり，メディアを介して「有名性」という価値が付与され，人気を形成していく（藤竹，1984）。

2. 対人魅力研究

心理学では，他者に対して好意を抱くことを「**対人魅力**」ととらえ，多くの研究がなされている。直接的コミュニケーションを前提とした対人魅力の規定因としては，近接性や類似性，外見的魅力，社会的望ましさなどがあげられている（松井，1993；奥田，1997など）。すなわち，物理的に近い距離にいて接触する機会があり，自分と態度が類似していて，外見的魅力が高く，性格や活動などに社会的望ましさをもった人物に対して魅力を感じ，好意を抱きやすい。また，自分に好意をもってくれた相手を好きになる「好意の返報性」や，自己開示による親密感の増加も，魅力を高める（奥田，1997）。

これらの要因のうち，近接性，類似性，外見的魅力，社会的望ましさはファン心理にも適用される。メディアを通じて見聞きする機会があり，自身の価値観や態度と共通項をもっていて，外見的に魅力が高く，真面目で努力家など，社会的に望ましい特性をもった対象に好意を抱いてファンになるという説明が可能である。一方，好意の返報性と自己開示は二者に相互作用があることを前提としているため，有名人と直接的コミュニケーションのないファン心理においては該当しない。

3. マス・コミュニケーションの利用と満足

マス・コミュニケーションの利用と満足は，「気晴らし」「人間関係」「自己確認」「環境監視」の4類型に分けられる（McQuail et al., 1972）。このうちファン心理と関連が強いのは「**人間関係**」で，メディアに登場するタレントなどに親近感を抱く「登場人物との疑似的な交流」と，身近な人間関係の中でコミュニケーションの潤滑剤として話題にする「社会的効用」の下位側面がある。後者は，対象そのものに対する関心ではなく，ファン同士で対象や作品の魅力を語り合ったり，一緒にコンサートや試合等に参加したりする楽しみといえる。

4. 流行理論

流行現象は，ユニークネス欲求の強いイノベーターが提示し，同調傾向の強いフォロワーがそれに追随することによって作り出される（中島，2013；Rogers, 1983；Simmel, 1904）。ファン心理においても，デビュー前や無名時代から応援している少数のコアファンと，後から追随したにわかファンの二層構造であることが数々の研究で指摘されている（羽出山他，2012；片山，2003；上瀬・亀山，1994；中村，1994 など）。

その一方で，あえて無名の対象のファンであることに価値を見出すマイナーファンの心理や（佐藤他，2008），対象がメジャーになっていくことに寂しさを感じる心理（小城，2002）も流行意識の逆転とみることもできる。

3.1.2 事例研究

ファン心理に関する先行研究は，美空ひばりや吉永小百合，山口百恵，松田聖子といった特定のスターを時代背景と共に読み解いたり（小倉，1989；市川，2002），アイドル論やポップカルチャー，スポーツファンなどについて社会学や文化論の文脈で議論されたりすることが多かった（稲増，1989；小川，1988，1993；杉本，1997）。

心理学の分野では，「阪神タイガースのファン気質に関する研究（1）」（広沢・田中，1986），「阪神フィーバー現象の分析」（広沢，1989），「ユーミン現象」（中村，1994），「小田和正ファンの心理」（上野・渡辺，1994），「タカラヅカファン」（上瀬，1994），「大相撲ブーム」（上瀬・亀山，1994）などがある。いずれの研究も特定の対象に対するファン心理を扱っており，ファンがファン対象に求めているもの，共感を覚える要素，ファンのパーソナリティなどを分析している。手法としては，ファン対象の分析（歌詞の内容分析，書籍分析など）と，非ファン層との比較によるファン層の分析が中心である。ケーススタディとしてのファン心理の特徴は詳細に分析されているが，逆にいえば個々の事例に強く左右されており，「直接的なコミュニケーションをもたず，主にマス・メディアを介して知り得るタレント・アーティストを好きになる」というファン心理一般の解明には至っていない。

これらの関連研究や事例研究をふまえて，2000 年代以降，「メディアを介し

た対人魅力」という文脈でファン心理が注目されるようになり，さまざまな実証的研究が行われるようになった。次節では，こうした実証的研究の知見から，ファン心理の特徴を紹介する。

3.2 ファン心理の特徴

本節では，ファン心理に関する実証的研究を俯瞰し，ファン心理の側面，職業の違い，ファン層の分類といった観点からファン心理の特徴を整理する。

3.2.1 ファン心理の側面

海外の研究では，有名人に対する態度尺度「Celebrity Attitude Scale」（McCutcheon, 2002）が作成されており，この尺度を用いてパーソナリティ変数やデモグラフィック変数との関連の検証や文化比較などが行われている（McCutcheon et al., 2016；Maltby et al., 2004 など）。この尺度では，楽曲や作品を楽しむタイプ，他のファンと社会的に共有するタイプ，対象と同一視するタイプの3タイプを指摘しているが，1次元の尺度の得点の高低のみで分類されていてファン心理を包括的に測定するにはやや粗いこと，本人への情緒的関与は対象との同一視を中心としていて疑似恋愛感情や尊敬・憧れといった下位側面には分類されていないこと，Celebrityの対象としてミュージシャン，スポーツ選手，俳優はあげられているが，アイドルという概念がないことなどが難点である。アイドルは日本独特の文化的側面をもっており，その評価軸や対象とファンとの関係性は特異であることに留意したい。

小城（2004, 2005, 2006）は特定の事例を超えた，一般的なファン心理の構造を解明している。その結果，ファン心理の下位側面として「作品の評価」「疑似恋愛感情」「外見的魅力」「同一視・類似性」「尊敬・憧れ」「流行への同調」「ファン・コミュニケーション」「流行への反発・独占」の8因子を見出している。さらに，川上（2005）では「なりたい対象への気持ち」「人生，生活への被影響感・生きがい／犠牲的好意」「作品への評価／恒常的な好意」「恋愛感情様相」「外見への好意」「同対象への好意を持つもの同士がコミュニケーシ

ョンを楽しむ気持ち」「類似性・同一視／人間性への関心」「私生活への関心」「流行への同調心」「流行への反発心／独占願望」の10因子，向居他（2016）では，「熱狂・熱愛」「作品への評価」「外見への好意」「目標・共感・同一視」「ファン・コミュニケーション」「流行への同調」の6因子を抽出している。

先行研究を総括すると，ファン心理はおおよそ「仕事」「本人」「社会的共有」の3側面に分類される（表3.1）。すなわち，「仕事」は楽曲や演技やプレーなど仕事の結果としての作品に対する好意，「本人」は外見や内面など本人の魅力，「社会的共有」は流行意識やファン同士の交流である。この分類は，前述の「Celebrity Attitude Scale」（McCutcheon, 2002）の3タイプとも整合的であり，普遍的な構造と考えられる。

3.2.2 職業によるファン心理の違い

有名人をミュージシャン，スポーツ選手，俳優，アイドルの4群にまとめて職業別にファン心理を比較してみることにする（小城，2005；図3.1）。[1]

ファンにとってファン対象がどのような存在であるかという視点で整理してみると，「人生の師匠」と「疑似恋人」に大別される。「人生の師匠」グループはミュージシャンとスポーツ選手が中心で，楽曲やプレーなどの「仕事」の評価が高く，それを生み出す才能や努力の点で「本人」の人格面も尊敬されている。ミュージシャンとスポーツ選手の細かい相違点は，ミュージシャンは作品鑑賞が中心なのに対して，スポーツ選手は「尊敬・憧れ」が突出して高く，ファン同士の交流が盛んなことである。

一方，「疑似恋人」グループは俳優とアイドルが中心で，「人生の師匠」グループに比べると「仕事」よりも「本人」の魅力，それも外見的魅力が特徴的である。さらにアイドルは疑似恋愛感情が高く，ファン・コミュニケーションが盛んで，不特定多数で共有する疑似恋人だが，俳優はファンにとっては遠い存

---

[1] 「Celebrity Attitude Scale」を用いたMcCutcheon（2002）の研究では，俳優・その他に比べてミュージシャン・スポーツ選手においてファン心理が強いことが見出されている。

表 3.1(1)　ファン心理の構造
(McCutcheon(2002)の項目例,小城(2004, 2005),川上(2005),向居他(2016)の因子を集約)

	McCutcheon（2002）の項目例	小城（2004, 2005）の因子と項目例
仕事	I enjoy watching, reading, or listening to my favorite celebrity because it means a good time.	【作品の評価】 「Aの作品（音楽・本・演技・プレーなど）は心に残る。」 「Aの作品（音楽・本・演技・プレーなど）はレベルが高いと思う。」
本人	I have frequent thoughts about my favorite celebrity, even when I don't want to.	【疑似恋愛感情】 「気がつくと、いつもAのことを考えている。」 「Aに対する気持ちは,恋愛感情に近い。」
本人	—	【外見的魅力】 「Aはスタイルがいいと思う。」 「Aの容姿はバランスがとれていると思う。」
本人	I am obsessed by details of my favorite celebrity's life. (When my favorite celebrity fails or loses at something I feel like a failure myself.)	【同一視・類似性】 「Aとは価値観が似ていると思う。」 「Aは私の気持ちを代弁してくれている。」 「Aは同じ世界にいると感じるから好きだ。」
本人	—	【尊敬・憧れ】 「将来、Aのようになりたい。」 「Aに憧れている。」 「Aをとても尊敬している。」
本人	—	—
社会的共有	My friends and I like to discuss what my favorite celebrity has done. It is enjoyable just to be with others who like my favorite celebrity.	【ファン・コミュニケーション】 「Aのファンに出会うと,うれしくなる。」 「Aのファン同士で盛り上がるのが楽しい。」
社会的共有	—	【流行への同調】 「Aが流行するようになってから,好きになった。」 「Aはメジャーだから好きだ。」
社会的共有	—	【流行への反発・独占】 「Aが売れてしまったら,寂しい。」 「Aが有名になってしまうと,嫌だと思う。」

表 3.1 (2) ファン心理の構造

(McCutcheon(2002)の項目例,小城(2004, 2005), 川上(2005), 向居他(2016)の因子を集約)

	川上 (2005) の因子と項目例	向居他 (2016) の因子と項目例
仕事	【作品への評価／恒常的な好意】 「その人（たち）の作品（歌・演技・プレーなど）が好きである。」 (「その人（たち）を，どんなことがあっても応援し続けたいと思う。」)	【作品への評価】 「Aの作品（音楽・本・演技・プレーなど）は心に残る。」 「その人（たち）の作品（歌・演技・プレーなど）が好きである。」
本人	【恋愛感情様相】 「自分のその人（たち）に対する気持ちは，恋愛感情に近い。」 「その人（たち）には結婚しないでほしい，（すでに結婚しているならば）しないでほしかった。」	【熱狂・熱愛】 「Aの為なら，どんなことでも我慢できる。」 「Aが誰かと付き合っているのではないかと疑うと落ち着いていられない。」
本人	【外見への好意】 「その人（たち）の顔が好きである。」 「その人（たち）のファッションが好きである。」	【外見への好意】 「Aの顔が好きである。」 「Aは目鼻立ちが整っている。」
本人	【類似性・同一視／人間性への関心】 「その人（たち）が自分の気持ちを代弁してくれていると思うことがある。」 「その人（たち）には，なにか自分と同じものを感じる。」	【目標・共感・同一視】 「Aは自分の目標としたい人物である。」 「Aには，共感できる要素が多い。」
本人	【なりたい対象への気持ち】 「その人（たち）のようになりたい。」 「その人（たち）は自分の目標としたい人物である。」	
本人	【人生，生活への被影響感・生きがい／犠牲的好意】 「その人（たち）のいない人生は考えられない。」 「その人（たち）がいることで，生きている実感が得られるように思う。」	―
本人	【私生活への関心】 「その人（たち）の私生活には興味がない。」（逆転） 「その人（たち）が普段どのような生活をしているのか興味がある。」	―
社会的共有	【同対象への好意を持つもの同士がコミュニケーションを楽しむ気持ち】 「同じその人（たち）を好きな人たち同士で気持ちが共有できるとうれしい。」 「その人（たち）を好きになったことで友達が増えた。」	【ファン・コミュニケーション】 「Aのファンと実際に出会うと，うれしくなる。」 「Aのファンに親近感を感じる。」
社会的共有	【流行への同調心】 「その人（たち）の人気が今ほどでなかったら，それほど好きではなかったと思う。」 「テレビなどでよく見るようになって，だんだんと好きになった。」	【流行への同調】 「Aは世間一般に人気があるから好きだ。」 「Aは，その世界の主流で知名度が高いから好きだ。」
社会的共有	【流行への反発心／独占願望】 「その人（たち）が有名でないころから応援している。」 「他のその人（たち）を好きな人と自分を一緒にしてほしくない。」	―

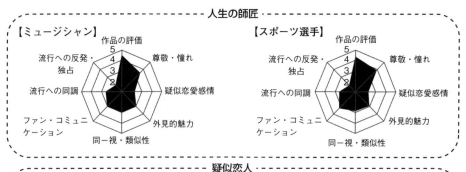

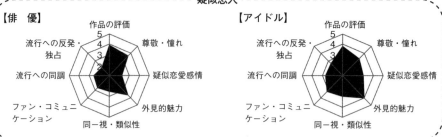

図 3.1　ファン心理の職業比較（小城，2005）

在で個々のファンが個別に応援していると見られる．ただし，この調査では俳優の定義があいまいで，アイドル的な評価の高い若手俳優もいれば，職人の域にまで達しているベテラン俳優まで一括して扱われているために明確な特徴が見出されていない（後述）．

　さて，ここで「アイドルの恋愛はタブーか」という命題について考えてみよう．男女問わず，アイドルのプライベートで恋愛が発覚すると大騒動になる．「友達の一人です」で押し切るか，「軽率な行動をとって申し訳ありませんでした」と謝罪するか，いずれにしても，プライベートな恋愛についてなぜ弁明や謝罪をしなければならないのだろうか．また，こうした風潮に対して，「アイドルも人間なのに恋愛を禁止されるのは人権侵害ではないか」といった批判もある．

　アイドルの定義や特徴をもう一度振り返ってみよう．アイドルとは，「歌手ではなく，歌唱というパフォーマンスを通じてキャラクターを提示する職業」（小川，1988），「ファンの疑似恋人」（稲増，1989）と定義されており，職業別

の比較においても，アイドルは「仕事」の評価ではミュージシャンやスポーツ選手には遠く及ばず，それよりも「外見的魅力」と「疑似恋愛感情」に存在価値があるとされている（小城，2005）。すなわち，アイドルとは，歌唱力や演技力を求められているわけではなく，「外見の美しい疑似恋人を演じる」ことが仕事なのだ。そのアイドルがプライベートで恋愛をしているのは，ファンという疑似恋人に対する裏切り，ある意味での「契約違反」といえるかもしれない。その意味では，「アイドルの恋愛はタブー」なのである。

しかしながら，好きな人ができてどうしても交際したいというのであれば，アイドルに残された選択肢は2つ。一つは，疑似恋人の役割を捨てて「仕事」で評価される別の職業（ミュージシャンや俳優など）へと転身すること，もう一つは交際を徹底的に隠してプロとして疑似恋人を演じ切ることである。言い換えれば，アイドルの立場にとどまりながら，交際の現場を撮られたり，交際相手に暴露されたり，自分で撮影した写真が流出したりするのはプロ失格である。

3.2.3　ファン層の違い

ここまで，有名人の職業別に魅力が異なることを見てきたが，作品だけを評価していて本人には興味のないファンや，流行に乗っただけのファンもいれば，本人への情緒的関与が強いファンもいる。今度は，そのようなファン層の違いを見てみよう。

前項のファン心理にファン行動を追加したデータを用いてクラスター分析を行い，回答パターンが似ている回答者をグルーピングしたところ，異性の「アイドル」や「俳優」に疑似恋人としての価値を見出している「アイドル・ファン層」，全体に淡白で，あまり感情的な結びつきをもたず，軽く作品を鑑賞して楽しむだけの「ライト・ファン層」，強く感情移入し，ファン同士の交流も盛んで，周囲にも宣伝するなど，積極的に関与している「熱狂的ファン層」，男性ミュージシャンを尊敬する男性ファンを中心とした「信奉層」の4層に分けられた（小城，2006；図3.2）。

すなわち，一口にファンといっても対象への関与が異なる何層かに分けられ

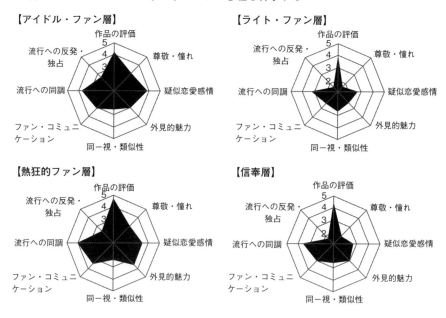

図3.2 ファン層の分類（小城，2006）

るということである。言い換えれば，どのファン層に対しても，それぞれに異なる魅力を提供できる多面性がスターの条件といえるのかもしれない。

3.2.4 ファン心理の光と影

次に，余暇活動やレジャーの観点からファン心理を考えてみよう。好きなアーティストのコンサートの参加者は，参加前に比べて参加後に精神的健康が向上すること（西川・渋谷，2011），強い好意感情やファン集団への帰属意識がQOLを高めること（今井他，2010）などが明らかにされており，いずれもポジティブな感情の生起が健康の増進を促す（Burton & King, 2004）ことと整合的である。誰か（何か）を好きになり，楽しみにするということは，日々の生活に張り合いをもたらして精神的健康を維持・向上させるといえるだろう。

しかし，その一方で，ファン心理はスターの後追い自殺（高橋，1998）やスター・ストーカー（荒木，1997；福島，1997）といった負のベクトルも持ち合わせている。アイドルの自殺に影響を受けた若年層のファンが連鎖自殺をし

た「ユッコ・シンドローム」(1986年) や，ジョン・レノン（ザ・ビートルズ），美空ひばり，松田聖子，AKB48といった有名人が狂信的なストーカーファンに攻撃された事例は，枚挙に暇がない。また，熱狂的なファン心理が精神的健康とネガティブに関連していることを示す研究もある（Maltby et al., 2004）。

　ファン心理の光と影を分けている要因の一つに，アイデンティティの形成が考えられる（川上，2005）。情緒的関与の強い熱狂的なファンの中でも，①ファンであることを公言し，ファン同士の交流も盛んなタイプ，と，②ファンであることをひた隠しにして他のファンとの交流も避け，対象がメジャーになっていくことに強く反発するタイプ，とに分かれるが，後者はアイデンティティが不安定で，充実感や希望・目標が低く，精神的に自立していないことが示唆されている（小城，2018）。拡大解釈すると，後者はアイデンティティが不安定なために，日常生活や人生において空虚感や孤独感を抱えており，それを埋めるためにミュージシャンやアイドルやスポーツ選手といった対象に「対人関係依存」（渡辺，2002）することで代理的に充実感を得ているとも考えられる。しかし，いくら追っかけをしても，CDやグッズを買っても，そのこと自体が本人の根本的な問題の解決に直結するわけではないため，満たされないものを追い求めて執拗に繰り返すというスパイラルに陥る。娯楽ではなく，現実逃避としての強い固執と依存が，後追い自殺やストーカー行為の素地となっている可能性があるかもしれない。

3.3　ファン心理研究の課題

　ファン心理は学生の実習や卒論では人気のあるテーマで，筆者のもとには数多くのデータがある。学生の研究ゆえに粗削りなところもあるが，目まぐるしく変化していくファン心理の最前線を追っており，数々の興味深い知見を得ている。ここでは，数々のファン心理研究から見えてきた課題について整理したい。

3.3.1 対象の位置づけ

ファン心理研究では，好きになる対象の定義や設定によって研究モデルが大きく異なる。「仕事」「本人」「社会的共有」というファン心理の枠組みは普遍的と考えられるが，対象とファンとの関係性は常に変化していることをふまえると，向居他（2016）が指摘するように，固定的な尺度の確立は困難で，具体的な項目は社会状況や対象の特性に合わせて適宜改変していく必要がある。

1. 個人とグループ

ファンの対象を個人に設定するのが第1の研究モデルである。先行研究でも，小田和正や松任谷由実のファン心理（上野・渡辺，1994；上瀬，1994）といった個人のファンの研究や，回答者に自由に個人を特定してもらって回答を求める調査方法（小城，2018，2004；向居他，2016；川上，2005など）もある。この場合，態度の類似性や外見的魅力，社会的望ましさといった対人魅力研究がベースになる。グループであっても，その中の一個人を応援する心理はこれに該当する。

一方，グループ全体を対象とするのが第2の研究モデルである。プロ野球，Jリーグ，タカラヅカ，モーニング娘。やAKB48などは，グループの枠組みを固定しつつ，メンバーは次々に入れ替わっていくことで長期間の活動を可能にしている。グループのファン心理には，メンバー同士の友情といった人間関係の消費や，好きなメンバーと他のメンバーとの競争，新人が加入してから卒業していくまでのプロセスを応援する育成の魅力，ライバルグループとの競争などが入ってくる（西条他，2016；さやわか，2013；岡島，2011；伊藤他，2013；吉田他，2017など）。

2. ファンの社会的アイデンティティ

社会的アイデンティティとは，あるグループの中の一員であるという，集団としての意識や誇りのことである。他の集団と競争する状況や，集団と自分の一体化や集団への同一視が強い状況，集団が外部からネガティブな評価を付された状況において顕在化するとされている（大石，2002）。

ファン心理では，社会的アイデンティティをファン集団に置く場合と，グループの対象（スポーツチームやアイドルグループなど）に置く場合の2つのパ

ターンがある。前者は阪神ファンの研究などではすでに指摘されているが（広沢，1989など），後者はたとえばサッカーでサポーターを「12人目の選手」と位置づけたり，アイドルグループがファンを「メンバー」「家族」と称したりするなど，対象とファンとの距離が近くなったことによって明確化してきた現象である。対象がスキャンダルやトラブルに巻き込まれた，試合で惨敗した，といったネガティブな状況ではコアファンほど社会的アイデンティティが顕在化しやすく，対象への同一視が一層高まると考えられる。

3. 架空と実在

実在する人物やグループに対するファン心理を測定する研究が多いが，今後の課題としてはアニメや漫画のキャラクターといった架空の存在に対するファン心理があげられる。これには，オタク研究（山岡，2016；田川，2009；野村総合研究所，2005など）の文脈の知見が役に立つ。

さらには，実在する人物を3次元，アニメを2次元としたとき，アニメのキャラクターを演じる声優を2.5次元として好きになるケースがある（坂口，2013）。この場合，架空のキャラクターに対するファン心理を実在する声優に転移していると考えられ，メカニズムは非常に複雑である。

4. 作　　品

人物ではなく，ドラマや映画といった作品のファン心理においては，メディア研究がベースになる。米韓ドラマの魅力（小城他，2011），日韓ドラマの魅力（赤木他，2012），不倫ドラマの魅力（小林他，2018），「アグリー・ベティ」や「Sex and the City」といったアメリカドラマの魅力（河津，2009；三浦・小林，2009），韓国ドラマ「冬のソナタ」の魅力（島村，2007；水田他，2006；林，2005）など，ドラマ研究に共通して見出されているのは，ストーリーの魅力，登場人物（役柄）の魅力，俳優の魅力，オーディエンス同士での共有である。

ここで留意したいのは，社会の価値観とオーディエンスの価値観の2点である。ミステリーや仕事や歴史ドラマは普遍的な魅力をもっているが，恋愛や結婚を描いたドラマは社会の価値観の影響を受けやすく，ライフコースや家族形態が多様化した現代にあっては，大衆全員が共感できるドラマづくりは困難と

なっている（小城, 2017）。また，オーディエンスは自身の価値観に沿うような情報に選択的に接触してもとの価値観をより強化させるという視聴モデルと，逆に価値観に反するがゆえに自分では絶対にできないような非日常を仮想的に代理体験するという視聴態度があり，単純な相関分析では両者が相殺されて因果関係が抽出できないため，両者を区別する分析が必要である（小城他, 2011）。

5. 俳優と役柄

小城（2005）では，ミュージシャン，スポーツ選手，俳優，アイドルに分類して職業別にファン心理を比較しているが（前述），これらの職業のうち，俳優は別人格を演じるという点で他の3つとは性質が異なっている。俳優の「作品の評価」とは演技力であり，演技力が高ければ高いほど，俳優本人の人格が消されて役柄の人格が前面に出され，ファンはその役柄の人物があたかも実在しているような感覚に陥りながらドラマなり映画なりのストーリーに没入する。このとき，ファンが感じる「本人」の魅力とは，俳優本人なのだろうか，それとも役柄なのだろうか。

犬尾他（2017）は，俳優のファン心理について，本人の魅力と役柄の魅力に分離して分析している。その結果，ファンは俳優本人よりも役柄に対して疑似恋愛感情を抱いていること，とくに想像性の高いファンほどその傾向が強いこと，俳優の年齢が上がるほど本人と役柄の魅力とのギャップが大きくなることが見出されている。すなわち，ファンがドラマの中の役柄に恋をしていることは共通しているが，まだ演技力の乏しい若年俳優では演技がワンパターンか，本人イメージに合った役柄を演じることが多いために，役柄に対する疑似恋愛感情と本人に対する疑似恋愛感情とが混同されているのに対して，シニア俳優になると演技力が高まり，役柄が本人から分離して独立した人格として魅力を放っているといえよう。

6. 有名性の定義

冒頭に述べたように，ファン心理研究では，対象はメディアによって「**有名性**」を付与された人物またはグループと位置づけられている。小城（2004）では「直接的なコミュニケーションを持たず，主にマス・メディアを介して知り得るタレント・アーティスト」，川上（2005）ではファンを「日常では出会わ

ないある特定の人物（グループ，チームを含む）」と定義されていたが，向居他（2016）が指摘するように，メディアの多様化とともにSNSや動画配信サービスなどを通じて，一般人でも容易に「有名性」を獲得することが可能になり，「世間に広く名の知られているとはいえない人物」や「社会的な地位が高いとはいえない人物」もまた，ファン対象になり得る社会状況となってきた。すなわち，直接接触の機会がなく，不特定多数に一方的に認知されているという意味での「有名性」は変わらないが，その「有名性」が必ずしも社会全般に広く共有されているとは限らず，小さなファン・コミュニティだけで閉鎖的に共有されている「有名性」が乱立した状態といえる。

3.3.2 メディアの変遷と心理的距離

　ファン心理はメディアと密接に関連している。社会の主要なメディアが映画からテレビへ，テレビからSNSへと移り変わっていく中で，対象とファンとの心理的距離は近くなってきている。映画の時代はファンが映画館へ足を運ばなければ会えなかったが，テレビ黄金期には対象がお茶の間のテレビにやってきて，ぐっと親近感が増した（市川, 2002）。映画の時代からテレビの時代へと引き継がれても変わらなかったのは，ごく少数の対象が大衆に共有されていて，社会全体に認知されていたという点である。

　テレビの時代はまだ対象はテレビというメディアの向こうにいて，手が届かない存在だったが，SNSの時代になると，対象と直接つながることも，撮影の裏話やプライベートなつぶやきを見て24時間を共有しているかのような疑似的感覚をもつことも可能になり，次第に間を隔てているメディアの存在が希薄になっていった。それは，親近感の増加と引き換えに，特別感や非日常感によって構築されていた「スター性」の喪失をもたらし，対象を手の届かないスターからすぐそばにいる友人のような立ち位置へと変化させていく（川村他, 2013）。同時に，メディアの多様化とともにファン層も分散して，小規模なファン・コミュニティが乱立するようになり，大衆に共有される国民的スターは消滅する（小城, 2013）。

　ついには，AKB 48に代表される「メディアを介さず直接会える」ことをコ

ンセプトとしたアイドルが誕生する（北川，2013；さやわか，2013）。「地下アイドル」や「接触アイドル」といった呼称のほかに，メンバー同士のコミュニケーション，アイドルとファンとのコミュニケーション，ファン同士のコミュニケーション，人気投票などのゲーミフィケーション，舞台裏をあえて見せるバックヤードコミュニケーションなど，「コミュニケーション」を売りにしていることから「コミュニケーション・アイドル」（田中，2016）とも呼ばれている。こうした「会いに行けるアイドル」の活動形態や活動場所は多岐にわたっており，テレビ番組への出演のように万人に認知できる形はないため，その全容をつかむのは困難である。

　間を隔てていたメディアの消滅によって，新たに登場したファン心理は承認欲求である（田中，2016）。従来のファン心理研究では，ファンは不特定多数が集まった群集として扱われており，（熱狂的な出待ちファンやファンクラブ会長といったごく一部の特殊なケースを除いて）ファン個人が対象から認知されることは想定されていなかったが，「会いに行けるアイドル」の場合には「顔や名前を覚えてもらえる」「コミュニケーションを重ねて関係を深めていく」といった形で対象と1対1の関係が成立することが主要な魅力の一つとなっている。対象からの承認を求めて，コミュニケーションの機会を増やすためにCDを大量に購入し，ライブに通うという課金システムが「会いに行けるアイドル」の特徴である（ねほりんぱほりん，2018）。さらにファン集団も小規模であるためにファン同士もお互いに識別可能で，対象との関係性が近いファンが「トップ」「ナンバーワン」として他のファンから一目置かれるようになる（ねほりんぱほりん，2018）。すなわち，対象からの承認を得ることによってファン集団からの承認も得たいという二重の承認欲求が「会いに行けるアイドル」のマーケットを支えていると考えられる。

　「メディアを介した対人魅力」としてのファン心理研究は，「会いに行けるアイドル」の登場によって，閉じた対人関係の中の対人魅力研究との境界線があいまいになりつつある。対人魅力の規定因のうち，ファン心理研究においては除外されていた自己開示や返報性の要因（3.1.1「2. 対人魅力研究」参照）が介入してきたし，疑似恋愛はもはや「疑似」ではなくリアル恋愛かもしれない。

では，「ファン」心理とは一体何なのか，身近な対人関係の好意とはどう異なるのか，再定義が迫られているともいえるだろう。

3.3.3 価値観や志向性の多様化，年齢意識や性別意識の希薄化

社会全体の価値観や志向性が多様化する中で年齢意識や性別意識も希薄化しており，消費や流行においても個人化が進んでいる。たとえば，化粧文化の低年齢化（渡部，2010）や，アニメや漫画文化の高齢化（三ツ木，2016）とリバイバル（向井，2017），「腐女子」の顕在化（杉浦，2006），中高年女性の若さ志向性（菅原・鈴木，2017）や美魔女ブーム，美容やファッションにおけるジェンダーレス化（原田，2013；斉藤，2012など）など，年齢や性別といった良くも悪くも大衆をセグメント化してきた社会的属性の説明力が低下し，個人の志向性によってマーケットが構成されつつある。

メディアの利用についても同様である。一般に高齢層は新聞やテレビなどの従来型メディア，若年層がSNSなどのニューメディアへの親和性が高いとされているが，個人差に注目してみると，若年層でもマス・メディア接触が低く，情報に無関心で消極的な群がおり，他方，高齢層でもSNSを含めたあらゆるマス・メディアを使いこなし，社会に対して高い関心を持つアクティブな群も存在している（小城他，2012），など個人差が大きくなっている。

AKB48に代表されるグループアイドルはタイプの異なる女性アイドルを多数集めて構成しているところが特徴的で，ニーズが多様化したファンを幅広く取り込める構造になっている（植田，2013）。ファン心理研究においても，年齢や性別といった社会的属性による比較が次第に意味をなさなくなり，個人差の研究へとシフトしていくと予測される。

3.3.4 アイドルの役割変化

かつて男性アイドルも女性アイドルも，思春期の青少年の疑似恋人という役割だった（稲増，1989）。したがって，年齢はファンと同じか少し上，せいぜい20代後半までに限定されており，ファンの側も思春期にアイドルに疑似恋愛していた時期を過ぎると次第にアイドルから卒業していったのである。これ

を受けてアイドル研究の多くが，アイドルを「疑似恋人」として位置づけている。

　しかし，前述のように，消費も，流行も，メディアも，世代差や年代差が小さくなり，コドモ文化とオトナ文化の境界線があいまいになるにつれて，また恋愛観や結婚観も多様化するにつれて，アイドルがそのまま年を重ねて中年期を迎え，ファンもそのまま高齢化したり（井上他，2013；藤関他，2011），中高年女性が若い男性アイドルに熱狂したり（佐藤他，2009），疑似恋愛ではなく疑似友情を求めて同性のアイドルを応援するファンが出現したり（赤松他，2014）して，アイドルの立ち位置も変容してきた。

　さらには，自分自身を枠外に置き，アイドル同士の関係性を観察するというファン心理が顕在化してくる（陳，2014；辻，2001）。すなわち，メンバー同士の友情や競争，チーム内での役割分担といったいわば「人間関係のリアリティショー」を客席から眺めているという構造である。そこでは，努力や成功といったポジティブな出来事だけでなく，喧嘩や対立，失敗や挫折，不祥事，脱退といったネガティブな出来事でさえストーリーとして提供される。むしろ，ネガティブな出来事こそ，その後の助け合いや復活といった感動ドラマを生み（香月，2014），泣いたり笑ったり怒ったりといった情緒的解放（McQuail et al., 1972）をもたらすのかもしれない。こうしたメンバー同士の親密さを同性愛に置き換えて再解釈するファン層も出てきている（西条他，2016）。

3.4　まとめ

　ファン心理は学生諸君に人気のテーマで，一見したところでは世俗的でおよそ学術研究のテーマにはなり得ないと思える現象でも，対人魅力研究やメディア研究のみならず，多様な切り口からアプローチすることが可能で，さまざまな分野に貢献しうる萌芽をもっている。ファン自身の個人レベルではアイデンティティ理論や自己認知研究，ファンと対象またはファン同士の対人コミュニケーションのレベルではステレオタイプ研究，感情研究，ユーモア研究，ファンを集団や群集としてとらえた社会レベルでは集団心理，世代や年代ごとに異

3.4 まとめ

なるファン心理に着目する発達研究,流行理論や消費行動研究などがある。

たとえば,対人魅力研究の態度の類似性（Byrne & Nelson, 1965）や,ABX モデル（Newcomb, 1959）に倣えば,同じ対象を応援しているファン同士は互いに好意をもつことが自明であるが,しかし,実際にはアイドル・ファンの中には「同担（同じ対象を応援するファン同士のこと）NG」という現象が存在しており,この現象の解明は既存の理論に新たな一石を投じる視点を持っている（石川他, 2010）。あるいは,好きすぎるあまり対象との接触を回避する「好き避け」の心理や,王道のトップアイドルではなく,手が届きそうなB級アイドルを選ぶ心理は,自意識や自尊感情の研究として成立しうる。恋愛ドラマの魅力はドラマ研究であると同時に恋愛研究でもあり,その時代時代の「障害」（かつては身分の違いや親の反対,恋愛結婚が主流になった現代では不倫や同性愛など）がドラマを面白くする要素であること示されているし（小林他, 2018）,米韓ドラマや日韓ドラマの研究は文化比較の側面も有しており（赤木他, 2012；小城他, 2011）,ヒットドラマの背景には集合的記憶が潜在していると考えられる（小城, 2013）。毒舌タレントの魅力研究は,攻撃的ユーモアが好意的に評価されるためにセルフモニタリングやマイノリティインフルエンスが重要であることを指摘している（安藤他, 2016）。

学生の研究は,初心者だからこそ既存の枠組みや常識にとらわれない自由で斬新な発想で現象をとらえており,社会心理学の未来を切り開いているといっても過言ではない。今後,ファン心理研究がどのように発展していくのか,楽しみにしている。

コラム1　古くて新しいうわさ　　　　　　　　　　　　　　（竹中一平）

　2018年6月28日から7月8日頃にかけて，西日本を中心に広い範囲で集中豪雨が発生した。「平成30年7月豪雨」と命名されたこの大雨では，多くの地域で河川の氾濫や土砂災害が発生し，200名を超える死者が出るなど甚大な被害が生じた（2018年7月20日現在；消防庁災害対策本部，2018）。

　近年，地震をはじめとした大規模災害発生時に，インターネット上のソーシャルメディアを利用して活発なコミュニケーションがなされることが示されている（たとえば，三浦他，2016など）。平成30年7月豪雨に際しても，ツイッターを利用して救助要請が行われたり，それに対して消防局の公式アカウントが返答したりするなど（読売新聞，2018），多くのコミュニケーションが生じていた。

　ソーシャルメディアを利用したコミュニケーションは，さまざまな利点をもっている。たとえば，倉敷市がツイッターを用いてスポットクーラーの提供を呼びかけたところ，約5時間で必要台数の50台が集まった（キャリコネ編集部，2018）。緊急事態に際して情報伝達が迅速に行われ，必要な物資が集まることは，ソーシャルメディアの利点の一つであろう。また，前述のツイッターを利用した救助要請も利点の一つである。110番や119番を利用した救助要請の場合，短時間に電話が集中すると回線の輻輳によって通話できない状態に陥る。災害の種類や規模にもよるが，ツイッターなどのソーシャルメディアを利用した場合，回線の輻輳をほとんど気にせずに救助要請が可能になるであろう。

　一方で，ソーシャルメディアが誤情報の拡散に寄与することもある。広島県警察本部生活安全総務課（2018）は，平成30年7月豪雨後に，「レスキュー隊のような服を着た窃盗グループが被災地に入っている」「犯人が乗っている車は○○で，ナンバーは○○○○」といった情報がソーシャルメディアを介して拡散されていることと，警察ではそのような事実を確認していないことを注意喚起した。この注意喚起では，デマ情報（フェイクニュース）に対する注意が中心であった。しかし，倉敷市では実際に被災地のATMから現金を盗もうとして男3人が逮捕されるなど（朝日新聞，2018），被災地における犯罪自体は発生しており，何が正しい情報であるのかがはっきりしない状況であった。ソーシャルメディアを介した情報伝播は地理的な制約を受けづらい。そのため，ある地域での犯罪情報が離れた別の地域に容易に伝播し，同じ「被災地」という共通項から必要以上に不安を煽ってしまうこと

もあり得るであろう。

　近年では，「フェイクニュース」といった呼び方もされることも多いが，ここであげた本当かどうかよく分からない不確実な情報の拡散は，古くから「流言」や「デマ」「うわさ」として研究の対象になってきた。たとえば，廣井（2001）は，1854年に発生した安政地震に関する手記から，火事場泥棒に関するものも含めて多くの流言が広がったことを報告した。これ以外にも，1923年に発生した関東大震災など複数の災害発生時の流言を概観した上で，大規模災害時に広がる流言の特徴を，①極度の情報不足を背景とし，②人々の強い恐怖や不安が言語化されるという2点から整理した。そして，このような特徴をもつ流言を「噴出流言」と呼んだ。

　平成30年7月豪雨で流れた流言もこの2点から整理できる。①に関して，今回の豪雨では，確かにソーシャルメディアを介してさまざまな情報が共有され，マスメディアによる報道も多数なされた。その点では情報は十分だったであろう。一方で，窃盗グループに関して情報が錯綜していたように，「正しい」情報が何なのかが分からない状況であった。被災地の人々にとっては，窃盗グループを警戒しなければならないのか否かに関する確たる情報が必要であったが，災害発生後の曖昧な状況下でその情報は十分ではなかったと考えられる。

　また，②の恐怖や不安の言語化に関して，ソーシャルメディア上で拡散された窃盗グループに関する流言は，まさに被災地における恐怖や不安が反映されたものであるといえる。口伝えでしか流言が広がらなかった時代では，語られた流言はそれに接した人の記憶の中にしか残らない。一方，ソーシャルメディア上で拡散する現代では，その情報が削除されない限り，言語化された恐怖や不安がインターネット上に残り続け，繰返し人の目に触れる。このことが，より恐怖や不安の影響を強めた可能性が考えられる。

　最後に，流言を伝えるのは人である。口伝えで流言が広がった時代でも，インターネットが発展しソーシャルメディアを介して瞬く間にフェイクニュースが共有される時代でも，そこに影響する要因は共通している。緊急事態においては，曖昧な状況に巻き込まれた人々の恐怖や不安が情報の伝播を促進するのである。

第4章
大学生とブラックバイト

髙本真寛

「今日からバイト3連勤だ……」「夜勤のバイト明けで，授業中に寝ちゃった」。こうした何気ない会話を，おそらく多くの大学生が友人たちとしたことがあるだろう。一方で，多くの大学教員は，授業の受講生やゼミ生たちのこうした会話を聞いて，きっと頭を抱えていることだろう。大学生によるアルバイト就労は，「勤労観・職業観等の価値観」の形成に寄与する可能性があり，ウェルビーイングの高さや就職活動目標の形成とも正の関連が見られる（関口，2012；田村他，2011）。そのため，学生生活を充実させることにもつながるとされる。その一方で，過重もしくは過酷なアルバイト就労がストレスとなり，結果として大学生活に支障を来す学生も存在する（今野，2016）。それでは，大学生によるアルバイト就労が珍しくなくなった現代において，大学生によるアルバイト就労はどのような悪影響を及ぼしうるのだろうか。

本章では，まず「ストレス」について概観し，心理学領域で提唱されている代表的な理論モデルの視点から，ストレスの経験が引き起こす一連の心的プロセスをとらえてみる（4.1）。その後，職業性ストレスに関する代表的な理論モデルを紹介し（4.2），労働と健康に関するさまざまな実証研究を紹介しながら，その関連性について見ていく（4.3）。その後，大学生における「アルバイト」への従事が，潜在的にどのようなリスク（弊害）を有するかを，実証的研究を交えながら考察していく（4.4）。

4.1 ストレスとは何か

そもそも「ストレス (stress)」とは何者なのか。たとえば，「来週の試験がストレスだ」「ストレスが溜まっている」「ストレスで眠れなくなった」といった会話を，普段からよく耳にするだろう。日々の生活を振り返ってみても，私たちにとって「ストレス」が身近な存在であることが分かる。ただし，上であ

げたそれぞれの例は,「ストレス」という言葉が指す内容が微妙に異なることが分かるだろうか。以下では,「ストレス」が学術的にどのように定義づけられているかを見ていく。

それでは,ストレスとは一体何なのか。現在,心理学領域において「ストレス」とは,「ストレッサー」(心身の安全を脅かす環境や刺激),「ストレス状態」(環境や刺激に対する身体や心の働き),「ストレス反応」(ストレス状態に対応した結果としての心身状態)という3つを含む複合的な概念とされる。就職活動を行っている学生を例にするならば,就職活動がストレッサーであり,もしも就職活動によって寝つきが悪くなっていたとすると,この状態がストレス状態である。さらに,この症状が慢性化して不眠症になってしまったならば,これがストレス反応である。冒頭であげた例は,それぞれ順にストレッサー,ストレス状態,ストレス反応を指して使われているが,日常生活の中で「ストレス」という用語がいかに多義的に用いられているかが分かるだろう。

本来,ストレスという語は「圧力」「圧迫」を意味し,物理学では「外から力が加えられたときに生じる歪み」を意味していた。そうした中,セリエ(Selye, 1936, 1976)が医学・生理学領域にストレスという用語を導入し,ストレスの経験に伴う一連の生理的反応を「**汎適応症候群**」(General Adaptation Syndrome；**GAS**)と呼ばれるプロセスによって説明した。汎適応症候群において,ストレス状態は一時的な生理的反応であり,生体として正常な反応であるとされる。しかし,この一時的な反応が慢性化することで,生体としての恒常性(ホメオスタシス)が崩れ,さまざまなストレス反応が表出するのである。

上記のGASは,ストレスの経験によって生じる一連の生理的反応を中心に説明している。それでは,私たちがストレスを経験したとき,どのような心的プロセスを辿るのだろうか。ラザルスとフォルクマン(Lazarus & Folkman, 1984)は,私たちがストレッサーを経験してからストレス反応を呈するまでのプロセスを**心理学的ストレスモデル**(**トランスアクション理論**とも呼ばれる)として理論化した(**図4.1**)。この理論では,ストレッサーとストレス反応の間に,個人が潜在的ストレッサーをどのように評価するかという「**認知的評価**(cognitive appraisal)」と,ストレッサーの経験によって行われるさまざまな

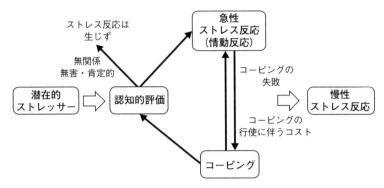

図 4.1　心理学的ストレスモデル（Lazarus & Folkman, 1984）

対処を指す「**コーピング**（coping）」を仮定し，重要な概念として位置づけている。ストレッサーの経験と疾患との間には $r = .30$ 程度の相関関係しか見られず，約 10% の説明率しかないといわれる。すなわち，認知的評価とコーピングがストレッサーとストレス反応や疾患リスクとの間において，媒介変数または調整変数として機能し，ストレッサーの経験の有無（またはストレッサーの脅威度の程度）やストレス反応における個人差を生じさせると考えられている。

4.2　職業性ストレス理論

　私たちが「働く」中で，ストレスを実際に経験することがどのくらいあるのだろうか。厚生労働省が 5 年間隔で実施している「労働者健康状況調査」によると，1992 年以降の調査ではおおむね 6 割の人が仕事をする中で何らかのストレスを経験しており，直近の調査では男性が 60.1%，女性が 61.9%，全体で 60.9% の人が仕事上のストレスを抱えていた（厚生労働省，2012）。また，主なストレス源には「職場の人間関係」（男性 35.2%，女性 48.6%，全体 41.3%），「仕事の質」（男性 34.9%，女性 30.9%，全体 33.1%），「仕事の量」（男性 33.0%，女性 30.9%，全体 30.3%）があげられていた。これらのことからも，私たちにとって**職業性ストレス**がいかに身近な存在であるかがうかがえる。

本節では，ストレッサーを職業性ストレスに限定した代表的な理論モデルである，「仕事の要求度—コントロールモデル」(Demand-Control model)，「努力—報酬不均衡モデル」(Effort-Reward Imbalance model)，「NIOSHモデル」を取り上げ，それぞれ紹介していく。なお，本節で紹介する理論モデル以外にも，「人間—環境適合モデル（Person-Environment Fit）」(French & Kahn, 1962)やクーパー他の「職業性ストレスモデル」(Cooper & Marshall, 1976)なども代表的なモデルとしてあげられる。また，近年ではポジティブ心理学の影響を受け，ストレス反応やバーンアウトといったネガティブなアウトカムだけでなく，ワーク・エンゲージメントといったポジティブなアウトカムを含めた「仕事の要求度—資源モデル（Job demands-Resource）」(Bakker & Demerouti, 2007)が提唱されている。興味のある方は，ぜひ調べてみてほしい。

4.2.1 仕事の要求度—コントロールモデル

「仕事の要求度—コントロールモデル」は，カラセック（Karasek, 1979）が提唱したモデルであり，個人要因ではなく仕事の性質や職場環境がストレスの高さを規定すると仮定した点に特徴がある。このモデルでは，仕事を「要求度」（仕事の量的負荷や時間的切迫度などを含む）と「コントロール」（仕事上の裁量権や自由度などを含む）の2次元によってとらえようとした。その後，このモデルにソーシャルサポート（上司や同僚からの情緒的・道具的サポートを含む）を加えた「仕事の要求度—コントロール—サポートモデル」（**図4.2**）が提唱されている（Johnson & Hall, 1988）。このモデルでは，仕事の要求度が高く，コントロールが低い状態，さらに職場でのサポートが少ない場合に高ストレイン状態であり，健康阻害リスクがもっとも高いとした。

4.2.2 努力—報酬不均衡モデル

「努力—報酬不均衡モデル」はシーグリストが提唱したモデルであり，仕事の性質や職場環境・個人要因がストレスの高さを規定するとした点に特徴がある。このモデルは，仕事の遂行に必要となる「努力」と比較して，結果として得られる「報酬」が少ないときに，より大きなストレス反応が生じると仮定し

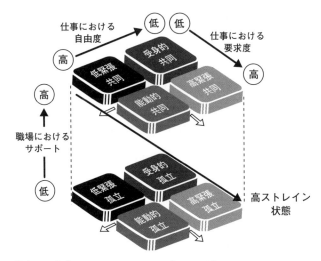

図4.2 仕事の要求度―コントロール―サポートモデル (Johnson & Hall, 1988)

た (Siegrist, 1996)。このモデルでは,「努力」を外在的努力と内在的努力に分けている。外在的努力は仕事の要求度や責任,義務などへの対処を含み,内在的努力は自分自身の期待や要求水準を満たすための対処を含む。他方,報酬は金銭的な報酬だけでなく,他者からの尊重や自身に対する正当な評価といった心理的な報酬,職業の安定性や見通しなどを含むとされている(**図4.3**)。このモデルは,個々人の努力と報酬の不均衡状態からストレス反応の程度をとらえており,「仕事の要求度―コントロールモデル」よりも一部の疾患リスクに対する予測的妥当性が高いことが示されている (Bosma et al., 1998)。

4.2.3 NIOSHモデル

「**NIOSHモデル**」は,アメリカ国立労働安全衛生研究所(National Institute for Occupational Safety and Health; NIOSH)による職業性ストレスに関する理論モデルである。このモデルでは,職業性ストレッサー(仕事のコントロールや量的負荷などを含む)とストレス反応との間に,個人要因(年齢や性別,婚姻状態などを含む),仕事外の要因(家庭内要求など),緩衝要因(ソーシャルサポート)を仮定し,それぞれの要因が調整・緩衝要因として機能し,急性

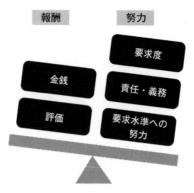

図 4.3　努力—報酬不均衡モデル (Siegrist, 1996)

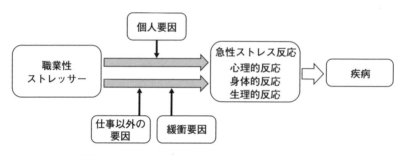

図 4.4　NIOSH モデル (Hurrell & McLaney, 1988)

ストレス反応が長期化・慢性化した場合には心身の疾患や離職等につながるとした（Hurrell & McLaney, 1988；**図 4.4**）。NIOSH モデルの特徴は，個人要因が職業性ストレッサーとストレス反応との関連において，調整変数として機能することを仮定した点にある。すなわち，このモデルでは職業性ストレッサーとストレス反応の生起が普遍的現象であることを強調する点において，クーパー他の「職業性ストレスモデル」と区別される。また，2015 年から導入されたストレスチェック制度では NIOSH モデルに基づいてストレス評価が行われている。

4.3 職業性ストレスが健康に及ぼす影響

　ここまで，職業性ストレスに関する代表的な理論モデルを3つ紹介した。それぞれのモデルは独自の視点に基づいて職業性ストレスの理論化を試みているが，いくつかの共通点がある。たとえば，いずれのモデルにおいても，個人の資質を上回る仕事の量的・質的負荷を職業性ストレッサーとしている点である。また，職業性ストレスにおいてソーシャルサポートを緩衝要因と仮定している点も共通点にあげられる。それでは，次に，職業性ストレスの経験が私たちの身体にどのような影響を及ぼすのかを，「免疫機能へ及ぼす影響」と「長時間労働と疾患リスクとの関連」という2つの視点から見ていく。

　まず，職業性ストレスと免疫機能との関連について見ていく。ストレスの経験は生体としての恒常性（「脳・自律神経系」「免疫系」「内分泌系」）のバランスを崩すことで睡眠障害などを引き起こし，最終的にさまざまな疾患の罹患へとつながる（Cohen et al., 1995 田中訳 1999）。とくに，ストレスの経験は免疫系のバランスを崩すことが知られており，職業性ストレスも同様のプロセスを辿ると考えられている。たとえば，ナカタ（Nakata, 2012）は職業性ストレス（仕事の要求度の高さとコントロールの低さ，職務満足度の低さ，努力―報酬の不均衡など）と免疫指標との関連について，56の研究を対象に系統的レビューを行っている。その結果，職業性ストレスは液性免疫系を活性化させる一方で，ナチュラルキラー細胞やT細胞の細胞性免疫系を抑制することを明らかにした。また，職業性ストレスは炎症反応のマーカーであるCRP値の上昇と関連することも示されている（Almadi et al., 2012）。そのため，職業性ストレスは細胞性免疫機能の抑制と液性免疫機能の活性化，炎症関連物質の増加などを引き起こし，その結果として疾患リスクを高めると考えられている。

　次に，長時間労働とさまざまな疾患リスクとの関連について見ていく。長時間労働とはいわゆる「過労」の状態である。上畑（1982）の論文が「過労死」を取り上げた最初の科学論文とされるが，近年では，わが国においても「過労死（自殺）」という社会問題として，長時間労働の問題が広く認識されるようになった。わが国における過労死（自殺）の現状については，過労死等に係る

労災補償状況（詳細については厚生労働省（2017）やヤマウチ他（Yamauchi et al., 2017）などを参照のこと）を見ると，その現状の一端を知ることができる。長時間労働はさまざまな疾患リスクを高めると考えられており，それを支持する研究成果も数多く存在する。たとえば，心疾患の罹患リスクに関して，調査実施期間が平均11年に及ぶコホート研究（prospective cohort study；同一標本をある特定の期間にわたって追跡調査する調査方法）では，1日当たり3〜4時間の残業が冠性心疾患の罹患リスクを1.56倍高めること（Virtanen et al., 2010）や，12の研究を対象としたメタ分析（meta-analysis）[1]では，長時間労働が心疾患リスクを1.8倍高めることなどが示されている（Virtanen, Heikkilä, et al., 2012）。他方，精神的疾患のリスクに関して，2001年から12年に渡るコホート研究では，49時間以上/週の労働がメンタルヘルスの低下を招く（Milner et al., 2015）ことや，平均5.8年に渡るコホート研究では，11〜12時間/日の労働を行う人は7〜8時間/日の労働を行う人と比較して大うつ病のリスクが2.52倍であること（Virtanen, Stansfeld, et al., 2012）などが示されている。

長時間労働に関連して，睡眠と疾患リスクとの関連についても触れておきたい。長時間労働は必然的に睡眠時間の短縮を招き，結果として睡眠覚醒リズムを乱すことにつながる。そのため，睡眠と健康との関連を検討した研究も数多く実施されている。たとえば，5,249名を対象とした30年間のコホート研究において（Garde et al., 2013），短時間睡眠者（6時間未満）は睡眠時間が6〜7時間の者よりも虚血性心疾患のリスクがおよそ1.5倍高くなることが示されている。また，交代勤務制の看護師は疲労の蓄積や睡眠問題を抱えやすく（菊池・石井，2015；久保他，2013）や，睡眠不足は精神的不調を引き起こしやすい（Centers for Disease Control and Prevention, 2011）。また，不眠症状が

---

[1] メタ分析とは，同一テーマについて行われた複数の研究結果を統計的手法によって統合する方法を指す（山田・井上，2012）。メタ分析は，多くの研究結果の統合を通して標本誤差の影響を小さくすることが可能であり，個々の研究よりも正確な推論が可能になる。メタ分析の詳細については，山田・井上（2012）や丹後（2016），岡田・小野寺（2018）などを参照されたい。

うつ病の発症よりも時間的に先行し、うつ病のリスクファクターの一つと見なされるようになった。これらのことから、短時間睡眠や夜勤勤務は疾患リスクとなると考えられている。

以上をまとめると、職業性ストレスは短期・中期的には主に免疫機能のバランスを崩し、結果として循環器疾患のリスクを高め、また、短時間睡眠も心疾患や精神疾患のリスクを高めることが示唆されている。したがって、職業性ストレスは直接、または短時間睡眠を媒介することによって、循環器疾患や精神疾患のリスク要因となると考えられている。

4.4 大学生における労働

前節までは、職業性ストレスと健康について概観してきた。その中で、職業性ストレスが健康を損なうリスクになることが分かっただろう。しかし、多くの大学生は「自分とは関係ない。関係するとしても、まだまだ先の話だ」と思っているかもしれない。他方、2013年には「ブラック企業」が流行語に選ばれたり、近年では大学生等をはじめとする若年者に過酷な労働を強いる「ブラックバイト」（今野、2016）という用語が誕生したりしている。こうした動向をふまえると、大学生にとって、労働と健康の問題は必ずしも無関係ではないだろう。そこで、本節では、大学生におけるアルバイト就労が健康や学生生活にどのような影響を及ぼすかについて見ていきたい。

4.4.1 大学生等におけるアルバイト就労の実態

多くの大学生は、これまでに一度はアルバイト就労の経験があるだろう。全国大学生活協同組合（2018）による調査では、大学生におけるアルバイト従事者は71.7％にのぼる。また、ベネッセ（2008）の調査によると、1週間あたりのアルバイト勤務の日数と勤務時間の平均は、それぞれ2.9日と14.3時間であった。つまり、おおよそ2日に1日の頻度で4.5時間程度のアルバイトをしていることになる。このことからも、大学生にとってアルバイトをしながら大学生活を送ることは日常の一部といえるだろう。

それでは，アルバイト就労によって体調を崩したり学業に支障を来したりする学生はどの程度いるのだろうか。先述のベネッセ（2008）の調査において，1週間の勤務日数が5日以上である者は11.8%，勤務時間が31時間以上である者は3.7%の割合で見られている。単純計算すると，週に31時間以上勤務する者は年間1,440時間以上の労働を行うことになるが，これは同年のパートタイム労働者の総労働時間（1,111時間）を上回る。単純に比較することはできないが，一部の大学生は一般労働者と同水準の労働に従事している可能性があるだろう。厚生労働省（2015a）はアルバイト就労の経験がある大学生等（大学生，大学院生，短大生，専門学校生を含む）を対象に，アルバイトに関する意識調査を実施している。調査の結果，労働条件上のトラブルを経験した者は60.5%に相当し，その中には労働基準法の違反が疑われる事案も含まれていた。また，調査回答者の17.8%が学業に支障を来した経験があると報告しており，自由記述の中には健康被害を被った学生の存在も明らかにされた。同調査では，22時以降翌5時までの深夜時間帯の勤務を行っている者の割合が40.3%にのぼり，夜勤によって概日リズムを崩したことをきっかけに健康被害や学業に支障を来したと考えることができるだろう。

上述した現状をふまえ，厚生労働省（2015b）は，学生アルバイトが多い業界団体に対して，労働基準関係法令の遵守やシフト設定などの課題解決に向けた自主的な点検の実施を要請するに至っている。このような背景を鑑みても，大学生のアルバイト就労におけるリスクを考えることは重要であるといえる。

4.4.2 過度もしくは夜勤のアルバイトがもたらす結果

本章では，これまでに職業性ストレスが私たちにとって健康阻害リスクになること，およびその機序過程について概観してきた。また，こうした職業性ストレスの問題が大学生等も対象となりうることは，厚生労働省（2015a）の調査や今野（2016）が紹介する，いわゆる「ブラックバイト」の事例からも明らかである。しかしながら，大学生等を対象とした上記の調査等は，あくまでも実態調査や事例についての詳細な報告にとどまっている。そのため，大学生等におけるアルバイト就労のどのような要因が身体的・心理的な健康や学業生活

に影響を及ぼすかを明示するには至っておらず，また実証的に示したわけではない。そこで，以降では，アルバイト就労に関する諸要因と精神的健康および学生生活に関する要因分析を行った高本・古村（2018）の研究を紹介する。

　高本・古村（2018）は，大学生のアルバイト就労に関するどのような要因が精神的健康と学生生活に対するリスク要因になりうるかを，2つの質問紙調査によって検討している。第1調査では，大学生284名の回答データを用いてアルバイト就労と抑うつ傾向との関連を検討した。調査票では，アルバイト就労に関する要因として，勤務時間や深夜勤務の有無，勤務時における心理的負荷のかかる出来事の経験の有無，私生活への影響に関する内容を尋ね，その他に睡眠時間と抑うつの程度が測定された。心理的負荷のかかる出来事については，「業務による心理的負荷評価表」（厚生労働省，2011）による「心理的負荷による精神障害の認定基準」を参考に大学生が回答可能な項目が作成され，私生活への影響に関する項目は，厚生労働省（2015 a）の調査結果を参考に作成された。続く第2調査では，大学生324名の回答データを用いて，アルバイト就労と修学状況との関連が検討された。アルバイト就労に関する諸要因については，第1調査と同様の項目が用いられ，第2調査で新たに加えられた修学状況に関する指標には，大学の講義で不可をとった授業数が用いられた。

　まず，心理的負荷のかかる出来事と抑うつおよび修学状況との関係を，個々の出来事ごとにオッズ比を算出することで検討された。オッズ比とは，ある観測値が他のグループに比べて当該グループのメンバーになっている確率の高さを示す統計量である。したがって，今回の結果に当てはめると，特定の心理的負荷のかかる出来事を経験した人は，その出来事を経験していない人と比べて抑うつまたは修学状況のリスクが何倍高いかを表している。ここでは，心理的負荷のかかる出来事と抑うつとの間の結果を見ていく。**表4.1**を見ると，「仕事の失敗，過重な責任の発生」（12項目中3項目；オッズ比 = 3.00～3.14），「仕事の量・質」（5項目中2項目；オッズ比 = 2.55，2.83），「役割・地位の変化」（7項目中3項目；オッズ比 = 2.92～4.04），「対人関係」（7項目中3項目；オッズ比 = 2.45～6.74），「セクシュアルハラスメント」（1項目；オッズ比 = 4.72）に相当する出来事を経験することが，それぞれ抑うつリスクを高めるこ

表 4.1　アルバイト就労と抑うつ・修学との関連（高本・古村，2018 を一部改変）

No.	項目内容	研究1 (n=211) 経験数	研究1 OR	研究2 (n=263) 経験数	研究2 OR
1	（重度の）病気やケガをした	6(3)	—	13(10)	2.45
2	悲惨な事故や災害の体験，目撃をした	7(6)	—	9(6)	—
3	業務に関連し，重大な人身事故，重大事故を起こした	1(0)	—	1(1)	—
4	会社の経営に影響する等の重大な仕事上のミスをした	3(3)	—	2(2)	—
5	会社で起きた事故・事件について，責任を問われた	6(5)	—	2(2)	—
6	自分の関係する仕事で多額の損失等が生じた	8(6)	—	7(5)	—
7	業務に関連し，違法行為を強要された	2(1)	—	5(4)	—
8	達成困難なノルマが課された	6(6)	—	11(6)	3.23
9	ノルマが達成できなかった	26(23)	3.00	42(22)	2.04
10	新規事業の担当になった，会社の建て直しの担当になった	2(2)	—	1(0)	—
11	顧客や取引先から無理な注文を受けた	21(17)	3.14	22(17)	2.51
12	顧客や取引先からクレームを受けた	103(89)	3.06	111(72)	1.09
13	大きな説明会や公式の場での発表を強いられた	2(1)	—	6(3)	—
14	上司が不在になることにより，その代行を任された	19(18)	1.98	38(22)	2.35
15	仕事内容・仕事量の（大きな）変化を生じさせる出来事があった	29(24)	1.77	37(21)	1.90
16	1ヶ月に80時間以上の時間外労働を行った	0(0)	—	0(0)	—
17	2週間にわたって連続勤務を行った	4(4)	—	8(4)	—
18	勤務形態に変化があった	25(21)	2.83	39(23)	2.18
19	仕事のペース，活動の変化があった	37(33)	2.55	82(42)	1.69
20	退職を強要された	7(5)	—	5(1)	—
21	配置転換があった	15(13)	4.04	17(8)	2.58
22	複数名で担当していた業務を1人で担当するようになった	19(15)	2.92	37(24)	0.63
23	アルバイトであるとの理由により，仕事上の差別，不利益取扱いを受けた	4(3)	—	6(3)	—
24	自分の昇格・昇進があった	38(30)	0.75	48(27)	1.69
25	部下が減った	18(18)	3.21	24(13)	3.24
26	アルバイトである自分の契約満了が迫った	5(3)	—	9(2)	—
27	（ひどい）嫌がらせ，いじめ，又は暴行を受けた	6(6)	—	6(5)	—
28	上司とのトラブルがあった	21(16)	6.74	24(12)	1.31
29	同僚とのトラブルがあった	2(2)	—	9(5)	—
30	部下とのトラブルがあった	2(1)	—	4(4)	—
31	理解してくれていた人の異動があった	26(25)	3.96	39(29)	2.37
32	上司が替わった	55(52)	2.45	90(57)	1.77
33	同僚等の昇進・昇格があり，昇進で先を越された	5(5)	—	8(7)	—
34	セクシュアルハラスメントを受けた	16(15)	4.72	13(11)	2.77
35	採用時に合意した以上のシフトを入れられた	37(33)	2.66	35(19)	1.68
36	採用時にシフトの変更を命じられた	9(8)	5.55	19(13)	1.33
37	一方的にシフトを削られた	43(41)	2.53	89(55)	1.30
38	試験の準備期間や試験期間中にシフトを入れられる	82(71)	1.58	91(44)	0.83
39	アルバイト勤務の疲れで授業に出席できない		1.61		1.61
40	アルバイトを優先して，大学等の授業を欠席したことがある	—		43(21)	2.91
41	アルバイトを優先して，友人との約束をキャンセルしたことがある	123(106)	1.38	140(80)	1.45
42	アルバイト勤務のために，体調を崩したことがある	45(39)	1.79	49(32)	1.58

注 1）表中の経験数は現在アルバイトを行っている調査参加者のみを集計し，括弧内は女性の経験数を示す。
注 2）OR はオッズ比を指す。研究 1 は抑うつに対するオッズ比であり，研究 2 は不可の取得の有無に対するオッズ比である。
　　　オッズ比の算出の際には性別の影響を調整した。

4.4 大学生における労働

とがうかがえる（**表4.1**）。したがって，大学生において，職業性ストレス（心理的負荷のかかる出来事）の経験と抑うつリスクが関連することが示唆される。

ただし，これらの結果は，個々の出来事を独立して経験することによるリスクの大きさを示す。一方で，実際の日常生活では特定の出来事のみを経験することはなく，複数の出来事を同時に経験することが多い。また，ある2つの出来事を同時に経験することによって，単純加算では説明できないリスクの増加も考えられる。そこで，こうした複数の出来事の経験や勤務時間などの要因の交互作用効果を検討するために，決定木分析（Decision tree）による検討が行われている。決定木分析とは，基準変数と関連する説明変数を再帰的に分割しながら説明変数と基準変数の関連を「樹木」（デンドログラム）によってモデル構築する分析手法である。決定木分析では，基準変数に対する説明力が高い変数ほどデンドログラムの上部に位置するため，説明変数間で説明力の高さを順位づけることができる。また，複数の説明変数間の交互作用効果も明らかにすることができる。

図4.5は抑うつを基準変数とした結果を示し，**図4.6**は修学状況（授業での「不可」の取得の有無）を基準変数とした結果を示す。**図4.5**を見ると，抑う

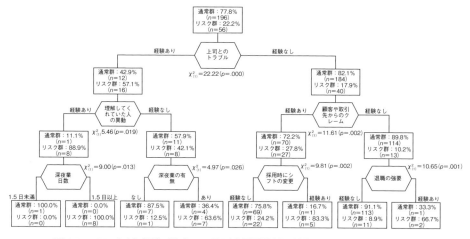

図4.5　アルバイト就労が抑うつに及ぼす要因分析の結果（高本・古村，2018）

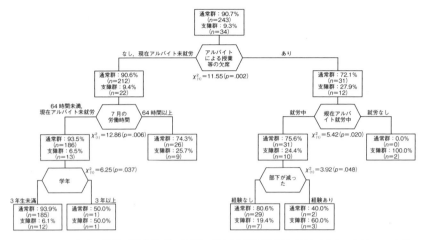

図 4.6　アルバイト就労が単位取得の困難に及ぼす要因分析の結果（高本・古村, 2018）

つに対しては、「上司とのトラブル」がもっとも高いリスク要因であることが分かる。また、「上司とのトラブル」を経験し、かつ「理解する人の異動」というソーシャルサポートの消失を経験することが、抑うつリスクのさらなる上昇につながっており、2つの出来事の交互作用効果が見られることがうかがえる。他方、**図 4.6** を概観すると、「授業等の欠席」が単位取得に対するもっとも高いリスク要因であり、その次に「7月の労働時間が 64 時間以上であること」がリスク要因となっている。7月は大学において定期試験が行われる時期であることから、この時期に過度なアルバイトを行うことで試験準備等に支障を来し、結果として単位取得に対するリスク要因になると推測される。

高本・古村（2018）による 2 つの調査から、大学生も一般労働者と同じく、職場での人間関係のトラブルや深夜業を行うことが抑うつに対する主要なリスク要因となること、過度もしくは過重なアルバイト就労が単位取得に対する主要なリスク要因になることが示唆された。職業性ストレス研究において、「年齢」は疾患リスクの緩衝要因になるといわれているが（Hurrell & McLaney, 1988；岩崎, 2008）、大学生も一般労働者と同じく上述した職業性ストレスが抑うつのリスク要因として機能することが示されたといえる。また、アルバイト就労と学業生活との関連に焦点を当てると、その関連に 2 つの機序過程を考

えることができるだろう。第1は「アルバイト就労中に職業性ストレスを経験することで抑うつ状態が高まり，最終的に修学困難に陥る」という精神的不調を媒介したプロセスであり，第2は「過度もしくは過重なアルバイト就労による疲労・睡眠不足の蓄積などによって講義中の居眠りや欠席を繰り返し，最終的に修学困難に陥る」という身体的不調を媒介したプロセスである。第2のプロセスに関しては，厚生労働省（2015b）が業界団体に配慮要請をしているが，こうした配慮が実際に重要になることを実証的に示したといえるだろう。また，上記の2つの機序過程は，今野（2016）の事例報告とも合致する結果であり，一部の大学生にのみ当てはまる現象ではないことが分かる。

4.5 まとめ

　本章では，大学生等を中心として問題となっている，いわゆる「ブラックバイト」に関して，職業性ストレス理論の研究成果を交えながら考えてきた。その中で，深夜業をはじめとする職業性ストレスは身体的・精神的健康の阻害リスクとなること，また，大学生のアルバイト就労も同様のリスクとなりうることが，実証的研究から示唆されたことを紹介した。このように，大学生という若年者を対象とすることで，深夜業をはじめとする職業性ストレスが有するリスクを再評価することにもつながるだろう。また，当人の身体的・精神的健康を損なわない，適切なアルバイト就労の在り方を検討することは，大学生の健康管理や修学支援に対する示唆が得られる。さらに，適切なアルバイト就労を行うことを通してワーク・ライフ・バランスについて考えるきっかけになれば，キャリア教育にも活かすことができる。したがって，当該テーマは大学における学生支援という観点においても，重要な知見を提供できるといえるだろう。

第5章
男女の共生

宇井美代子

　現代日本では，男女平等な社会に向けての施策が多く進められているものの，そもそも何が男女平等であるのかという点について合意することが難しい。試しにツイッターで「フェミ」を検索してみてほしい。「フェミ」とは，男女平等な社会の実現に向けて，研究や運動を進めてきたフェミニストの略称である。ヒットした内容をみると，フェミニスト全般に対する非難が多くみられる。これも男女平等に関する合意が難しいことを示す一例であろう。実は後述するように，フェミニストの中にも多様な考え方があり，フェミニストの内部でも多くの議論がなされているのが現状である。本章では，このような合意が難しい中で，人々はどのように自分の行動を決定していくのかについて考えてみたい。そこで最初に日本が男女平等な国であるのかについて整理した後，どのような状況が男女平等であるととらえられているのか，また男女平等に関する意見が異なる場合に，どのような行動がなされるのかについて，検討することとする。

5.1　日本は必ずしも男女平等な国とはいえない

　社会心理学において，男女平等に関して研究が行われてきた背景には，社会は必ずしも男女平等ではないという現状がある。日本もまた，必ずしも男女平等な国とはいえないことが各種の指標で示されている。

5.1.1　世界的指標からみた日本の男女平等な側面と不平等な側面

　国連開発計画（United Nations Development Programme, 2018）は，世界の国々についてジェンダー不平等指数（Gender Inequality Index；GII）を算

出している。ジェンダー不平等指数は，①性と生殖に関する健康（妊産婦の死亡率，15～19歳の女性1,000人当たりの出産数），②エンパワメント（両性が立法府の議席に占める割合，両性の中等・高等教育の達成度），③労働市場への参加（女性の就労率），の3つの側面のデータに基づいて算出される。男女が完全に平等であることを示す0から，すべての側面において男女の一方が他方より不利な状況に置かれていることを示す1までの値をとる（国連開発計画駐日代表事務所，2018）。

2017年のデータをみると，ジェンダー不平等指数がもっとも低かったのはスイスの0.039であった。次いでデンマーク，オランダ，スウェーデンが続く。日本は22番目に低く，その値は0.103であった（United Nations Development Programme, 2018）。この順位だけからみると，世界の国々の中で日本に大きな男女不平等があるとはいえない。

しかし，上記のジェンダー不平等指数と同じ表に掲載されている3側面のデータを詳細にみてみると，①性と生殖に関する健康について用いられた妊産婦の死亡率の低さは13位，15歳～19歳の女性の出産数の低さは6位，また②エンパワメントのうち，25歳以上の女性で中等教育以上の教育を受けた者の割合の高さは26位と，それぞれ上位であったのに対して，②エンパワメントのうち立法府の議会に占める女性の割合の高さは138位，③女性の就労率からみた労働市場への参加の高さは108位と順位が低かった。したがって，ジェンダー不平等指数からみた日本の男女平等は，医療や教育に関わることを基盤とするものであり，就労といった経済的側面や議員の数という政治的側面では必ずしも男女平等な状態であるとはいえないと考えられる。

5.1.2 現代日本に対する男女不平等感

人々の実感としても，現代日本は必ずしも男女平等な社会であるとはとらえられていないことが明らかにされている。内閣府男女共同参画局（2016）は層化2段無作為抽出された日本全国に在住する男女5,000人を対象に，男女の地位の平等感について継続的に調査を行っている。層化2段無作為抽出とは，抽出された標本が母集団の特徴を偏りなく代表するようにするために行われる方

5.1 日本は必ずしも男女平等な国とはいえない

法で，内閣府男女共同参画局（2016）が平成28年に実施した調査では，全国の市区町村に居住する満18歳以上の日本国籍を有する者を対象に，第1に居住地域や都市の規模や平成22年国勢調査の調査区分特性分類（住居地区か商工業地区かなど）によって調査地点が抽出され，第2に各調査地点における推定母集団の大きさにより5,000人が比例配分され，各地点において等間隔に標本が抽出されている。調査の中で「あなたは社会全体でみた場合には，男女の地位は平等になっていると思いますか」と尋ねたところ，図5.1に示すように，平成7年から平成28年まで，「男性の方が非常に優遇されている」や「どちらかといえば男性の方が優遇されている」と回答する者の割合は7割強程度と高かった。一方，「平等」と回答する者の割合は2割程度であった。このように，現代の日本社会は男女平等であるとはとらえられていない。

内閣府男女共同参画局（2016）による調査では，家庭生活，職場，学校教育の場，政治の場，法律や制度の上，社会通念・慣習・しきたり，自治会やPTAなどの地域活動の場の各分野における男女の地位の平等感も尋ねている。その結果，平成28年の調査で「男性の方が非常に優遇されている」や「どち

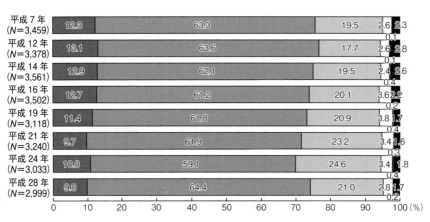

図5.1 社会全体における男女の地位の平等感（内閣府男女共同参画局，2016に基づき作成）
平成28年は18歳以上，平成7年から平成24年は20歳以上の回答である。

らかといえば男性の方が優遇されている」と回答する者の割合がもっとも低かったのは，学校教育の場で 16.0% であった。次いで自治会や PTA などの地域活動の場が 33.5%，家庭生活が 43.4%，法律や制度の上が 45.2%，職場が 56.6%，社会通念・慣習・しきたりが 70.4%，政治の場が 73.5% であった。前項のジェンダー不平等指数にみられる状況を反映しているかのように，学校という教育の場ではそれほど男性が優遇されているとは感じられていないが，職場や政治においては男性の方が優遇されていると感じられていた。

　以上のような男女の格差をもたらす背景要因として，社会制度が議論されることも多い。たとえば，就職や昇進の機会に男女差が見られる，父親が育児休業を取得しないために母親が家事・育児に専念せざるを得ない，あるいは，年間の給与収入が 103 万円を超えると（多くの場合，夫の）扶養家族とはみなされなくなるため，（多くの場合）既婚女性が働きにくい，といったことである。これらに対しては，就職や昇進における差別を禁止する男女雇用機会均等法や，休業可能期間は原則として子どもが 1 歳までであるが，母親とともに父親も育児休業を取得すれば 1 歳 2 カ月まで延長できるなどの特例を定めた改正育児・介護休業法といったように法制度の改善により対応がなされている。これら以外にも法律が策定され，男女の格差が少しずつ解消している部分もあるものの，冒頭で述べた GII の結果を見ると，就労といった経済的側面や議員の数という政治的側面では女性が働きにくい状況が完全に解消したわけではないといえる。

5.2 男女の格差をもたらす心理的背景要因

　社会制度が改善されても男女の格差が解消されない要因の一つとして，心理学の領域では，個人の心理に着目した研究が行われてきた。社会制度上，女性の就労を妨げるような障壁はなくなっても，女性が就労しないという選択を促す心理的な要因があると考えられるからである（鈴木，2017）。その中で，社会心理学の領域では，「女性と男性の間の不平等な地位を支える態度や信念や行動」（Swim & Campbell, 2001）である**セクシズム**（**性差別主義**）に着目した研究が行われている。男女の格差を導くセクシズムの具体的内容について述

べる前に，個人の心理に着目する重要性について整理することとする。

5.2.1 個人の価値観が自分・他者の行動選択に及ぼす影響

　個人の心理的要因に着目する理由の一つは，その人がもっている価値観がその人の行動選択に影響するためである。「働きたい」と思っている女性は就労する可能性が高いし，「働くよりは家族の世話をしたい」と思っている女性は結婚後，専業主婦となる可能性が高いであろう。社会制度が整備されたとしても，「家族の世話をしたい」と考えている女性が多ければ，労働市場に参加する女性も少なくなると考えられる。

　個人の心理的要因に着目するもう一つの理由は，その人のもっている価値観が自分の行動だけでなく，他者の行動にも影響を与え，さらに他者の価値観によって自分の行動が影響を受けるからである。土肥（2000）は恋愛や夫婦関係といった親密で「**個人的な関係**」が，個人の行動に影響すると理論化している。たとえば，「あなたは，男は仕事，女は家庭という考え方に賛成ですか」と問われたとき，妻個人の考え方としては「反対」であるとしても，「夫が家庭に入って欲しいというので，仕事を辞めた」という場合がある。このとき，夫婦関係という親密で「個人的な関係」におけるコミュニケーションの中で，夫の価値観が伝達され，妻は個人としての価値観というよりは，夫婦2人の価値観として「男は仕事，女は家庭」という考え方に合致した行動を選択することとなる。

　このような「個人的な関係」の中で営まれているコミュニケーションによって個々の行動が決定されていくことを，土肥（2000）はイヴァン・イリイチの用語を援用して「**シャドウ・ワーク**」と名づけている。恋愛や夫婦関係という親密で「個人的な関係」で営まれているコミュニケーションは，第三者が容易に観察することはできないことから，「隠れた＝シャドウ」と呼ばれている。さらに，土肥（2000）は日本人の恋愛や夫婦関係のシャドウ・ワークが営まれる理由として，第1に日本は夫婦単位でいることで生活上の利点があるカップル単位社会であることをあげている。これは妻が専業主婦となり家事・育児をこなすことによって，夫が会社の求めに応じて仕事に専念できる，あるいは先

述の103万円の壁のように，夫婦となることで社会制度から一部恩恵が得られる，といった例があげられる。第2の理由は，集団を大切にすることが個人の利益を守ることへとつながる日本的集団主義社会であることをあげている。夫や妻がそれぞれ自分の意見を押しつけあうだけでは，いずれ別離を迎えるかもしれないが，夫あるいは妻という配偶者に配慮したシャドウ・ワークを行うことにより最終的に自分の何らかの利益にもつながるためと考えられている。

恋愛や夫婦関係の「個人的な関係」より一般化された対人関係に着目して理論化したのがデューとメジャー（Deaux & Major, 1987）の**相互作用モデル**である。デューとメジャーによれば，ある価値観をもった個人が他者と相互作用すると，個人の価値観に基づく他者への期待が他者に伝わり，他者はその個人の価値観に沿って行動を展開するとされる。たとえば，「書類のコピーは女性の仕事である」と考えている上司がいれば，その上司は女性だけに書類のコピーを指示するだろう。女性は上司からの指示に従ってコピーをするだろう。そして，上司は「女性はコピーの仕事を嫌がらないものだ」と考え，ますます「書類のコピーは女性の仕事である」と思うようになる。

5.2.2 個人・他者の行動に影響する男女平等に関わる価値観——セクシズム

以上のように，個人の有する価値観は，その個人の行動だけでなく，他者の行動にも影響する。先述のように，社会心理学の研究領域では，男女の格差を導く心理的要因の一つとして，**セクシズム**に着目してきた（Swim & Campbell, 2001）。宇井（2008）はベノクレイティスとフィーギン（Benokraitis & Feagin, 1986 千葉訳 1990）の示した性差別の種類別にこれまでのセクシズム研究を概観し，「あからさまな」セクシズムとして伝統主義的性役割態度を，「巧妙な」・「目に見えない」セクシズムとして，モダン・セクシズムやネオセクシズム，アンビバレント・セクシズムを，それぞれあげている。

第1の**伝統主義的性役割態度**とは，「男性は仕事，女性は家事・育児」に代表される性別分業に賛成する態度を指す（鈴木，1994など）。この性別分業に賛成する態度が，社会にみられる男女の格差の背景要因となっていると考えられている。男女それぞれの役割を制限することを明言する態度であることから，

5.2 男女の格差をもたらす心理的背景要因

「あからさまな」セクシズムととらえられる。

しかし，現代社会では，「男性は仕事，女性は家事・育児」といったように，性別分業を肯定する意見をあからさまに述べることに対して，性差別的であると社会的に非難されるようになってきた。そこで誕生したセクシズムが，第2の**モダン・セクシズム**（Swim et al., 1995）や第3の**ネオセクシズム**（Tougas et al., 1995）である。これらのセクシズムに基づく価値観を有している者は，性別分業をあからさまに肯定するような意見は言わない。その代わりに，女性に対する差別はすでに存在していないと主張する。性差別が存在していないにもかかわらず，男女の格差を解消しようとするアファーマティブ・アクション（現代ではポジティブ・アクションと呼ばれることが多い）や，さらなる社会進出を望んだりする女性は，権利を過剰に主張しているものとして嫌悪する。このように「男性は仕事，女性は家事」とあからさまに述べることはしないが，社会進出を望む女性に対して嫌悪感を示すことで，女性を家庭のみに押しとどめようとする。ここから，「巧妙な」・「目に見えない」セクシズムととらえられる。

第4の**アンビバレント・セクシズム**（Glick & Fiske, 1996）の特徴は，「女性は大事にされるべきである」「女性は清純な特性をもっている」と，一見すると差別的とは思われない女性に対する好意的な態度（好意的セクシズム）が，男女の格差を導く要因となるととらえているところである。男女の格差を導く価値観を好意的な態度で示すという点で，「巧妙」であり，「目に見えない」セクシズムである。アンビバレント・セクシズムのもう一つの特徴は，性差別的な考えを有する者は女性に対する好意的な態度と敵意的な態度を使い分けると理論化されていることである。

グリックとフィスク（Glick & Fiske, 1996）によれば，性差別的な考えを有する男性は，「女性は簡単に気分を害しすぎる」「女性は公平な競争において負けたときにも，差別のせいであるという」といったように，女性は仕事をするにはふさわしくない特性をもっていると考える敵意的な態度（敵意的セクシズム）を有している。しかし，異性愛の男性が敵意的な態度だけを示すだけでは，生殖や恋愛・結婚といった親密な関係を女性と築くことができなくなる。

そのため，家庭に入り，自分の世話をしてくれるような女性に対して，好意的な態度も有するようになったとされる。性差別的な価値観を有する男性は，家庭に入らず仕事をする女性に対しては敵意的な態度を示し，仕事をせずに家庭に入る女性に対しては好意的な態度を示すことによって，性別分業を維持するとされる。実際に，女性に対する敵意的な態度（敵意的セクシズム）と好意的な態度（好意的セクシズム）の間には正の相関があり，好意的な態度を有する者は敵意的な態度も有することが示されている。このように，敵意と好意という方向性の異なる態度の両方を有していることから，アンビバレント・セクシズムと名づけられている。

5.3 個人が考えるさまざまな男女平等の判断基準

　以上のように，セクシズム研究の領域では，「あからさま」なものであれ，「巧妙で」・「目に見えない」ものであれ，性別分業の維持を促す態度が性差別的であるととらえられてきた。ただし，これらのセクシズム研究を概観した宇井（2008）によれば，研究者が性差別的であるととらえている先述のセクシズムに基づく考え方は，人々にとって必ずしも差別的であるととらえられていないことが明らかにされている。日本においても，不況が続き，過酷な労働環境が示唆されている現代社会では，働かずに済む専業主婦となることは，夫が十分な稼ぎを有し経済的な地位が高いことを示すこととなるため，専業主婦にあこがれる女性もいると指摘されている（たとえば，小倉（2007）など）。また，経済的な状況とは関係なく，家事・育児をすることが自分にふさわしいと感じ，自ら専業主婦を選択する女性もいるだろう。これらをふまえると，性別分業をしないことだけが平等ととらえられるわけではないと考えられる。

　宇井（2002）は，セクシズム研究の中でも平等主義的な意識を定義している伝統主義的性役割態度研究の知見を整理し直した。概観した結果，鈴木（1991）は，平等主義を「それぞれ個人としての男女の平等を信じること」と定義していた。また，ビア他（Beere et al., 1984）は平等主義を「個人が，相手の性別とは関係なく，他者に反応するように促す態度」と定義していた。

5.3 個人が考えるさまざまな男女平等の判断基準

このように，性別分業とは異なる観点から平等主義が定義されていた。さらに，伝統主義的性役割態度を測定する尺度に対して因子分析を行った研究を概観した結果，個人により密接する家庭という私的な領域に関わる因子と，職場などの個人を越えた社会一般的な領域である公的な領域に関わる因子とが，分離され抽出されていた（鈴木，1994；King et al., 1997）。この結果は，私的領域と公的領域とで異なる平等主義が働いていることを示唆する（宇井，2002）。

そこで宇井（2002）は，多様な男女平等観をとらえるために女子大学生31名を対象とする面接調査を行った。面接調査では女子大学生が男女平等にかかわる意識を話しやすくするため，これまでに女性であるために経験した事柄について不満やおかしいと感じたことはあるか，将来の希望する生き方などに関する質問紙に回答を求めた後，「あなた自身が考える男女平等とは何か」を尋ね，自分自身の考えを自由に回答するように求めた。面接調査の結果を整理する際，宇井（2002）は「**男女平等の判断基準**」の理論的枠組みを導入している。男女平等の判断基準とは，「男女の役割分担状況が男女平等か否かを評価する際の基準」を指す。公正と考えられる基準は多様であることを示してきた社会的公正理論における分配公正と手続き的公正の概念，およびそれらの下位概念を援用して，面接調査で得られた発言を整理した結果，**表5.1**のように整理された。このように，男女平等の判断基準として8種が抽出され，男女平等ととらえられる役割分担状況は多様であることが示された。

さらに面接調査の中で「自分は矛盾したことを言っている」と，自分自身の発言内容に矛盾感を感じた者が7名いたことが報告されている。たとえば，「女性だから何々をしてはいけないとか，この仕事は男性にしかできないとか，そういう壁を取り払うというのが男女平等である」と最初に述べながらも，「行き過ぎると，女性も男性と同じようなことをしなくちゃいけないってなって，力的に男性のほうが強いに決まってるから，そこまでいきすぎるとよくない」や，「女性は家庭を中心にするべきだ」という発言などが見られた。面接調査において男女平等に関する自分の価値観を話していく中で，その個人の中に存在していた複数の男女平等の判断基準が同時に意識化されたために，矛盾感が生じたものと推測される。すなわち，個人は1つの判断基準だけで男女平

表5.1 男女平等の判断基準の種類と定義,および面接調査における発言例
(宇井,2002に基づき作成。ただし,判断基準の名称は一部,宇井,2005に合わせて変更した)

1 役割や資源の分配にかかわっている人の特徴に基づいて,役割や資源を分配する(分配公正)

①個人の能力の原理
役割や資源を,性別にかかわらず,個々人の能力に応じて分配することが男女平等である。
◆男だとか,女だとかに関係なく,自分の持っている能力を普通に発揮できることが平等。

②努力の原理
役割や資源を,性別にかかわらず,個々人の努力量に応じて分配することが男女平等である。
◆頑張った分をきちんと評価して欲しい。/男性の方が昇進が早かったりとか,女性はお茶汲みでいいとまだ考えている人がいるという話を聞くと,同じだけ勉強して,同じだけ努力しても,女であるがゆえに損をしていると思うことがある。

③必要性の原理
出産をする女性に,出産休暇を与えるなど,役割や資源を,より必要としている人に分配することによって,もしくは役割や資源を分配しないことによって,一方の性が他方の性よりも不利にならないようにすることが男女平等である。
◆女は子どもを産むから,就職して産休をとると会社に不利だからとか,そんなのは女だからしょうがない。そういうのを配慮する制度とか,産休の制度とか,今は男性も産休もとれる制度があるみたいだけれど,そういうのはもっと広まった方がよい。/男性が作ったシステムの中に,力が弱かったり,子どもを産んだりする女性がなじんでいくことも大切だけれども,女性の特性というのもあるわけだから,女性に対する制度,産休だったり,昇進システム,待遇だったりとか,これは差別じゃなくて,女の人の特徴だから,考慮されなくてはならない。

④男女の特性の原理
役割や資源を,男女それぞれに特有の能力や特性に応じて分配することが男女平等である。
◆平等といっても,男女にはそれなりの役割があるんじゃないかと思う。体力的なこととか,父性・母性とか。/男女それぞれの適性のところを発揮できればいいと思う。

⑤均等配分の原理
役割や資源を,個人能力や,男女それぞれに特有の能力や特性にかかわらず,男女の間で,等しく同じ量を分配することが男女平等である。
◆食事の支度とか,洗濯とかを,私と兄が二人とも暇そうにしているときにも,私だけに頼んでくるので,なんで私だけが,という気持ちになった。

2 役割や資源の分配した結果についてではなく,分配する過程について述べたもの(手続き的公正)

⑥話し合いによる手続き的公正
役割や資源の分配の仕方を決定する過程における平等について述べたもの。家庭などでは特に,当事者である男女の間で話し合いが十分に行われることが男女平等である。
◆家庭では,男が一方的に女の人に言うんじゃなくて,二人でやっていくというか,女の人も言いたいことが言えるのが平等。

⑦自己決定に基づく手続き的公正
役割や資源の仕方を決定する役割や資源の分配の仕方を決定する過程における平等について述べたもの。特に自己の性に期待されている役割が何であれ,自己の意思に基づく決定が尊重されることが男女平等である。
◆働きたい女の人も,家庭に入りたい女の人も,本人が納得していれば全然問題ない。/男とか女とかいう区分じゃなくて,自分個人として,自分が幸せというか,自分の満足できる道を送れればいいと思う。/以前は,自分がそう考えるから,他の女の人も,子どもが生まれても仕事をした方がいいと思っていたが,今はどう生きるかは人それぞれでいいと思う。

⑧機会の平等
「就職の機会」など,ある資源や役割への接近可能性が,男女で等しいことが男女平等である。
◆男女という壁を取り払うのが平等。男女関係なく,チャンスが平等に与えられるべきだと思う。

◆は発言例。

5.3 個人が考えるさまざまな男女平等の判断基準

等か否かを判断するのではなく，複数の男女平等の判断基準を有して多角的に男女平等か否かを判断していることが示唆された。

次に宇井（2005）は，女子大学生246名を対象として質問紙調査を行い，宇井（2002）の面接調査で抽出された8種の男女平等の判断基準が，職場や家事や育児における男女の役割分担状況が男女平等か否かを判断する際に，どのように用いられているのかについて検討した。具体的には，職場場面については「ある会社が，男女差別をしていると言われました。あなたなら，ある会社が男女差別をしているかどうかを判断するとき，次に示す基準を，どの程度重視しますか」，家事場面については「ある夫婦が家事の分担について，話し合っています。家事の分担が不公平にならないために，あなたなら，次の基準をどの程度重視しますか」，育児場面については，「男の子と女の子の子どもがいる家庭で，子どもの育て方について，両親の話し合いがありました。男女で平等に子どもを育てるために，あなたなら，次の基準をどの程度重視しますか」と最初に尋ねた。次に，8種の判断基準を具体化した項目を提示し（たとえば，「機会の平等」であれば，職場場面では「雇用や昇進などの機会が，男女平等であるか」，家事場面では「家事に参加する機会を，二人で平等にするか」，育児場面では「進学や習い事など，子どもたちが何かをする機会を平等にするかどうか」という項目を提示した），それぞれについて「重視しない」から「重視する」の5件法で回答を求めた。その結果，それぞれの判断基準について「重視する」と回答した者の割合は，**表5.2** の通りであった。

各場面・各判断基準に対する回答の中で類似した回答をまとめる手法であるクラスター分析を行った結果，「個々人の能力に応じて役割や資源を配分する」という「個人の能力の原理」のように個人ベースで役割や資源を配分する判断基準とは異なり，役割や資源を「男女それぞれに特有の能力」に応じて配分する「男女の特性の原理」と，「男女の間で等しく」する「均等配分の原理」という男性と女性という性別ベースで役割や資源を配分する判断基準はそれぞれ，3場面で1つのクラスターを形成する傾向が見られた。この結果は，性別ベースの判断基準を場面によって重視度を変化させるのではなく，「男女の特性の原理」をある場面で重視する女子学生は，他の場面でも「男女の特性の原理」

表 5.2　場面別にみた各判断基準の重視率（単位：%）
（宇井，2005 に基づき作成）

判断基準	場面		
	職場	家事	育児
機会の平等	56.9	35.4	41.5
個人の能力の原理	70.7	41.1	69.9
努力の原理	61.6	37.6	74.0
必要性の原理	61.0	32.2	14.2
話し合いによる手続き的公正	48.2	73.2	54.5
男女の特性の原理	36.2	24.4	13.4
均等配分の原理	22.4	16.7	55.7
自己決定に基づく手続き的公正	50.0	46.7	67.8

$N=246$。

を重視するというように，その重視度が個人に規定されることを示している。

そこで，表 5.2 のデータから「男女の特性の原理」と「均等配分の原理」を除いて，職場・家事・育児のそれぞれにおいて重視される判断基準を視覚的に把握するために，双対尺度法による分析を行った。双対尺度法による分析を行うことにより，各場面において相対的に重視度の高い判断基準を 2 次元の図に示すことができる。分析の結果，図 5.2 に示す結果が得られた。この結果から，職場場面では「機会の平等」「個人の能力の原理」「努力の原理」「必要性の原理」が，家事場面では「話し合いによる手続き的公正」が，育児場面では「個人の能力の原理」「努力の原理」「自己決定に基づく手続き的公正」が重視されることが明らかになった。このように，男女の役割分担状況が男女平等か否かを判断する場面によって，重視される判断基準が異なっていた。

これまでの男女平等の判断基準に関する研究は，女子大学生を対象とするものであった。それに対して，宇井・松井（Ui & Matsui, 2008）は，30 代から 60 代までの成人男女 501 名を対象に，職場場面と家事場面において考慮される男女平等の判断基準について検討している。職場場面と家事場面において，それぞれの判断基準をどの程度考慮するかを尋ね，得られた 2 場面×8 種の判断基準に対して因子分析を行ったところ 4 因子が抽出された。全場面の「男女

5.3 個人が考えるさまざまな男女平等の判断基準　　　91

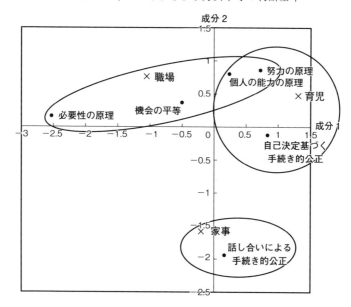

図 5.2　場面と判断基準に関する双対尺度法の結果
(宇井, 2005 から転載。表 5.2 の行と列を入れ替えたデータに対して双対尺度法により分析した)
×は場面を, ●は判断基準を, それぞれ表す。

の特性の原理」が, また「均等配分の原理」が, それぞれ1つのクラスターを形成していた女子大学生とは異なり, 成人男女においては, 同一の判断基準だけで構成される因子は抽出されなかった。この結果は, 成人になると, その考慮度が個人に規定される判断基準はなくなり, それぞれの場面において異なる判断基準を考慮するという場面に規定される判断基準のみとなることを示している。このように男女平等の判断基準の用いられ方には, 発達的な変化が見られる。この結果から, 男女平等に関する考え方が年齢層によって質的に異なることが示唆される。

5.4 男女平等観が個人間で異なるとき

　以上のように，男女平等の判断基準の観点からみたとき，男女平等観は多様であり，職場か家庭かといった場面によって，重視されたり，考慮されたりする判断基準が異なっていた。すなわち，個人内において男女平等の判断基準の用いられ方に変化があることが示された。一方，個人と個人との間に，男女平等観が異なることもありえる。たとえば，宇井・松井（2005）は，性差別や男女平等に関して活発に議論を展開してきたフェミニズムにおける主張や理論を，男女平等の判断基準の枠組みを用いて整理した。宇井・松井（2005）の分析は，フェミニズムのそれぞれの主張や理論を単純化しすぎている傾向が見られるものの，男女平等という同じ目標に向かっているフェミニズムにおいても，それぞれの主張や理論によって，異なる判断基準に基づいた男女平等のあり方が提唱されていることを示唆した。

　男女平等観が異なる者が相互作用する際，先述のように土肥（2000）の指摘するシャドウ・ワークやデューとメジャー（Deaux & Major, 1987）が提唱する相互作用モデルをふまえると，自分と他者の男女平等観の差異を解消するための行動が生じると推測される。男女平等の判断基準の観点とは異なるが，宇井（2014）は男女の役割に対して他者と意見が異なるときに，どのような対処がなされているのかについて検討を行った。最初に，大学生，及び看護専門学校の学生に対して，「"男だから"，"女だから"ということで，親や友人，交際相手などと意見や価値観が合わなかった経験がありますか」と尋ね，その経験があれば自由に記述するように回答を求めた。その結果，延べ85名から回答が得られた。KJ法を援用して得られた回答の内容を分類したところ，**表5.3**に示すカテゴリーが抽出された。また，意見や価値観が合わなかったときにどのような対処をするのかについても，「相手と意見や価値観が合わなかったことがある方にお尋ねします。意見や価値観が合わなかったときに，どのような対応をしましたか」と尋ね，自由記述により回答するように求めた。KJ法を援用して整理したところ，**表5.4**に示すカテゴリーが抽出された。

　これらの自由記述の結果を基に，男女の役割に関する意見の対立・差異に関

表 5.3　男女の役割に対する意見の対立・差異についての自由記述の分類結果
(宇井，2014 より一部抜粋)

---

1. 男性優位・女性の保護（記述数 7）
女「女の子は，男の前に立っていくものでない」とか。

2. 伝統的家族観（記述数 18）
(1) 家事（記述数 11）
女：「女の子なんだから家事くらいできなきゃ。」という風に言われた。
男：「男なのに料理好きでミサンガ作れて，家事できるなんて女か！」
(2) 進路（記述数 5）
女：「女だから大学に行く必要はない。」と言われました。
(3) その他（記述数 2）

3. 社会でのあり方（記述数 31）
(1) 身だしなみ（記述数 11）
女：女（彼女）なんだからもっとおしゃれに気を使えと言われた。
(2) 経済力（記述数 6）
女：ご飯を食べに行った時など，私自身はお金を払おうとしたが，相手が自分の分も払ってしまった。あんまり理解できなかった。
男：「男なんだからゴチれ」等
(3) 性格・志向・能力（記述数 5）
女：おおざっぱだからもっと気を使って女らしくしろと言われた。
男：「可愛いヌイグルミとか好きとか乙女か！」
(4) 外出・宿泊（記述数 5）
女：女だから夜遊びに行くのはダメ。
(5) 言葉遣い（記述数 2）
女：親に「女の子がそんな言葉遣いしないの。」

4. その他（記述数 2）

記述例の前にある「男」「女」は回答者の性を表す。

する質問 25 項目，対処に関する質問 14 項目をそれぞれ作成し，女子学生 512 名を対象として Web 上で調査を行った。その結果，回答者のうち 7 割強が対立・差異に関する項目を 1 項目以上選択していた。また，対処の方法として，「相手の言うことを聞き流した」や「相手の言うことに適当に相づちを打った」というように相手の意見を肯定したり，受け入れたりする項目の選択率が 4 割程度ともっとも高かった。「相手を説得した」や「相手ときちんと話し合った」という相手の意見を否定するような項目の選択率は 1 割未満と少なかった。

表5.4 男女の役割の意見の対立・差異に対する対処についての自由記述の分類結果
（宇井，2014より一部抜粋）

---

1. 肯定・受け入れ（記述数2）
女：よく考えて妥当だと思ったからできるだけ早く帰るようにした。
女：どんどん前進していきたいといった，相手の考えを聞くようにした。

2. 否定（記述数48）
(1) 受け流し（記述数24）
女：「はいはい。」という風に聞き流した。
女：相手にあいづちを打って話をおわらせた。
(2) 主張・話し合い（記述数12）
男：「男でも好きなものは好きだ！」と反論した。
女：何日かけてでも2人で話し合ってお互い納得いくまでやめなかった。
(3) 第三者への相談（記述数7）
男：一番仲がいい友達に相談した。
女：とりあえず友達に相談し，その後彼と話し合った。
(4) 拒否（記述数3）
女：反抗的になって，しなかった。
女：それは違うと言った。
(5) 関係解消（記述数2）
不明：そっこーでお別れした。

記述例の前にある「男」「女」「不明」は回答者の性を表す。

　男女の役割に関する意見の対立・差異の内容と対処方法との関連を先述の双対尺度法を用いて検討したところ，「女性は夜遅くに外出してはいけない」という対立・差異に対しては，「相手に反抗・反論」をする傾向が見られた。しかし，全体的に相手の意見を否定する対処よりは，相手の意見を肯定したり，受け入れたりする対処を行っていることが明らかにされた。

　以上の宇井（2014）が示した結果は，シャドウ・ワーク（土肥，2000）や相互作用モデル（Deaux & Major, 1987）の具体的な内容を明らかにしたものと考えられる。すなわち，女子学生は他者の意見を肯定したり，受け入れたりしながら，男女の役割に関する意見や対立を解消し，自分の行動を選択していくと推測される。ただし，女子学生自身がもっていた価値観に基づいた行動をすることが難しいことも示唆するものであり，女子学生が不満をもつ可能性もある。

5.5 今後の研究に望まれるもの

　本章では，男女の共生に向けて，人々がどのような状態を平等ととらえているのかを男女平等の判断基準の観点から整理した。さらに，男女の役割に関する価値観が他者と異なるとき，どのような対処がなされるのかを整理した。その結果，男女平等の判断基準が個人内に複数存在し，職場か家庭かによって異なる判断基準を用いること，さらに用いる判断基準には個人差も見られることが明らかにされた。この個人内，個人間に見られる多様性は，男女平等に関する合意を形成することが困難であることを示している。また，男女の役割に関して他者の意見が異なるときは，女子学生は相手の意見を受け入れることが多いことが示された。

　今後の研究においては，次の点が望まれる。第1に，女子学生の意見もより反映されるようなシャドウ・ワークや相互作用の方法を明らかにすることである。第2に，男性や成人を対象とする研究の知見を統合していくことである。本章で紹介した男女平等の判断基準や，意見の対立・差異とその対処に関する研究のほとんどが女性で学生を対象とするものであった。男性の役割に関する調査は近年，増加傾向にあり，多くのことが明らかにされつつある（本書の「コラム2　男性の性役割」を参照）。男性の立場からみた男女平等の判断基準や，シャドウ・ワークや相互作用のあり方は，女性の立場からみたものとは異なる可能性がある。また，男女平等の判断基準に関する研究では，学生と成人との間に差が見られることが示されている。幅広い年齢層で男女双方の，そして性別にこだわることなく，統合的に見ていくことが必要になると考えられる。

コラム2　男性の性役割　　　　　　　　　　　　　　　（渡邊　寛）

「仕事もしたいけど，そうすると，子どもと関わる時間がとれない」「悩みを打ち明けたいけど，できない」。2010年代，このような男性の悩みは，「男性の生きづらさ」として報道や評論で取り上げられ，仕事や家庭での振る舞いに悩む男性が多いことが報告されている。その背景として，男性が求められる性役割（男性役割）の多様化が考えられる。たとえば，内閣府（2014）では，「夫は外で働き，妻は家庭を守るべきである」という考え方に対して，約半数の者が反対の意見をもっており，男性も仕事のみを行えばよいとは考えられなくなっている。では，男性はどのような振る舞いを求められ，どうして苦しんでいるのであろうか。以下では，男性役割の側面を紹介し，それらの関係から，男性の生きづらさに迫ってみたい。

渡邊（2017c）は，男性役割を，伝統的な男性役割と新しい男性役割に分け，それぞれを構成する側面について検討した。伝統的な男性役割は，稼ぎ手として，社会的な成功を修めることを表す「社会的地位の高さ」，心身ともに強靭であることを表す「精神的・肉体的な強さ」，他者に依存せず，目標の達成のために邁進することを表す「作動性の高さ」，女性的な言動や，同性愛的な言動を避けることを表す「女性的言動の回避」，女性に対して積極的で，女性を従わせることを表す「女性への優位性」の5側面から成る。他方，新しい男性役割は，家庭役割を積極的に遂行することを表す「家庭への参加」，弱い存在であることを肯定することを表す「強さからの解放」，人間関係の維持を優先する性質の高さを表す「共同性の高さ」，女性を気遣い，女性に尽くすことを表す「女性への気遣い」の4側面から成る（各側面と平等的な性役割態度との関連は，**表②.1**に記載）。

以上の伝統的な男性役割の5側面と，新しい男性役割の4側面を照らし合わせ，渡邊（2017c）は，男性役割が4領域から成るとしてそれをモデル化した。4領域とは，「家庭」「心身の強さ」「望ましい人間のあり方」「女性への振る舞い方」である。各領域における2つの男性役割の関係は，両立，相反，無関連のいずれかと考えられる。

これらの関係から推察すると，両立関係にある領域は，「どちらもやらなければならない」という悩みにつながる。よって，男性は，「仕事も家庭も」「リーダーシップも他者への配慮も」「女性より優位な立場で，気遣いも」というような両立葛藤を抱えていると考えられる。一方で，相反関係にある領域は，「どちらか一方を

コラム2　男性の性役割

表②.1　男性役割の4領域モデル（渡邊，2017c）

領域	家庭	心身の強さ	望ましい人間の あり方	女性への 振る舞い方
伝統的な 男性役割	社会的地位の 高さ[注1]（−）[注2]	精神的・肉体的 な強さ（−） 女子的言動の 回避（−）	作動性の高さ （−）	女性への優位性 （−）
新しい 男性役割	家庭への参加 （なし）	強さからの解放 （+）	共同性の高さ （なし）	女性への気遣い （−）
各領域の 伝統的な 男性役割 と新しい 男性役割 の関係	両立または 無関連[注3]	相反	両立または 無関連	両立

注1：伝統的な男性役割と新しい男性役割の各側面は，「家庭」「心身の強さ」「望ましい人間のあり方」「女性への振る舞い方」のいずれかの領域に分かれる。各セルには，該当する側面が記載されている。たとえば，「家庭の領域」における伝統的な男性役割は，「社会的な地位の高さ」が該当する。

注2：男性役割の各側面名の末尾にあるカッコには，平等的な性役割態度との関連（相関関係）（渡邊，2017a，2017b）が記載されている。マイナス（−）が負の関連，プラス（+）が正の関連を表しており，（なし）は無関連を表す。

注3：最下段には，平等的な性役割態度との関連（渡邊，2017a，2017b）から，各領域の伝統的な男性役割と新しい男性役割の関係が予想されている。たとえば，家庭の領域の「社会的地位の高さ」と「家庭への参加」は両立または無関連と考えられる。

選ばなければならない」という悩みにつながる。よって，男性は，「（伝統的な意味で）男らしく強くあるべきか」「（伝統的な意味で）男らしくはなくなるが，弱音を吐いてもよいか」という選択葛藤も抱えていると考えられる。

　以上をふまえると，冒頭の「仕事もしたいけど，そうすると，子どもと関わる時間がとれない」は両立葛藤に，「悩みを打ち明けたいけど，できない」は選択葛藤に該当する。

　このように，男性役割の4領域モデルから考えると，男性は，男性役割の多様化によって，両立葛藤と選択葛藤を抱きやすいため，生きづらさを感じていると推察される。

第6章
行政と市民の心理学

髙橋尚也

　行政と心理学というと，距離を感じる読者もいるのではないだろうか。行政は行政学や政治学の研究対象と思われがちだが，近年，行政の心理学的側面についての研究がはじまっている。本章では，はじめに行政の中に心理学がどのように関わっているかについて整理する。その後，行政に対して私たちが抱くイメージや信頼に関する研究を紹介し，行政に関連する心理学的研究を紹介する。最後に，行政―市民間のコミュニケーションのかたちについて検討することとする。

6.1　行政と心理学

　私たちが行政と関わる場面には，たとえば，「住民票や戸籍などの証明をもらいに役所へ行く」「年金の手続きをする」「税金を徴収される」といったこともあれば，「ゴミの処理を依頼する」「公園の緑化を進める」「新しく作られる公共施設に要望を出す」といったこともあるだろう。このように行政は，人々の生活に関わるさまざまな役割を担っている。

　行政（public administration）は，「政府の執行機関と，それが行う執行・立案等の活動」（村上，2009，p.2～3）ととらえられている。**図 6.1** 中央は，行政が課題の各ステージでどのように作動するかを示した図である（村松，1999）。第1段階は社会問題や人口変動など環境の変化（①）である。第2段階は市民や市民集団が環境変化をどのように認知するか（②）であり，これによって，政治や行政体系に対して要求や支持（入力）をどのように行うかに影響を与える。第3段階は市民の多様な要求の中から特定の要求を，実現に値するものと

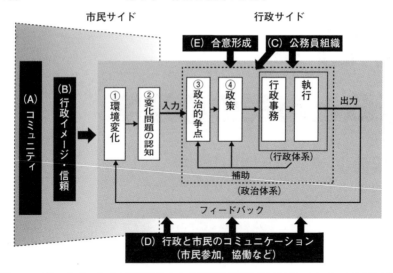

図6.1 政治・行政における課題の流れと心理学的検討課題（村松，2009に著者が加筆）

して取り上げられるために，公職にある政治的決定権者が取り上げて討論の場に引き出されること（③）である。この段階は制度的には議会や首長，大臣などが担うが，ここに行政公務員（自治体であれば自治体職員）が活発に活動している。第4段階は，政治的争点が少なくなり争点に優先順位がつけられ具体的政策に変換される（④）。最後に，行政は政策をさらに具体化し，社会に提供（出力）していく。そして，社会に提供された内容はその効果に関するフィードバックがなされ，新たな環境変化やその認知をもたらすこととなる。

この行政の動きを「路上喫煙をなくす」という状況で例示しよう。まず，第1段階（①）として，喫煙者の減少や喫煙マナーの確立といった社会的な環境変化がある。それに対して，第2段階（②）として，路上喫煙が火傷の事故の危険性や副流煙による健康被害，ポイ捨てによる環境悪化などがあるという市民の意識の高まりがある。そこで市民は市民活動や政治家・行政に要望する。第3段階（③）として，行政職員や政治家が路上喫煙が問題だと政治的争点としてあげるが，そこには愛煙家やたばこ販売者などの多様な意見も存在する。第4段階（④）として，ある程度の人々が納得できるような形で路上喫煙の禁

止条例を制定する。その後，行政はその条例に従って，それが守られるようにパトロールしたり，啓発したり，反則金を徴収したり，行政の事務や条例の執行を行うという流れである。そして，執行ののち，その条例により路上喫煙による被害が減っているかどうかをチェックするというプロセスである。

さて，このような行政の動きに心理学がどのように関連しているのであろうか。前述の①②は市民サイドの営為ととらえることができる。市民サイドでは，市民を取り巻くコミュニティのあり方であったり（A），行政が何かを実行しようとするとき，行政を担う行政職員や行政という制度に対して市民からの信頼や支持がなければ，行政サイドの営為を市民が受け入れなくなる（B）。他方，③④とその後の行政体系は基本的に行政サイドの営為ととらえることができる。良好な行政活動がなされるためには，行政活動を担う行政職員が健康で組織が健全であるかという組織心理的視点（第11章も参照）が重要になる（C）。さらに，この行政サイドと市民サイドの営為をつなぐのが行政と市民のコミュニケーション（D）であり，市民が環境の変化を認知したり行政にアプローチしたりする際に不可欠になってくる。このコミュニケーションの中では，政策立案時にさまざまなアクター間の見解の対立を調整する合意形成をいかに図るかという問題（E）も含まれてくる。このように，行政活動を心理学的にとらえていくと，さまざまな検討を要する側面が浮かび上がってくる。以下では，行政に関連するそれぞれの心理学的な検討の側面別に従来の知見を整理していく。

6.2 市民を取り巻くコミュニティ

コミュニティは，社会学や社会心理学において，古くから重要な概念としてとらえられている。マッキーヴァー（MacIver, 1917）によれば，コミュニティは，地域に基づいて，人々によって共同生活が営まれる生活圏であり，地域性（locality）と共同体感情（community sentiment）によって定義される。すなわち，コミュニティとは，ある一定の地理的な領域に住まう人々の集まりの中で，社会的相互作用が行われ，メンバーの間に共通の絆がある状態といえる。

心理学では，これまでコミュニティに対して抱く感情や意識に関する研究が内外で行われてきた。本節では欧米で多く行われているコミュニティ感覚と，日本で行われているコミュニティ意識に関する研究を取り上げてその概要を紹介していく。

6.2.1 コミュニティ感覚

コミュニティ心理学においては，ある個人が自分のコミュニティに対して抱いている関係の感情である「**コミュニティ感覚（Sense of Community）**」に注目した研究がアメリカを中心に行われている。マクミランとチャヴィス（McMillan & Chavis, 1986）によれば，コミュニティ感覚は「メンバーシップ」「影響力」「統合とニーズの充足」「情緒的結合の共有」の4要素から構成されることが明らかにされている。メンバーシップとは，「私はこの地域に住む多くの住人と顔見知りである」など，所属や情緒的安全感を含んでいる。影響力とは，「この地域で何か問題が生じたときは，住人がそれを自ら解決することができる」など，個人とコミュニティとの互恵的関係や影響関係を含んでいる。統合とニーズの充足とは，「この地域は私にとって住むのに適している」など，メンバー間でニーズが共有されコミュニティがそのニーズ達成の場を提供していることを表している。情緒的結合の共有とは，「この地域に住む人々はお互いに良い関係を保っていると思う」など，コミュニティやメンバーに対する情動を含んでいる（日本語訳は笹尾他（2003）による）。

6.2.2 コミュニティ意識

日本の社会心理学領域において**コミュニティ意識**は，1970年代にさまざまな検討が行われてきた（石盛，2010）。たとえば，田中他（1978）は，奥田（1971）などを前提に因子分析法を用いてコミュニティ意識に2つの軸を抽出している。第1は，地域の諸問題に対してその成員として積極的に取り組み行動し参加する姿勢をもつことを示す「積極性―消極性」の軸で，第2は，コミュニティの成員としての自覚に基づいて，地域社会の全体的な集合の場を重視するか否かを示す「個別志向―協同志向」の軸である。田中らはこの2軸の高

低を組み合わせて4分類を作成している。

コミュニティ意識は1970年代に盛んに研究されたが，21世紀初頭の現代においては社会背景や家族構成などの環境が変化している。2000年以降に日本で検討されたコミュニティ意識として，石盛（2004）の研究があげられる。石盛（2004）はコミュニティ意識を多面的にとらえ，とくにまちづくり活動への参加の積極性との関連で分析を行っている。石盛が開発した**コミュニティ意識尺度**は4側面から構成されている。第1は，積極的にみんなと協力しながら地域のために活動するかどうかに関する「連帯・積極性」，第2は，地域を良くするためには市民自らが決定権をもつことが重要であると考えるかどうかに関する「自己決定」，第3は，行政や他の熱心な人に地域の問題への取組みは任せておいてよいと考えるかどうかに関する「他者依頼」，第4は，地域への誇りや愛着の有無に関する「愛着」である。この4側面のうち，「自己決定」意識の高い人は，手続的公正感が低く，行政政策に批判的で地域の現状評価も否定的になりがちで，「愛着」意識の高い人は，地域参加や日常のつきあいに積極的であるが，地域の事柄を肯定的に評価しがちという特徴があると報告されている。

このように，コミュニティについては，海外の概念を日本に適用したコミュニティ感覚や，日本に注目したコミュニティ意識の側面から，コミュニティに所属することで生じる類似した感情や意識が検討されてきている。

6.3 行政に対するイメージと信頼

本節では，はじめに市民が行政の担い手である行政職員に対して抱くイメージに関する研究を紹介したのちに，市民が行政という制度に対して抱く信頼に関する研究を紹介する。

6.3.1 行政職員に対するイメージ

行政職員イメージについては，「セクショナリズム」「非能率的」「ダイナミズムの欠如」「威張る」「形式的で過ちを認めない」等の批判的評論がなされて

いる（加藤，1983 など）。日本の大学生を対象とした自治体職員イメージの調査（髙橋，2006）では，日本人大学生が自治体職員に対して「慣習的かつ権力的で（red-tape），よい労働条件下で働いている」というイメージを抱いていることが示されている。髙橋・松井（Takahashi & Matsui, 2010）は，大学生を対象として自治体職員，警察官，裁判官に対するイメージを調査し，自治体職員に特徴的なイメージは，「事なかれ主義がある」「クビになることが少ない」など，自己保身に走るネガティブなイメージであったことを報告している。また，警察官に特徴的なイメージは，「社会的貢献度の高い仕事である」「正義感が強い」などポジティブなイメージであり，警察官は，裁判官や自治体職員よりも，ポジティブなイメージの肯定率が高かった。裁判官に特徴的なイメージ

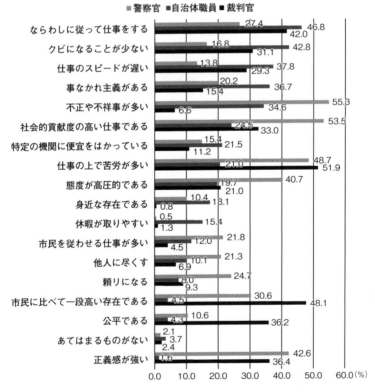

図 6.2　公的サービスを担う職業に対するイメージ
（Takahashi & Matsui, 2010 をもとに作成）

は，「公平である」「市民に比べて一段高い存在である」など，職業威信の高さを反映したイメージ内容であったと報告されている。このように，行政や行政職員に対しては，比較的ネガティブなイメージを抱いたり，不信感をもったりしやすいことが報告されている（**図 6.2**）。

このように行政に対して否定的なイメージや期待が抱かれる背景について，中邨（2010）は2点を論じている。第1は，政治や行政を批判しながら実は政府や自治体に大きな期待を寄せ，矛盾した行動様式を示す国民が少なくないことである。第2は，増幅しつづける国民の期待や要望に対応する，政府や行政の能力に限りがあるということである。このように，行政や行政職員は，普段はイメージが悪く，トラブルや事件が発生すると批判されたり妬まれたりしながらも，何か困難があったときには市民に頼られつつ，公の仕事に従事している様子がうかがえる。

6.3.2　行政への信頼

行政への信頼を議論する際には，信頼という概念の複雑さに留意が必要である。社会心理学において，**信頼**は，相手が自分を搾取する意図を持っていないという期待のうち，相手の人格や相手が自分に対して持つ感情についての評価に基づく部分（山岸，1998），すなわち人間性の評価に基づく部分をさす。これに対して，行政に対する信頼は，行政という制度に対する信頼であり，個人や人間一般に対する対人的な信頼とは異なってくる。対人的な信頼が市民の社会生活にとって重要な要素であるのと同様に，制度への信頼は安定的な民主主義社会の基礎となる（林，2009）。池田（2010）が行政への信頼を**制度信頼**ととらえて検討を行っている。その結果，市区町村の行政信頼度は，①行政職員の職業倫理についての評価と行政に対する公正感といった信頼を育む要因，②行政改革評価や行政不祥事の少なさといった業績評価要因，③行政の評判や透明性評価などの安心要因，そして，④一般的な対人信頼や近隣活動への参加によって規定されると報告されている。

このように，行政への制度信頼は，行政職員の働きぶりや市民への関わり方によって大きく規定されていることがうかがえる。

6.4 公務員組織の特徴

前節では，市民が抱く行政や行政職員に対する意識を概観してきたが，本節では，実際に公務員組織にどのような特徴があるのかに関する研究を概観する。

6.4.1 官僚制（bureaucracy）

官僚制は，大規模な組織の目標を効率的に達成するための合理的な管理・運営の体系であり，決して行政組織にのみ適用される特徴ではない。官僚制の特徴として，①規則による支配（規則が明文化され，それによって動く），②権限のヒエラルキー（指示と応諾の関係が垂直に形成され，部下は1人の上司に報告する），③人間関係の非人格性（個人の事情や感情でなく，非人格化された手続きに基づいて執行される），④職務の専門化（分業体制で，お互いに他とは異なる仕事に従事する），があげられている（『社会学小辞典』）。

6.4.2 ストリート・レベルの官僚制（street-level bureaucracy）

リプスキー（Lipsky, 1980）は，公的サービスを求める受給者にサービスを提供する，公的セクターの末端部分における官僚制システムを「**ストリート・レベルの官僚制**」と命名している。ストリートレベルの官僚制には，地方自治体や福祉事務所などの組織が含まれ，このような組織では，職員が公的な権威に依拠し，サービスの資源を独占しているため，サービスの受け手である住民の日常生活に対してもっとも近い所で，支配的な影響を与えていると論じている。端的にいえば，ストリート・レベルの官僚制とは，たとえば，申請すればサービスが得られる事柄について現場で懇切に説明するかしないかなど，サービスを与えたり与えなかったりする現場裁量の大きさを指摘している概念である。

またリプスキー（1980）は，「公衆が自治体職員の政策や行動に無関心であったり，自らの考えを明示しなかったりする場合に，自治体職員が自分たちの都合のよい形で目標を立て，それを達成しようとする」と指摘している。リプスキーの知見は，住民が自治体職員に対して関心をもち何らかの期待を抱くこ

とによって，自治体職員が住民のニーズを考慮するようになることを意味している。

6.4.3 公務員組織の特徴

地方行政組織の特徴を実証的に分析した研究として，田尾（1990）がある。田尾は公組織と私企業に勤める人をいくつかの側面から比較分析している。

たとえば，行政組織の制度や構造の特徴は，「部や課などの個々の作業が大きく，企業に比べてフラットであること」「意思決定の権限委譲も決定の主体が下位単位に進み，自律的行動の余地も大きく部門間競合もあること」「金やモノでなく文書主義によって人の流通を制御しながら官僚制化を進めていること」（p.77）などを明らかにしている。

組織におけるやる気や士気を「モラール」という。自治体職員のモラールの特徴は，「現状肯定的に満足しているがより一層働きたいという動機づけに乏しいこと，課長ではフォーマルな権限が委譲されるほど強く動機づけられ，係長は適正に評価されることで動機づけられること」「生きがいの中心を仕事に置く人は少ないこと」（p.117）があげられている。

行政組織の組織風土は，「企業よりも『自負と自信』を有しているが個人的達成を重視しない風土が強いこと」が示されている。また，「自治体係長の不満が強く『集団の士気』が低い」（p.92）という特徴も明らかにされている。

これらの分析結果をもとに，田尾（1990）は地方行政組織が本質的には柔らかい組織であり，統治のための官僚制であっても管理の面では官僚制とはいえないと指摘している。この実証的検討に基づく指摘は，市民が行政に対して抱いている「官僚的」などの言葉からイメージされる内容と行政組織の実際とが異なっていることを示している。また，行政組織が柔らかい組織であったとすれば，市民との関わりによって変化可能な組織であることを示唆している。

6.5 行政と市民のコミュニケーション

行政が何らかの活動を推進していく上で必要となることは市民参加である。

この市民参加には、さまざまな段階や発展のプロセスがあると考えられている。そこで、本節では市民参加の諸相について概観し、それぞれにおける行政との市民のコミュニケーションのかたちを整理する。つづいて、市民参加がもたらす効果や帰結について概観する。

6.5.1　市民参加 (citizen participation)

　コミュニティ心理学において、**市民参加**は、「共通目標を達成するために個人が報酬なしで参加している、あらゆる組織化された活動への関与」(Zimmerman & Rappaport, 1988) と定義され、投票行動や住民投票などに代表される権利として定められたフォーマルな参加と、ボランティア、環境配慮行動、住民による防犯活動やコミュニティ活動、NPOなどの地域活動に対する参加や、署名集めや献金、自助グループへの参加などを含む**草の根運動** (grassroots activities)」に大別される。このうち、「草の根運動」に含まれる地域活動には、コミュニティの中で行われているさまざまな具体的な活動が含まれる。

　市民参加の担い手となる住民組織について、卯月 (2004) は以下の3つに類型化している。第1は、自治会や町内会などの「地縁型住民組織」であり、地域全体が会員で、行政とのパイプや下請け的性質を有する。第2は、NPOやボランティアグループなどの「テーマ別市民活動組織」であり、参加者の地域が限定されず、行政とのパイプや下請的性質は低い。第3は、まちづくり協議会やリサイクル推進協議会などの「テーマ型地域別住民組織」であり、特定テーマに関して行政との緩やかな連結・調整機能をもち、地縁型住民組織とテーマ別市民活動組織との混合的特徴を有している。

　アーンスタイン (Arnstein, 1969) は、市民参加の段階を統治に対する**市民参加**の梯子として8ステップに分類している (表6.1)。「操作」「治療」は、市民が決定に参画する力が与えられていないので『非参加段階』、「情報提供」「相談」「宥和」は市民の影響力は形式的なものにとどまるため『形式的参画段階』、「パートナーシップ」「権限委譲」「自主管理」は、市民に権力が委譲されているため『市民権力段階』としてまとめられている。

表6.1 アーンスタインの「市民参加の梯子」とその内容 (Arnstein, 1969)

市民権力段階	自主管理	市民が会議等を支配
	権限委譲	計画策定や決定に市民が優越的権限
	パートナーシップ	市民と行政がつりあいを保ちつつ決める
形式的参画段階	宥和	会議に出席し計画し勧告できる
	相談	市民が（行政から）相談を受ける
	情報提供	市民が情報を与えられる
非参加段階	治療	責任回避のための代用的処置
	操作	参加の形をとっただけ

それでは，どのような市民が市民参加をしているのであろうか。これについては，ボランティア活動研究や環境問題に関する研究など，活動するテーマごとにさまざまな研究が行われている。ここでは内閣府（2007）の国民生活選好度調査の分析結果を紹介しよう。その結果，「年齢が高いこと」「子どもがいること」「既婚・有配偶者であること」「居住年数5年以上であること」「農山漁村地域に住んでいること」「社会のために役立ちたいと思っていること」が地域活動への参加確率を高めることが示されている。他方，「有業者（サラリーマン，自営業者）であること」「集合住宅に住んでいること」「借家・一戸建てに住んでいること」「給与住宅などその他の住宅に住んでいること」が地域活動への不参加確率を高めることが示されている。

6.5.2 協働 (co-production)

市民参加のうち，近年では「地域住民と自治体職員とが協力して自治体政府の役割を担っていくこと」を意味する「**協働**（co-production）」という概念に注目が集まっている。「協働」とは，行政学者オストロム（Ostrom, 1977）が提案した用語である。荒木（1990）は，オストロム（Ostrom, 1977）の理念を前提とし，「協働」を「地域住民と自治体職員とが水平的に協力・協調しつつ，自治体行政の役割を担っていくこと」と定義している。この協働という概念は，地方分権の推進や，地方行政をめぐる状況変化によって注目されてきた

表 6.2 荒木（1990）による協働の構成要素

1. 自治体政府が民主的自治の原則に則り，公共的サービスの生産，供給をしていくこと
2. 消費者である市民の積極的な関与を通して行う生産が，自治体政府だけの判断による生産よりも生産性が高いこと
3. その生産過程への住民の参加とエネルギーの投入とが可能になるような，住民と行政との関係環境を創造していくこと
4. 住民と行政とのパートナーシップ（協力・協調関係）を確立し，自治の強化と自治体政府の活性化とを図っていくこと

概念である（**表 6.2**）。

田尾（2011）では，協働の意義を 3 つに整理している。第 1 は資源として市民を活用することによるサービスの質の向上，第 2 は行政そのものの機能の向上，第 3 は市民サービスの受け手だけではないという規範的な価値の賦与である。

協働は，1990 年代以降，行政学や公共政策領域において注目され，そのあり方が論じられてきた。そのため，協働の定義や考え方には規範的な部分がある。協働が成功することによって，自治体が効率化し，市民や市民組織が新たな公共性を有し，豊かな市民社会が構築されると期待されているが，その反面，住民が行政の下請けとなる危険性もあり（今川他，2005），活動がどのように行われるかによって成果が左右される。

住民と自治体との協働の段階は，「計画・決定段階への参加」「評価段階への参加」「執行段階への参加」の 3 つに整理され，従来「協働」と呼ばれてきた活動は「執行段階への参加」が中心であったと論じられている（分権型社会に対応した地方行政組織運営の刷新に関する研究会，2005）。協働と市民参加の概念を整理すると（**図 6.3**），オストロム（Ostrom, 1977）が論じた協働の理念に沿っている市民参加の段階は，市民権力段階であると考えられ，協働内容には，計画・決定，評価，執行のそれぞれが含まれると考えられる。

6.5.3 市民参加が抱える問題

ここで市民参加が抱える問題について考えてみよう。社会心理学的な視点か

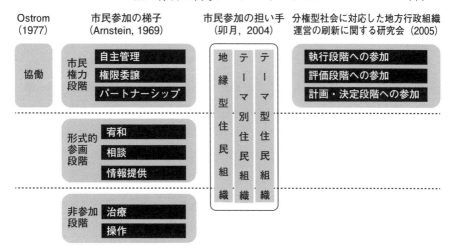

図 6.3 髙橋（2018）による市民参加と協働の概念整理

表 6.3 社会的ジレンマの特徴（大沼，2008をもとに作成）

1. 一人ひとりの人間にとって，協力か非協力かを選択できる状況がある
2. このような状況で，一人ひとりの人間にとっては，「協力」よりも「非協力」を選択するほうが望ましい結果が得られる
3. 集団の全員が個人にとって有利な「非協力」を選択した場合の結果は，全員が「協力」を選択した場合の結果より悪くなる

ら市民参加をとらえた場合，市民参加には**「社会的ジレンマ」**問題を含んでいる。社会的ジレンマとは，「個人の合理的な選択が社会としての最適な選択に一致せず乖離が生ずる場合のジレンマ」である。社会的ジレンマの代表例としては，共有地の悲劇や囚人のジレンマがある。社会的ジレンマの特徴は**表 6.3**のように整理される。

たとえば，地域に公園を作るかどうかの公聴会に参加するかどうかということを例にして考えよう。公聴会に市民が参加（協力）するかしないか自由に選ぶことができる。個人にとっては，公聴会に参加しないで繁華街に遊びに行ったほうが楽しいかもしれない。しかし，地域の誰もが公聴会に参加しなかった場合，市民の意向は反映されず使い勝手の良い公園はできなくなるということ

である。つまり，市民参加をすることは，市民にとって権利ではあっても義務ではない。そのため，いかにして市民参加を促進するかということが課題になってくる。

　もう一つ市民参加が抱える問題を指摘すると，**態度と行動の乖離（不一致）**という問題である。たとえば，「甘い物を食べ過ぎてはいけないと思っていても，つい甘い物を食べてしまうこと」と同じ論理である。内閣府の「社会意識に関する世論調査」で，「あなたは日頃社会の一員として，何か社会のために役立ちたいと思っていますか，それともあまりそのようなことを考えていませんか」と尋ねた質問に対して，2007年では62.6%の人が「社会のために役立ちたいと思っている」と回答し，この値は年々上昇している。つまり，社会貢献への意識は高まっている。しかし，その反面，NPOやボランティアへの参加度合を尋ねた質問に対する回答は，「現在参加している」が10.1%にとどまり，半数強の人々が「今後は参加したい」と回答している。市民参加の促進策を考えていく際には，「貢献したい」あるいは「参加したい」と思っているけれど「参加していない」層の心理やそれらの層へのアプローチを探求することが重要な課題である。

6.5.4　合意形成

　市民参加には，参加の段階で社会的ジレンマや態度と行動の乖離のために参加がなされない可能性があり，また，参加がなされたとしてもさまざまな考え方をもつ参加者がおり，合意形成が簡単ではないことがわかる。**合意形成**とは，当事者間の利害や見解の対立を調整して合意に導くことである。合意形成の過程では，交渉の機会や場が必要とされる。言い換えれば，合意形成は，異なる見解や立場にある他者とコミュニケーションを行い，相手の態度や行動を特定の方向に変化させ，相手の納得（合意）を導くことといえる。この相手の態度や行動を特定の方向に変化させることは，**説得的コミュニケーション**と呼ばれている。説得的コミュニケーションにおいては，送り手（説得者）が受け手（被説得者）に対してどのようにメッセージを送るかが重要とされ，主に3つの方法がある。送り手の主張内容に沿った情報のみを受け手に提示することを

一面提示という。また，送り手の主張内容に沿った（プラスの）情報とともに，送り手の主張内容に沿わない（マイナスの）情報も提示することを**両面提示**という。さらに，送り手の説得を受け入れないときの危険性を訴えることを**恐怖喚起アピール**という。説得研究の文脈では，受け手（被説得者）の教育水準が高いときや受け手の立場が送り手と反対のとき，送り手の主張に不利な部分があることを受け手が知っているときなどに，一面提示よりも両面提示のほうが効果的であるといわれている。

また，合意形成にとって重要なことに「**手続き的公正**」がある。手続き的公正とは，決定手続きに偏りがなく正しいと評価されることであり，権威者の行動スタイルに対して，受益者によって認識された公正さである。これは，受益者による主観的評価である。公正理論において，手続き的公正と対をなす概念が，資源の配分が公正であるという認知を指す「**分配的公正**」であるが，行政と市民の関係や社会問題においては，分配的公正を完全に達成することは難しいことが多く，手続き的公正感を受益者が感じるか否かが合意形成に左右することがある。手続き的公正感は，ある決定における一貫性の存在，その偏りのなさ，正確さ，その決定そのものの修正可能性の担保，決定権者の代表性と倫理性によって高まることが示されている（Leventhal, 1980）。このように，市民参加の中では，合意形成がなされやすいようなコミュニケーションや手続きを採用していくことが重要になってくる。

6.5.5 市民参加の帰結

市民参加の効果に関しては，社会学やコミュニティ心理学領域において検討が行われてきた。ここでは，近年注目が集まっている社会関係資本と集合的効力感，エンパワメントを取り上げ，市民参加の帰結について整理する。個人が市民参加をすることによって得られる帰結は，その個人にとってのメリットだけでなく，組織やコミュニティといった地域全体に対するマクロな成果，すなわち集合的視点での効果が指摘されている。

1. **社会関係資本**

1990年代以降，「**社会関係資本（ソーシャル・キャピタル；social capital）**」

概念に注目が集まり，社会科学の各領域において地域参加に関する研究が展開されている。社会関係資本は，社会関係やネットワークについて，それへの投資やその蓄積が生み出す利益を意味する概念である（柴内，2009）。パットナム（Putnam, 1993）は「協調的行動を容易にすることにより社会の効率を改善しうる信頼，規範，ネットワークのような社会的組織の特徴」を社会関係資本ととらえ，こうした社会的組織の中で相互作用することで生まれるものが，誰とでもお互い様という関係を想定できる「一般化された互酬関係」規範としている（Putnam, 2000）。

内閣府国民生活局市民活動推進課（2003）は，パットナム（Putnam, 1993, 2000）が指摘した，ネットワーク，社会的信頼，互酬関係をそれぞれ，近隣でのつきあいと友人知人との交流，一般的信頼と友人知人への期待・信頼，地縁的活動や社会的活動への参加として測定し，NPOや市民活動への参加との関連を分析している。その結果，ネットワーク，社会的信頼，互酬関係それぞれの各指標が高いほど，市民活動への参加が高まっていた。また，内閣府国民生活局市民活動推進課（2003）は，社会関係資本の構成要素を用いて統合指標を作成し，国民生活関連指標との関連を検討した。その結果，社会関係資本が高いほど，失業率や犯罪認知件数が低く，出生率が高く平均余命が長いというマクロな効果も明らかにしている。このように，社会関係資本概念は，社会関係や人づきあいを資本としてとらえているところに特徴がある。

2. 集合的効力感

集合的効力感（collective efficacy）は，サンプソン他（Sampson et al., 1997）によれば，「共通善のため行動を生じさせようとする近隣住民間の社会的凝集性」を意味する用語として用いられている。サンプソン他（1997）の実証研究では，集合的効力感の高さは，地域レベルでの知覚された暴力行為や被害経験，殺人事件数を抑制することが明らかにされており，この効果は，個人の社会的凝集性がインフォーマルの社会的統制を強めたために，暴力行為や被害経験，殺人事件数の低下をもたらしたと考察されている。

3. エンパワメント

エンパワメント（empowerment）とは，「個人や集団が自らの生活への統制

感を獲得し，組織的，社会的，構造に影響を与えられるようになること」を意味する（Zimmerman & Rappaport, 1988）。言い換えれば，人々が自分の生活をより能動的にコントロールできる可能性を高めるプロセスを指し，社会や組織に対して影響を与えられるようになることである。ジマーマン（Zimmerman, 1995）は法則定立的に心理的エンパワメントの構成要素を3つに整理している。第1は，どのように自分自身について考えるかの「個人内要素」で，領域固有の知覚された統制感や自己効力感，統制への動機づけ，能力，熟練性などである。第2は，コミュニティおよびコミュニティに関連する社会政治的な問題についての人々の理解を示す「相互作用的要素」で，達成すべき目標に適切な行動の選択肢について気づくこと，すなわち，批判意識やスキルの発達，資源動員などが含まれる。第3は，直接的に結果に影響を与える行為を指す「行動的要素」で，コミュニティへの関与，組織参加，対処行動などである。

このように，市民参加の帰結に関しては，社会関係資本，集合的効力感，エンパワメントのいずれにおいても，個人にとどまらず，地域や社会全体での集合的な変化が生じることが指摘されている。

6.6　行政との協働の進展プロセス

行政との協働による活動に市民が参加することは，どのような事柄によって促進され，集合的な効果が得られるのであろうか。このことについて，行政と市民のコミュニケーションに注目した**協働の進展プロセスモデル**が提案されている（髙橋，2018 b）。

髙橋（2018 b）のモデルの特徴は，協働による活動があまり明確でない地域（協働前地域），協働による活動が始まってまもない地域（協働初期地域），協働による活動蓄積の長い地域（協働進展地域），と地域を活動水準別に位置づけている点である。もう一つの特徴は，各地域で，地域で協働による活動にリーダーやメンバーとして関わっている市民と行政職員とのコミュニケーションをヒアリング調査によって把握するとともに，協働や市民参加に興味のない層を含めた無作為抽出法（その地域に住んでいる人の誰もが同じ確率で選ばれる

ように調査対象者を選ぶ方法）による調査票調査によってどのような特性をもつ人が協働に参加するかを広く分析している点にある。

髙橋（2018a）が各地点で行ったヒアリング調査の結果は次のようにまとめられる。協働前地域では，行政から住民に対して実際の関わりに基づく期待は少なく，住民は受動的といった一方的なイメージを反映した期待が抱かれていた。協働初期地域では，行政に対して住民の自主性を損なう働きかけを嫌う期待が，協働進展地域では，行政に対して住民の自主性を担保し対等な関わりを求める期待が，それぞれ抱かれていた。このように，協働開始後の地域では，行政に対する期待が行政への相互作用に関する期待であった。また，住民と行政とのコミュニケーションは，協働開始前では行政主導的に行われていたが，協働進展地域では行政が表に出ず側面的支援に徹する形であり，協働進展地域では，住民・行政の双方が自立して対等に議論する形であった。

他方，調査票調査によって明らかになった協働への参加を促進する要因は，行政への相互作用期待，政治行政への関心，地域における社会的活動性（近所づきあいや地域内の所属組織数），活動から受ける受益性，地域への愛着であった。これら5変数は，協働の活動水準に関わらず，地域に共通して，協働に対する個人の参加に影響を与えていた。また，政治行政への関心と地域への愛着の程度については，協働初期段階の地域よりも進展段階の地域のほうが，住民全体の政治行政への関心と地域への愛着とが高いことが明らかにされた。

髙橋（2018b）は，活動水準の違いを協働の進展という軸でとらえ，協働の進展プロセスモデル（図6.4）を提案している。行政との協働は，地域全体において，住民と行政とが「相互未知」で相互作用がなく，住民の地域に対する関心が低く，行政主導で展開される協働の状態から，協働の開始に伴い，協働時に住民が行政から問題解決のノウハウについて側面的支援を受ける「支援関係」の協働の状態を経て，住民が問題解決のノウハウを身につけ，「相互自立」し，住民と行政との間に対等関係が形成される協働へと変化していく。すなわち，協働の進展とは，行政が協働の担い手である住民に対する関与を低めていき，住民が住民自身の組織性と問題解決能力とを高めていくプロセスを経ると理論化している。また，協働に対する個人の参加の規定因についての変化は，

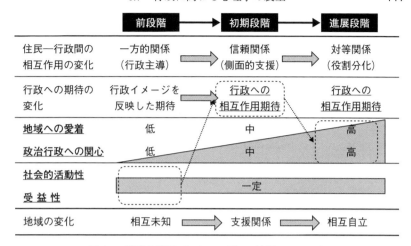

図 6.4　協働の進展プロセスモデル（髙橋, 2018 b）
下線は初期および進展段階で行政との協働の規定因となる変数を，点線は各段階で特徴的な規定因としてモデル化された変数をそれぞれ示す。

協働前段階では個人の受益や関心に，協働初期段階では行政への相互作用期待に，協働進展段階では地域に対する関心に，それぞれ特徴づけられる。すなわち，協働の進展とは，協働に対する市民参加が，近所づきあいや所属組織数の多さなどの個人レベルの受益や関心に基づく参加から，地域愛着や政治関心などの地域レベルの関心に基づく参加へと発展していくプロセスであると理論化している。

髙橋（2018 b）のモデルは，複数地域の異なる協働による活動を対象とした研究に基づいている点や，1つの地域における時系列的な縦断的研究から導かれていないという課題があるものの，行政との協働に対して心理学的手法を用いてアプローチした数少ないモデルである。

6.7　行政に関わる心理学の展望

本章では行政に関わる心理学を概観した。行政と市民とのコミュニケーションには，さまざまな心理学的な事象が含まれており，その蓄積によってコミュ

ニティや社会が変わっていくダイナミズムがある。そして，行政に関わるさまざまな課題は，現実場面での課題解決へのニーズはあるものの，心理学的な実証研究が少ない領域である。実際にある地域において行政と市民の活動を検討しようとしたとき，いくつかの困難に出会う。第1は，調査対象にアクセスすることの困難さである。この点については実際に調査対象地点に長期間関わり関係者とラポールを形成することが求められてくる。第2は，地域の特徴による差や活動の種類による差が大きいことである。都市なのか地方なのか，住環境や住民構成などによって，地域の特徴はさまざまである。特定地域から得られた知見をどこまで他の地域に適用できるかという課題がある。この点については，各地域のさまざまな活動や事例を対象とした調査結果を積み重ねて共通点と相違点を明らかにしていくことが必要と考えられる。たとえば，最後に紹介した「協働の進展プロセスモデル」は，今後1つの自治体の中で，時系列的な検討を行ったり，特定の行政と住民のコミュニケーション場面を観察していくことによって，モデルの妥当性が確認され，ブラッシュアップしていくことが求められてくる。このように，行政という対象を社会心理学的に分析していくことの強みは，心理学がもつ実証的な研究手法を駆使して，行政に関わる課題の実態と対策を客観的な形で訴求できることである。

第7章
偏見の低減
——PFI（官民協働）刑務所開設を事例として

上瀬由美子

　否定的ステレオタイプや偏見をいかに低減・変容させていくのかという問題は，社会心理学の黎明期から現在まで，中心的な関心の一つであり続けている。この大きな研究テーマの中から，本章では，個別の社会政策の導入が個人の抱くステレオタイプや偏見を変化させるプロセスに焦点をあてる。この際，現実の社会現象に注目するという本書の目的をふまえ，近年日本で導入された刑事政策の一つ「PFI刑務所」の事例をもとに考察していく。

7.1　ステレオタイプ・偏見・差別

　はじめに関連の用語について説明する。「イタリア人は情熱的」「ドイツ人は真面目」など，人を分けるカテゴリーに結びつき，そのカテゴリーに含まれる人の多くがもっていると信じられている特徴を，**ステレオタイプ**（stereotype）と呼んでいる。ステレオタイプは極端に単純化されたイメージとして社会に広く普及しており，初対面時など相手に関する情報があまりないときや，忙しくて1人の相手に関心が払えないときなどに用いられやすい。情報処理の効率化という認知的機能を有する反面，ステレオタイプの内容はいつも個人を正確に予測するわけではなく，画一的で誤った判断に導く場合もある。まったく根拠のない不正確なステレオタイプが信じられている場合もある。
　ステレオタイプは単純なイメージだが，そこに否定的評価や感情が伴う場合，

これは**偏見**（prejudice）と呼ばれる。偏見は心の中に抱かれるものだが，これがさらに強くなり特定のカテゴリーに含まれる人を排除・攻撃する行動となって現れる場合がある。ある社会集団の成員に対して，選択して行う否定的行動は**差別**と呼ばれる。

7.2 ステレオタイプ・偏見形成の背景

　ステレオタイプが用いられる背景には，人が効率的な情報処理を求める傾向がある。リップマン（Lippmann, 1922）はこれを「**思考の節約**」と表現している。ステレオタイプは，瞬時に，意識にのぼらないレベルで用いられやすい。また自尊心維持の機能，すなわち否定的なステレオタイプが自分自身や自分が所属する集団の利益や価値を維持したり高めたりするために利用されることもある。たとえば，ライバル関係にある地域の人々に対し，「あの人たちは×××だ」と否定的なステレオタイプを付し，それに比べて自分たちがいかに優れているのかを確認し自尊心を維持するような場合である。

　フィスク他（Fiske et al., 2002；Cuddy et al., 2007）は集団間関係をもとにどのような集団にどのようなイメージや感情が付与されやすいかを予測する，**ステレオタイプ内容モデル**を提出している。対人認知においては，温かさと能力という2つの次元の判断が大きな意味をもつが，フィスクらのモデルでは，さまざまな集団のイメージをこの2次元に配置している。そしてその位置づけに基づいて感情が決定すると論考している。たとえば，アメリカの大学生の中では，温かさも能力も高い人たちの集団としてたとえば「白人の学生（内集団）」がイメージされる。そしてこの位置にある人々に対しては，「賞賛」の感情が抱かれ，その人たちと自分との関係を促進するような行動が生じやすいとされる。また温かさは高いが能力が低い人たちとしてたとえば「老人」があり，この位置の人々には，憐れみの感情が抱かれ積極的に関係したり消極的に傷つけるような行動をおこしやすいとされる。他に，能力は高いが温かさが低い人たちとして「金持ち」など（嫉妬・羨望の感情），温かさと能力の両方が低い人たちとして「ホームレス」など（軽蔑の感情）が位置づけられている。

7.3 接触による偏見低減

 否定的ステレオタイプの変容や偏見低減プロセスについてはさまざまな研究が行われているが，中心的な理論の一つといえるのが，オルポート（Allport, 1954）の接触理論である。オルポートは，相手に対する知識の欠如が偏見形成に関わっており，その解消のためには，対立する集団間の成員が適切な形で接触することが重要と考えた。ただしこの接触はきちんと条件が統制されていなければ逆効果になってしまうことも指摘されている。たとえば，上瀬（2001）では，視覚障害者と道で出会うなど表面的な接触では，かえって否定的印象を高めてしまう場合があることを示している。オルポート以来，効果的な接触の条件についてはさまざまな知見が提出されている。ブラウン（Brown, 2010）はこれらを概観し，望ましい接触にもっとも重要な要因を「**社会的・制度的支持**」「**十分な時間と回数**」「**対等な地位**」「**協同**」の4つにまとめている。

 接触の効果については，シェリフ他（Sherif et al., 1961）の古典的なフィールド実験から始まり，とくに教育の場での**協同学習**研究（Aronson et al., 1976；Slavin, 1979など）の枠組みから幅広く検討が行われてきた。多数派民族の子どもと少数派民族の子どもがいるクラスでは，少数派が多数派から排除される，少数派の成績がふるわないといった問題が生じやすい。この状況を変えるために，クラス内に民族混合の小グループを複数設定し，グループ内で頻繁にコミュニケーションをとりながら協同して目的を達成するような学びのプログラムを組むことがあり，協同学習として知られている。たとえば，スレイブン（Slavin, 1979）では，人種混合の協同学習プログラム（10週間）を取り入れたクラスでは，通常の授業をしたクラスと比べ，プログラム終了後に他民族の子どもも「友人」として書き出す割合が高くなっていたことを示している。また，ラッカー他（Lucker et al., 1976）では，協同学習プログラム後には少数民族の子どもたちの成績が上昇していることが示されている。

7.4 効果的接触と社会的・制度的支持

このように学校場面での協同学習は，**偏見低減**に効果的な接触を生じさせやすいことが示されている。一般社会では，否定的な感情をもつ他集団に積極的に接するよう人々を強制することは難しいが，ここで重要な意味をもつのが社会的・制度的支持である。社会的・制度的支持とは，権威をもつもの（学校における校長や他の教員，新法制定の役を担う政治家と施政を監視する裁判官など）が，一致して明確に，目標となる政策を推奨することを指す。

ブラウン（Brown, 2010）は，社会的・制度的支持が接触の前提として必要だと指摘し，その理由として，それが目標達成に向けて人々に罰や報酬を付与できること，強制的接触の結果として不協和低減のため人々の信念が変容する可能性があること，そして長期的にみると寛容な規範を生む社会風土を生じさせることをあげている。

協同学習のパラダイムで行われてきた偏見低減研究では，学校が主たるフィールドであったため，接触場面は必然的に社会的・制度的支持を有することが前提となっていた。このため，社会的・制度的支持の影響過程については，協同目標の設定や対等な地位といった他の要因と比較すると，実証的研究は全体として少なかった（Brown, 2010）。しかし現実の社会では人々を接触するよう罰や報酬を付帯して強制することは難しく，接触促進のためには，関連の制度整備を進めるなどの手立てを工夫して推進が図られなければならない。このため近年，学校以外の場において，具体的にどのような形で社会的・制度的支持がアピールされ，接触に結びつき，社会的な偏見を低減させることができるのかについて，検討が進められるようになった。

7.5 官民協働刑務所開設の背景

本章では，「PFI 刑務所開設」が「刑務所や刑務所出所者に対する偏見」を低減させた具体的事例に基づき，接触における社会的・制度的支持の重要性について考察する。PFI 刑務所は 2007 年度より始まった国の新しい刑事政策で

7.5 官民協働刑務所開設の背景

ある。PFI（Private Finance Initiative）とは，公共施設等の建設，維持管理，運営等を民間の資金や経営・技術能力を活用して行う手法であり（法務省矯正局，2011），PFI 刑務所はこの手法を活用した刑事施設である。日本の刑務所ではこれまで主として公務員が刑務所運営を担ってきたが，新しくスタートした PFI 刑務所では公務員である刑務官と民間人の職員が**協働**する形で施設が運営されている。現在，PFI 刑務所は全国に 4 施設開設されており，運営開始順に山口県美祢市の美祢社会復帰促進センター（2007 年 4 月開始），栃木県さくら市の喜連川社会復帰促進センター（2007 年 10 月開始），兵庫県加古川市の播磨社会復帰促進センター（2007 年 10 月開始），島根県浜田市の島根あさひ社会復帰促進センター（2008 年 10 月開始）がある。いずれの刑務所においても，比較的刑の軽い受刑者を収容し，社会復帰のための支援にも力を入れた教育を行っていることが特徴で，施設の呼び方も「社会復帰促進センター」となっている。

始めに述べておくと，この PFI 刑務所は，刑務所や出所者の偏見低減を目的として開設されたものではない。しかし結果として，この PFI 刑務所開設が，社会心理学的にみると，施設関連住民の，刑務所や出所者に対する態度の変容をもたらす効果があったことが複数の調査から明らかになっている（上瀬，2013, 2016 a, 2018；上瀬他，2016；矢野他，2014 など）。

PFI 方式導入の背景は，大きく「過剰収容」「規制改革」「行政改革」の 3 つがあったと述べられている（森田，2009）。とくに第 1 の過剰収容については，当時問題が深刻化しており，この解消が PFI 方式導入のもっとも中心的な課題だったと考えられる。日本の矯正施設では 1998 年以降，過剰収容が問題となり，2000 年以降，収容率（収容定員で収容人数を除した値）が 100％ を超えた過剰収容状態が続いていた。このことは職員の勤務負担の増加，被収容者の処遇環境の悪化につながっていた（森田，2009）。職員の勤務負担についてみると職員 1 名当たりで受け持つことになる被収容者数（職員負担率）が，1996 年度には 2.9 であったものが，2007 年度には 4.4 と増加していた。諸外国の職員負担率（アメリカ 3.3，イギリス 1.6，フランス 1.9，ドイツ 2.3）と比較して高い値であった（森田，2009）。遊間（2010）は，日本の受刑者を対象に

した調査から，収容率の上昇が刑務所の受刑者間の暴力行為の発生率を上昇させる効果を有することを示している。この研究で示された収容率の効果は小さいものであったが，諸外国で議論されている，刑務所の収容率と受刑者間の暴力行為の関連性を日本の刑務所の事例で示したものとして位置づけられる。このように，過剰収容は，施設職員にも過剰な業務負担を強い，受刑者側にさまざまな問題を生じさせることにつながっていた。このことは単に刑務所が「混み合う」というだけでなく，管理の困難さから安全性の維持にもかかわる問題となっていたことが理解される。

第2に規制改革である。2002年度の総合規制改革会議で，官製市場への民間参入が議論され，公的関与の強い市場や公共サービスの民間委託が議論された。この際の構造改革の方針である「民間にできることは民間に」の流れに沿い，刑務所の業務の民間委託が議論され，推進されるようになった経緯がある。

第3の行政改革については，2001年に名古屋刑務所で発生した受刑者に対する暴行事件を発端として，日本社会の中で刑事施設の閉鎖的な運営に批判が高まり，透明性の確保が強く求められていたことが関係している。2003年12月には，行政改革会議より「国民に理解され，支えられる刑務所」を目指すべきとの提言をうけている。PFI方式が導入されることにより，公務員である刑務官と民間人の職員が協働で運営する過程で，中の様子が民間職員の目にもふれることになり，施設の透明性が高められると考えられた。言いかえれば，このように，単に経済的なメリットや運営の効率化が図られただけでなく，PFI刑務所が社会に開かれた矯正施設となることで国民の理解・協力を得るという社会的意義が理解されたことも，開設の背景である。

上記の問題意識は，受刑者の処遇改善と社会復帰への期待とも関係し，民間の創意工夫をプログラムに取り入れることで収容者の改善更生が進むことが期待された。また開設地域から民間職員を雇用する，あるいは食材を調達する等の活動を通し，刑事施設所在地周辺における雇用を創出し経済の活性化を通して，「**迷惑施設**」から脱却することも期待された。実際に，PFI刑務所の基本理念には，国民に理解され支えられる刑務所を整備することが含まれており，より具体的な実現例として地域との共生が提案されている。ただしここで「共

生」として想定されているのは，刑務所が地域にもたらす経済的な貢献である。刑務所が「国民に理解され支えられる」とはどのようなあり方のことなのか，どのようにすればそれが実現できるのかについては，開設時には十分な議論はなされていなかった。心理学的な観点から考えれば，施設による地域経済への貢献は共生の一側面にすぎない。「理解」されるためには，地域の人々が施設についての正確な知識を得て，その重要性や必要性も含めてあり方に納得することが必要である。そしてその先には，地域が「支え」る，すなわち地域と施設とがお互いに貢献し合える関係を築くことが求められる。

7.6 刑務所に対する態度

　矯正施設については，一般に否定的なイメージが高い。たとえば地元に矯正施設が開設される話があると，それを聞いた近隣住民の中からは，「受刑者が逃げ出して治安が悪化するのではないか」「悪い人が出入りするようになるのではないか」と危惧する声が上がりやすい（上瀬，2016 b）。類似の傾向はアメリカでのリスク施設イメージ研究（Takahashi & Gaber, 1998），あるいは刑務所近隣の住民に対する調査からも指摘されている（Martin, 2000；Maxim & Plecas, 1983）。

　とくに日本の刑務所では刑務所の運営等や中の様子を積極的に公開することはなく，「行刑密行主義」と表現されたり，さらには一般の人々に偏ったイメージを抱かせ「迷惑施設」と位置づけられたりすることにもつながっていた（西田，2012）。またこのことが，刑務所から出所した人の社会的包摂を妨げる一因とされている（西田，2012）。

　上瀬（2010）は，東京30 km圏内および山口県に居住する20代〜60代を対象にして，刑務所および他の矯正施設に対する意識調査を行っている。各施設にリスクを感じる程度を，「4. 非常に危険」「3. 危険」「2. やや危険」「1. ほとんど危険はない」の4件法で尋ねた。図7.1は，地域別の回答の平均値である。全体としてリスクは2点（やや危険）前後であり，とくに少年院に対するリスクは高めにイメージされていた。なお，すべての施設に対して東京居住者のほ

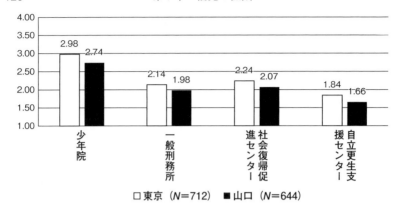

図7.1 矯正施設に対するリスク認知(上瀬,2010および,当日の発表資料より作成)
回答者は性別×年齢の割合が両地域で等しくなるよう割り付けされている。

うが山口居住者よりも有意にリスクを高く認知していた。

　上瀬(2013, 2016a, 2018)は,PFI刑務所開設地区の住民に面接調査を行い,地域の人々が施設開設前後にどのような態度をもっていたのかを尋ねている。全体としては,対象者からは住民の間でさまざまな不安が示されていたことが語られているが,当該施設の他に矯正施設がある地域では,なかった地域と比較すると,開設前の不安や抵抗の内容は異なる様子が示唆されている(上瀬,2018)。

　また,PFI刑務所開設時の近隣住民の抵抗感の変化を数値化したものとして,上瀬他による一連の研究がある。美祢社会復帰促進センター(上瀬他,2016),島根あさひ社会復帰促進センター(上瀬,2013;矢野他,2014),喜連川社会復帰促進センター(上瀬,2016a),播磨社会復帰促進センター(上瀬,2018),それぞれで,開設前後の態度が分析されている。図7.2は,その結果をまとめたものである。4施設いずれも,開設前には3~5割の住民が,施設開設に抵抗を感じていたことが示されている(「強い抵抗を感じた」と「やや抵抗を感じた」を併せた値)。ただし抵抗感には地域によって差があった。美祢および島根あさひについては抵抗を感じていたものがおよそ半数と高めだったが,喜連川および加古川では半数以下だった。これについて上瀬(2016a, 2018)は,

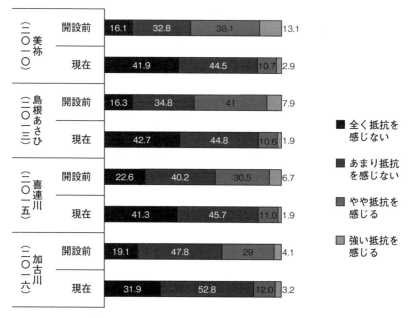

図7.2 PFI刑務所に対する近隣住民の抵抗感の変化
（上瀬他，2016；矢野他，2014；上瀬，2016a；上瀬，2018をもとに作成）
施設名の横にある数値は，調査を実施した年を示している。開設後の「現在」の時点はこの調査年にあたり，施設ごとに異なっている。

前者2施設は開設前に地元に矯正施設がなかったため，抵抗感がとくに高かったと論考している。

さらに，住民が開設前に施設にどのような期待や不安を抱いたのかについて，島根あさひ社会復帰促進センターに関する矢野他（2014）の研究で詳しく報告されている。全体としては経済・財政的期待や人口増加の期待が高く，中でも「地元の雇用機会の増加」が7割ともっとも高かった。その他では「地元の人口の増加」が6割，「地元の生徒数の増加」と「地元の買い物客の増加」が4割，「地元の乳児の数の増加」と「国から地元への補助金」が3割となっている。その一方，「受刑者が逃げ出すのではないか」などの不安を感じていた住民も半数近かった。

7.7 PFI 刑務所開設が地域住民の心理に与えた影響

それでは，これらの抵抗感は施設の開設とともにどのように変化したのか。図 7.2 をみると，全体として開設後はいずれの地域でも抵抗感のあるものは 1 割程度と大きく低減している。

上瀬（2018）は，開設前の不安は限定的な影響にとどまり，むしろ矯正施設が開設され安全な運営が保たれることにより，類似施設開設に対する抵抗感を抑制する効果をもつと指摘している。ただし，いずれの地域も開設後しばらくたってもおよそ 1 割の地域住民は施設に抵抗感を残していた。抵抗感をもつ住民は，地域特性あるいは施設特徴に関わらず一定数残ることが示唆される。

7.8 PFI 刑務所の事例からみた接触による偏見低減効果

さらに PFI 刑務所の受容が，施設だけの肯定的態度変容にとどまらず，出所者の受容にも影響を及ぼすことが示されている。上瀬他（2016）では，美祢社会復帰促進センター近隣住民の回答を分析し，行政による事前説明会の評価や開設後の施設接触が，現在の施設や（元）受刑者一般に対する態度に与える影響を検討している。この調査で使用したさまざまな項目の関係を共分散構造分析を用いて分析した結果が，図 7.3 である。共分散構造分析は，複数の構成概念間の関係を検討する統計的手法の一つで，直接観測できない潜在変数を導入して潜在変数と観測変数との間の因果関係の分析を行うことができる。変数間の関連について事前に仮説（モデル）を設定し，その仮説の妥当性についても統計的な指標を得られる点に特徴がある。

図 7.3 において矢印は，その方向に有意な正（あるいは負）の関係がみられたことを示しており，矢印の中の数値は関連の強さを示している。ここでは回答者について，美祢社会復帰促進センターがある豊田前地区の住民の回答と，隣接する大嶺地区の住民の回答を別々に分析し，地域差の検討も試みている。豊田前地区の人々は施設が住まいの近くにあるため，少し離れたところに住んでいる大嶺地区の人々と比べると，開設の影響や心理が異なると考えられたた

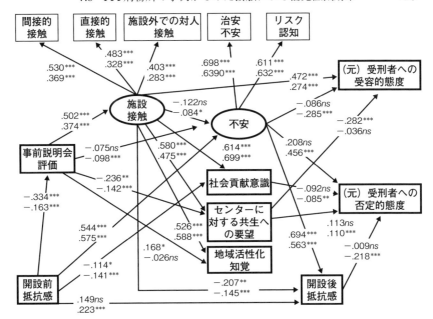

図 7.3 PFI 刑務所および（元）受刑者一般に対する態度の背景（Amos による共分散構造分析結果）（上瀬他，2016）
パス係数の値は，上段がセンターが開設されている豊田前地区（$N=268$），下段がセンター開設地区に隣接する大嶺地区（$N=1,665$）の値である。
*$p<.05$ **$p<.01$ ***$p<.001$
豊田前；$\chi^2(52)=78.290$ $p<.05$, GFI$=.958$, AGFI$=.926$, CFI$=.956$, RMSEA$=.044$, AIC$=156.290$ CAIC$=335.339$
大嶺；$\chi^2(52)=253.600$ $p<.001$, GFI$=.977$, AGFI$=.961$, CFI$=.941$, RMSEA$=.048$, AIC$=331.600$ CAIC$=581.886$

め，分けて分析が行われた。矢印についた数値のうち，上段は豊田前地区，下段は大嶺地区の値である。

ここで注目されるのが，「施設接触」に関する影響過程である。一般的に「接触」は，対立する集団間成員の間のコミュニケーションとして理解されるが，刑務所という施設の性質上，近隣住民が刑務所内で受刑者と直接話す状況は成立しにくい。ただし PFI 刑務所の場合，「地域との共生」が理念の一つであることから，一般的な刑務所よりも施設見学や広報活動に力が入れられている。また，地元の人が民間職員として働き，そのことを地域住民が知ることに

よって間接的に施設について認知する機会になるとも考えられる。このことから，この調査では接触を，開設後の間接的接触（新聞・テレビ・雑誌などで施設に関するニュースをみる，施設に関する広報記事を読むなど），直接的接触（施設見学に参加したり，矯正展に行くなど），施設外での対人接触（施設で働く国職員や民間職員と知り合いになる）という広い意味でとらえ，開設後の施設態度や受刑者や出所者（図では（元）受刑者と示している）への態度との関連を分析している。その結果，施設接触は，施設に対する不安を低め，社会貢献意識を高めることにつながっていた。さらに施設接触は，直接的に受刑者や出所者に対する受容的態度にもつながっていた。

　上瀬他の調査では，各接触の程度を比較した結果，「新聞・テレビ・雑誌などでセンターについてのニュースをみた」(71.8%)や「センターに関する住民向けの広報を読んだ」(32.2%)のように受身的な形が相対的に高いことが示されている。しかし「センターの中を見学した」(23.4%)，「矯正展に行った」(15.1%)など，住民が施設に関心をもち，自主的にかかわった結果生じる接触も確かにみられることが明らかになっている。

　上瀬他の分析において，この施設接触を導いていたのが，「事前説明会評価」であったこと（**図7.3**）は注目に値する。この「事前説明会評価」は具体的には，国や行政が住民説明会の場で地域住民にきちんと説明を行った，説明が理解できた，と回答者が答えた程度を測定したものである。上瀬他はこの結果をもとに，社会的包摂を目指す社会政策において，施設への接触がステレオタイプ・偏見を低減させるという接触理論で予測された効果が確認されたと論考している。

　上瀬他の一連の研究からは，PFI刑務所開設が，当初は意図されていなかった「出所者への偏見低減」の効果をもっていたことを明らかにしている。この中心にあったのが施設に対する「接触」であり，さらにこの接触は「事前説明会評価」によって大きく影響されていた。

　この結果から，PFI刑務所開設前の事前説明会は国や行政が施設開設を明確に支持する場であったこと，そして住民が説明会を通じて施設の趣意を理解し社会における必要性を認識する場であったということが推察される。上瀬他

(2016) は，事前説明会は偏見を低減させ社会的包摂を促進する矯正システムについて，「社会的・制度的支援」を明示する場であったと論考している。この一連の研究結果から，行政が事前説明会を開催し決定プロセスや趣意を説明すること，そして住民に開かれた形でそのシステムを維持し運用することが，社会的・制度的支援を示す一つの形となり得ることが明らかとなったと考える。

なお，図7.3からは地区の差も示されている。「開設前抵抗感」から「開設後抵抗感」へのパスは，大嶺地区のみで有意である。これはセンターから離れた大嶺地区では，開設前に抵抗感が高かったものは開設後も抵抗感が高いままだった傾向を示している。これは大嶺地区では事前説明会評価や施設接触が低かったことが影響している（上瀬他，2016）。施設から遠方の住民に対して，事前説明会以外にどのような形を用いて社会的・制度的支援を明示できるのかについては今後検討が必要である。

7.9 まとめ

本章はステレオタイプ・偏見の低減や変容を扱った理論を紹介するとともに，PFI刑務所という新たな社会政策の導入が個人の抱くステレオタイプや偏見を変化させた事例を接触理論の枠組みから論考した。一連の実証研究からは，社会的包摂目的とした新しい政策がうちだされることで，当初期待されていなかった形で地域住民の中の刑務所や受刑者・出所者への偏見が変容していく様子が示されている。

偏見は個人の心の中にある。それを変容させる主体は個人であり，他者が変容を強制することは難しい。ただし社会が制度として接触の機会を提供することで，個人が対象に関心をもち自ら接触行動を生じさせる。その結果として，実際に偏見の低減が生じるという過程を示せたものと考える。

近年，社会政策研究の文脈では，行政側の手続きの透明性や結果開示などが多く議論され，決定プロセスの「可視化」が強調されてきた。ただし本研究で注目したPFI刑務所開設による偏見低減の事例および影響過程の分析からは，偏見低減に関わる特定の社会政策を導入しただけでは，人々の態度変容を生じ

させるには十分ではないことが示唆されたともいえる。つまり，社会的包摂を促進させるための新たな社会システムを構築させていく場合には，そのシステム自体に一般市民がかかわる，すなわち「接触する」仕組みを常に含めていくことが必要であると結論づけられる。これらの知見は，既存研究が構築した理論を現実の事象にあてはめ，実証的に分析する過程で新たな発見がもたらされるという，社会心理学の研究手法の有効性を示す証左とも位置づけられる。

第8章
がん医療における悲嘆

浅井真理子

「残念ながら右の肺に……がんが見つかりました」。医師からこんな言葉を聞くと，それだけで一撃をくらうことだろう。がんと言われた本人は「頭の中が真っ白になって，そのあとは覚えていない」と語り，家族は「何て声をかけたらいいのかわからなかった」と語る。ある日突然がんを告知されて患者になった本人とその家族は，がん告知によってそれまで築き上げたものを突然すべて失ったように感じ，途方に暮れるのである。このように，がん患者とその家族は，がん告知という強烈なストレスを受け，その後のがん治療においても多様かつ持続的な喪失を体験する。本章では，がん患者とその家族が体験する大切なものを失うことによる心理反応，すなわち悲嘆に焦点を当てる。そして，臨床の中で観察されるさまざまな悲嘆という事象から問題として何に焦点を絞るのか，またそれらの問題が研究としてどのような方法でアプローチされエビデンスとして蓄積されてきたのかを紹介する。

8.1 悲嘆とは

がん医療における悲嘆の話を始める前に，まず悲嘆という心理的反応について一般的なことから説明する。

8.1.1 喪失と悲嘆

喪失と**悲嘆**という用語について定義と分類を**図8.1**と**図8.2**に示す。喪失とは価値，愛情，依存の対象を別離，拒絶，剥奪によって失う体験であると定義され（余語，1991），喪失の対象によって分類される（小此木，1979；坂口，2010）。たとえば，人物の喪失の場合には死別をはじめ離別，失恋などが含ま

喪失とは，価値，愛情，依存の対象を別離，拒絶，剥奪によって失う体験 (余語，1991)	
分類	内容
人物の喪失	死別，離別，親離れ，子離れ 失恋，親友との不和 友人，同僚，先生，隣人との別離
所有物の喪失	ペットの死 大切に持っていた物の紛失や破損 財産，能力，地位
環境の喪失	故郷，住み慣れた家 通い慣れた学校や職場，行きつけの場所 役割や生活様式
身体の一部分の喪失	手足の切断，脱毛，抜歯 身体機能の障害（失明，失聴）
目標や自己イメージの喪失	自分の掲げた目標 自分が思い描く自己イメージ 自己アイデンティティ，誇りや理想

図8.1 喪失の定義と分類 (小此木，1979；坂口，2010)

悲嘆とは，喪失に対する心理社会的な反応 (Stroebe, W., & Stroebe, M., 1987)	
分類	内容
予期悲嘆 Anticipated Grief	死別前の患者や家族が体験する喪失に対する反応
正常な悲嘆 Normal Grief	死別後の遺族に生じる認知・情動・行動・身体の4側面にわたる反応
病的悲嘆 Pathological Grief	死別後の遺族に生じる異常な悲嘆
複雑性悲嘆 Complicated Grief	1. 慢性悲嘆（Chronic Grief）・遷延性悲嘆（Prolonged Grief） 2. 遅発悲嘆（Delayed Grief）・抑制悲嘆（Inhibited Grief） 3. 誇張された悲嘆（Exaggerated Grief） 4. 覆い隠された悲嘆（Masked Grief）

図8.2 悲嘆の定義と分類 (Rando, 2000；Worden, 1983)

れる。さらに喪失の対象は身体や所有物に留まらず，目標や自己イメージにまで及ぶ。

このように喪失は体験であり，悲嘆は喪失という体験よって生じる心理社会

的な反応である（Stroebe & Stroebe, 1987）。また予期悲嘆は実際の喪失を体験する前に生じる反応であり，喪失体験後の悲嘆と区別される（Rando, 2000）。さらに悲嘆の強度や持続性などによって正常な悲嘆とそれ以外の悲嘆（病的悲嘆，複雑性悲嘆）が区別される。そして悲嘆は遺族に生じる認知・情動・行動・身体の4側面にわたる多面的な反応と定義される（Worden, 1983）。

8.1.2 悲嘆の過程

図8.3に示す通りキューブラー=ロスはアメリカで死にゆく患者の語りをもとに**死の受容までの5段階モデル**を提唱したが，これは告知後の悲嘆といえよう（Kübler-Ross, 1969）。告知の衝撃後に，否認，怒り，取り引き，抑うつ，受容に至るとされ，このモデルの特徴は3段階目の取り引きと呼ばれる段階である。「神様，何でもしますから，悔い改めますから，助けてください」と考える時期とされるが，これは明確な神をもつ人の少ない日本人でも「せめて孫の成人式は見られますように」などと現実と願望との間で葛藤する状態がこの段階に当てはまる。その後は，願いが叶わないことを悟り抑うつや予期悲嘆を経て受容に至るとされる。ただし，これは必ずしもこの5段階に沿って進むことが望ましいというのではなく，行ったり来たりしながら途中の段階で死を迎えることもある。

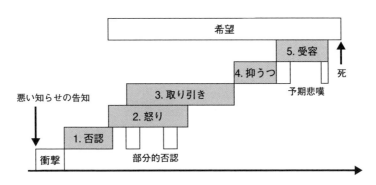

図8.3 死にゆく患者の心理反応（Kübler-Ross, 1969を改変）

8.1.3 悲嘆に対する対処行動

遺族の悲嘆への支援に関しては，悲嘆へのケア，すなわち**グリーフケア**として国内外でさまざまな試みが行われている。グリーフケアでは遺族の話にじっくり耳を傾けてくれる，傾聴してくれる他者の存在が重要であり，遺族は他者に話すことで自分の悲嘆を自ら整理する自己対処が促される。がん医療では，緩和ケア病棟や主治医を訪ねて来て話し込む遺族もいるが，グリーフケアの治療的要素や回復過程に関しては，臨床経験による知見が多く，実証データは十分とはいえない。たとえば図8.4で示したように，ストローブとシャット（Stroebe & Schut, 1999）は，遺族の死別対処モデルとして，喪失への接近と回避の2つの対処を短い時間で行き来するOscillation（振動）を特徴とした対処モデル「Dual Process Model（二重過程モデル）」を提唱した。この中で，遺族は故人の思い出に浸り悲しむといった喪失志向の対処と，故人とは異なる新たな生活に対応するといった回復志向の対処を行ったり来たりしながら，時間をかけてその振幅が小さくなりやがて回復志向に重心が移行するとされる。どちらか一方に留まることなく，十分に悲しむこと，新たな生活に目を向けることの双方の大切さが示されている。このモデルは世界中のグリーフケアで利用されているが，この振動を規定する要因等の実証的な知見が十分とはいえず，そのことは提唱者自らも認めている（Stroebe et al., 2005）。

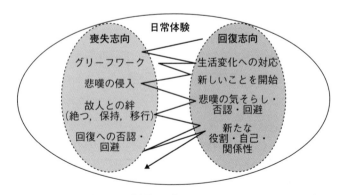

図8.4 死別対処の二重過程モデル（Stroebe & Schut, 1999）
両方の対処を行きつ戻りつしながら徐々に回復志向へ重心を移行する。

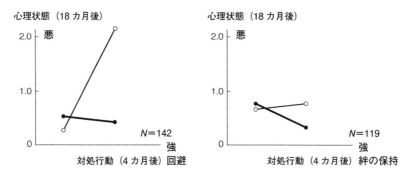

図 8.5 対処行動が心理状態に与える影響
((a) Bonanno et al., 2005, (b) Lalande & Bonanno, 2006)

　松井（1997）は，遺族が用いる対処行動は国による社会・文化的背景によって周囲からの容認されやすさが異なり，そのことが遺族自身の精神的健康にも関連する可能性を示唆した。このような悲嘆と対処行動の関連に関しては，アメリカと中国で違いが報告された。ボナンノ他（Bonanno et al., 2005）は，アメリカと中国における遺族142名を対象とし，死別4カ月後の思考，会話，感情表出に対する回避行動と死別18カ月後の悲嘆との関連を検討した。その結果，中国では回避の程度と悲嘆の関連は見られず，アメリカでは回避が強い場合に悲嘆が強い傾向が見られた。またラランドとボナンノ（Lalande & Bonanno, 2006）は119名の遺族を対象として，死別4カ月後の絆の保持（「故人の存在を感じる」「故人の遺志を継ぎたい」等）が強いほど，18カ月後の精神的苦痛は中国では小さく，逆にアメリカでは大きかったことを実証した（図 8.5）。

8.2 がん患者と家族が体験するさまざまな悲嘆

　それでは次にがん医療の現状を悲嘆に焦点を置いて説明する。

8.2.1 がん医療の現状と悲嘆

　がんは私たちにとって身近な疾患である。おそらく家族や親戚ががんにかかった経験をもつ人は多いだろう。がんになる親戚が多い場合に「うちはがん家系だ」という言葉もよく耳にする。今や日本人の2人に1人は生涯の間に何らかのがんにかかり，3人に1人はがんが原因で亡くなる時代となった（厚生労働省，2016）。また現在まで30年以上もの間，がんは死因の第1位であり，「がん＝死」というイメージをもつ人が多い。しかしながら，近年は手術などの外科治療，抗がん剤による薬物療法，放射線による治療というがんの三大治療法の進歩が目覚ましく，患者の生存期間は延長し，**生活の質**（Quality of Life；**QOL**）も向上している。そして，がんやがん治療による症状を緩和する，いわゆる**緩和ケア**を受けながら，がんの診断・治療後もよりよく暮らしていくこと，すなわち**がんサバイバーシップ**が重要になってきた。

　それでは，がん患者やその家族の体験は心理的にはどのような特徴があるのだろうか。Aさん（40代男性）ががん患者としてたどるプロセスを図8.6に示した。がん医療では診断，再発，治療中止など患者にとって悪い知らせが医師から告げられる体験が繰り返される。そしてそのたびに自分が大切にしてきたものを失うのである。たとえば，Aさんが胃がんを告知されたとしよう。最初にがんという診断を告知されると，それまで当たり前にあるものとして考えてきた将来の見通しを失う。その後，がんという疾患によってまたはがん治療によってさまざまな身体機能を失う。治療後にがん自体は寛解（かんかい）と呼

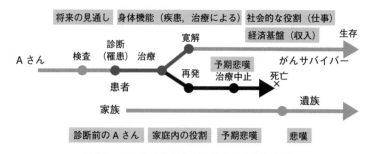

図8.6　がん患者と家族が体験する喪失と悲嘆
がん患者と家族は，告知によって悪い知らせを受けると，多重の喪失を体験し，悲嘆が生じる。

ばれる一時的あるいは永続的にがんが縮小または消失している状態になった場合でも，仕事を休んだり減らしたりすることによって社会的な役割を失い，それによって収入が減れば経済基盤も失うことがある。一方，がんが悪化し再発や治療中止となった場合は，「もう自分には死が近づいてきている」といって死を予期することによる悲嘆も生じる。そしてAさん自身だけでなくAさんの家族である妻も同様に多くのものを失うのである。「夫はがんになったらいつもイライラするようになった，それまでは温和な人だったのに」などがんと診断される前のAさんを失ってしまう。そして夫の入院の付き添いで忙しくなり子供の食事の準備ができなくなると，母としての役割を失う。がんの治療が中止されると患者同様に迫りくる死という喪失への不安や恐怖といった予期悲嘆が生じ，最後に死別によって遺族としての悲嘆が生じる。

8.2.2 サイコオンコロジーと悲嘆

次に，がん医療におけるさまざまな心理的支援を提供するための学問領域である**サイコオンコロジー**（**精神腫瘍学**）で得られた研究結果を紹介しながら，悲嘆を考えていきたい。内富（2011）はがん告知をはじめとした悪い知らせの告知の直後から数カ月までの患者の心理反応を日常生活への適応という指標で図示した（図8.7）。診断告知の直後は「他の人の検査結果と間違えたんじゃ

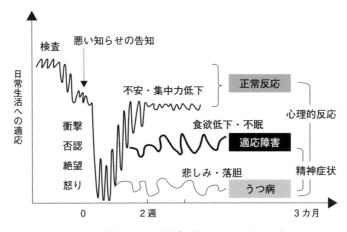

図8.7　告知後の心理反応（内富，2011を改変）

ない？」といった否認や「これで人生何もかも終わった」といった絶望，「何で私ががんにならなきゃいけないの？ しかも何で今なの？」といったような行き場のない怒りが生じる。その後2週間程度を目途に不安や集中力の低下が回復してくる正常反応（約半数），食欲不振などいくつかの症状がみられるストレス反応としての適応障害（約4割），悲しみや落胆が長期間持続するうつ病（約1割）に経過が分かれる。すなわち，がん患者の約半数には精神医学的な診断がつき，治療の対象となる症状を呈するのである。そしてこれらは告知後の悲嘆であるともいえる。

8.3 死別による悲嘆がもたらす問題

このように悲嘆という心理反応にはさまざまなものがあるが，次に死別による悲嘆に焦点を置いて説明する。

8.3.1 医学的な問題

がん医療の臨床場面では頻繁に見られる悲嘆と呼ばれる心理反応は，それ自体は喪失と呼ばれるストレス体験による人間の心の自然な反応である。「時間が経てば落ち着くから，それまではそっとしておこう」といった言葉はがん患者の周囲がよく口にする。しかし，このような，時がすべてを癒してくれるといういわゆる時薬のような対応だけで果たして十分だろうか？ がん医療の使命は最善の医学的治療を患者に届けることである。サイコオンコロジーでは患者や家族の心理状態を評価しケアするだけでなく，心理状態ががん医療に及ぼす影響も研究対象としている。なぜなら患者や家族の心理状態はさまざまな場面での意思決定に影響し，最善の医学的治療の提供を妨げることがあるからである。たとえば不安や抑うつの強い場合に宗教的なケアを選ぶ，または認知機能障害があり提示された治療の選択をはじめとして，医療情報を十分理解できない場合がある。とくに進行・再発がんの場合には，その後の治療選択に関する難しい意思決定の場面が出てくる。進行・再発がんとは，がんが発生した原発巣の臓器だけでなく，がん細胞が血液やリンパの流れに乗って他の臓器で増

デザイン 多施設前向きコホート研究（アメリカ7施設，2002-2008：6年間）
対　象　選択基準：遠隔転移あり，初回治療無効，20歳以上，介護者とペアで332組が参加
　　　　除外基準：痴呆またはせん妄
評　価　精神医学的診断面接（SCID）

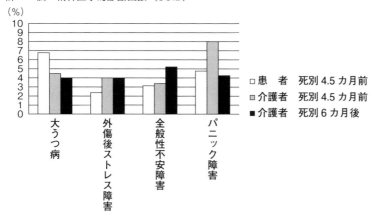

図8.8　がん医療における患者と介護者の実態調査（Kadan-Lottick et al., 2005）
死別前後の患者と介護者の10〜20％に精神医学的診断がつく。

えて遠隔転移し，診断後に開始したがん治療が無効となった場合を指す。アメリカでは，このような進行・再発がんの患者が主治医にその後の**終末期ケア**に関する意向を伝えていない場合には不必要な集中治療（人工呼吸や心肺蘇生）が増え，医療費が増大するといった問題が報告された（Kadan-Lottick et al., 2005；Zhang et al., 2009）。また，そのような進行・再発がんの患者とその介護者の精神科診断を行ったところ，**図8.8**に示す通りさまざまな精神医学的診断が5％前後つき，全体では死別前後の約半年の時点で患者と介護者の10〜20％に精神医学的診断がつくことが明らかになった。日本では，精神医学的診断の有病率の報告はないが，配偶者をがんで亡くした遺族の約半数に精神的健康障害（適応障害相当のストレス）がみられた（Asai et al., 2013）。

8.3.2　社会的な問題

高齢者の抑うつに対する危険因子に関するシステマティックレビューとメタ分析による文献調査の結果，配偶者との死別が高齢者の抑うつの最大の危険因

子であった（Cole & Dendukuri, 2003）。先述したように，日本では，1981年以降現在まで30年以上もの間，がんが死因の第1位であり，年間約37万人ががんで亡くなっている。またがんで死亡する患者は男女とも，おおよそ60歳代から増加し，高齢になるほど高い（国立がん研究センターがん情報サービス，2017）。さらに，配偶者をがんで亡くした遺族は2007年の時点で年間約20万人であった（厚生労働省，2007）。このように，配偶者をがんで亡くす遺族はその多くは高齢者であり，配偶者との死別だけでなく退職や子供の独立といった他の喪失もある年代であることから抑うつの危険性は高いことが推測できる。

8.3.3 がん医療と社会の連携

がん医療の使命は最善の医学的治療を患者に届けることであり，遺族ケアまで医療に含めるのか，遺族は医療者が関わる対象なのかという議論がある。カナダのがん専門医を対象にした調査では，半数以上がお悔みの電話や手紙といった遺族ケアを実施していることが報告された（Chau et al., 2009）。このような遺族ケアは医師の責任であるという見解が調査の以前から推奨されていたが（Bedell et al., 2001），この調査でこの見解を支持した医師は10％未満であった。そして，積極的に遺族ケアができない要因として，時間や資源のなさが報告された。このようにがん医療の中で遺族ケアを実施することには当然ながら限界が生じている。また日本では，遺族ケアは病院で家族ケア外来と称して診療として提供されたり，**緩和ケア病棟（ホスピス）**でお茶会などの集まりでサービスとして提供されたりしているが，その実態は十分には把握できていない。このように，遺族ケアでは，患者が属したがん医療と遺族が属する社会との連携，がん医療のアフターケアとしての遺族ケアの体制整備が今後の課題である。

8.4 がんで家族を亡くした遺族の悲嘆への介入

8.4.1 配偶者の悲嘆と対処行動

　日本の調査研究では，緩和ケア病棟で配偶者と死別した遺族の場合，精神的健康と対処行動の関係は，回避は関連せず，感情表出によって悲嘆が軽減することが報告された（坂口他，2001，2002）。浅井他（Asai et al., 2010）は，心理状態と対処行動の概念要素の同定は国内外で不十分であること（Stroebe et al., 2005）から，配偶者をがんで亡くした遺族24名を対象に，心理状態と対処行動の概念を同定する目的で半構造化面接を実施した。内容分析を用いて構成要素を同定した結果，心理状態は「不安」「思慕」「怒り」「抑うつ」「受容」「未来志向」の6テーマに集約され，対処行動は「回避」「気晴らし」「感情表出」「援助要請」「絆の保持」「再構築」の6テーマに集約された。また得られた構成要素を用いた質問紙調査をがんで配偶者を亡くした遺族821名を対象に実施し，探索的因子分析を行った結果，心理状態は"不安/抑うつ/怒り""思慕""受容/未来志向"，対処行動は"気そらし""絆の保持""社会共有/再構築"のいずれも3因子から成る尺度が得られた（表8.1，表8.2）。さらにこれらの尺度を用いて心理状態に関連する要因を階層的重回帰分析で探索した結果，対処行動は遺族や患者の個人属性と比較した場合に心理状態にもっとも強く関連したことから，対処行動が介入標的になり得る関連要因であることが示唆された（Asai et al., 2012）（図8.9）。

　さらに対処行動に関しては特定の因子の使用頻度だけでなく，それらの組合せといった側面も加味する必要があるとして，対処行動パターンを検討した研究も報告されている。たとえば遺族211名を対象とした研究で，対処柔軟性（対処行動として未来焦点型と外傷焦点型の2つを同程度の量で組み合わせて用いる能力）が低い遺族は悲嘆症状が強いこと，さらにはこの点に関してはアメリカと中国での差異はみられなかった（Burton et al., 2012）。わが国では坂口らが緩和ケア病棟で死別した遺族123名を対象にした横断研究で配偶者喪失後の対処行動を3つのクラスターに分類し，"故人との絆の保持志向で，これからの生活や人生に積極的に取り組もうとしない"遺族は精神医学的障害の

表8.1 死別後の心理状態尺度（浅井他，2013）

項目番号	項目内容
第1因子：不安・抑うつ・怒り（17項目，α = .95）	
20	感情がマヒした感じがする
22	神経が敏感になっている気がする
21	自分はこれからどう気持ちを整理しようかと心配になる
31	何かと疲れやすいと感じる
32	周りのことに関心が持てない
26	様々なことがわずらわしく負担に感じられる
25	死別後は以前より何かとイライラしやすい
30	何かを始める気になれない
19	気持ちに余裕がない
18	気分が不安定だ
23	死を身近に感じて心配になる
43	外に出たり人に会ったりしたくない
41	周囲からの言葉や態度を不快に感じる
24	自分だけこんなことになったのは不公平だ
27	孤独だと感じる
29	むなしさを感じる
1	故人がいないこれからの人生が心配になる
第2因子：思慕（18項目，α = .89）	
14	故人に感謝している
8	いつも故人のことを考えてしまう
9	故人が望むように生きたい
5	故人を思い出すとふいに涙ぐんでしまう
11	故人の遺品をそのままにしておきたい
4	ふとした時に故人がそばにいるような感じがする
17	故人を供養したい
3	故人の死を信じられない気がする
12	療養中に故人にしてあげられなかったことを後悔する
2	故人を思い出すのがつらい
10	故人の助けが欲しい
28	悲しいと感じる
42	夫婦連れをみるとうらやましいと感じる
13	自分の気持ちが回復するのは故人に対して申し訳ないと感じる
6	故人の代わりになる人はいない
44	周囲からの援助に感謝している
7	故人に似た人に故人の面影を感じる
16	故人の生前の行いを許したい
第3因子：受容・未来志向（9項目，α = .79）	
40	将来のことを考えられるようになってきそうだ
39	これからはどんな困難にも立ち向かえそうだ
36	自分の生きがいを見つけられそうだ
34	自分の気持ちが回復してきたと感じる
38	死別体験を他の人の役に立てたいと願っている
33	これまで自分がしてきたことに満足している
15	故人の死を受け入れられる気がする
35	介護から解放されてほっとしている
37	子供や孫を立派に育てて故人を安心させたいと願っている

表 8.2 死別後の対処行動尺度（浅井他，2013）

項目番号	項目内容
第1因子：気そらし（14項目，$\alpha = .77$）	
19	積極的に身体を動かす
16	社会や家庭での自分の役割をこなす
15	外に出かける
12	ぼんやりと時間を過ごす＊
17	規則正しい生活を送る
28	これからの自分の生きがいを探す
14	好きなことをして過ごす
18	努めて元気にふるまう
11	仕事などの目の前の課題に没頭する
27	故人の死を納得しようとする
20	小さなことでくよくよしない
32	周囲となにげない会話を交わす
13	援助を求めず自分一人でがんばる
31	周囲と連絡を取らない＊
第2因子：絆の保持（9項目，$\alpha = .79$）	
3	故人との思い出を振り返る
4	心の中で故人に話かける
2	故人の話をする
6	故人の写真や遺品を飾ったり，持ち歩いたりする
9	故人の遺品をそのままにしておく
7	故人が望むように生きる
8	故人に会えそうなところに行く
5	故人の墓参りをしたり，仏前にお供えをしたりする
22	一人の時に泣く
第3因子：社会共有・再構築（15項目，$\alpha = .74$）	
29	自分の死別体験を他の人の役に立てようとする
36	配偶者を亡くした経験がある人に相談する
30	故人の遺志を社会に役立てようとする
25	死や人生について理解しようとする
21	自分の気持ちを話す
26	死別後の自分の気持ちや対応を理解しようとする
23	話を聞いてくれる人の前で泣く
34	精神的な問題に対して専門家に相談する
35	市役所などの行政機関に相談する
24	自分の気持ちを書きとめる
33	家族や友人に相談する
38	法律や金銭の問題に対して専門家に相談する
10	周囲に故人の生前の話を聞く
1	故人を思い出す場面を避ける
37	信仰や宗教的なことに支えを求める

＊逆転項目

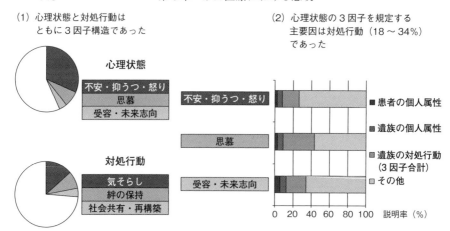

図 8.9 死別後の心理状態と対処行動 (Asai et al., 2012)

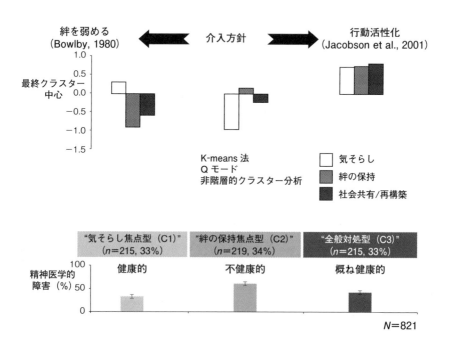

図 8.10 死別後の対処行動パターンと精神的健康 (浅井他, 2013)

リスクが高いことを報告している（坂口他，2001）。浅井らは，一般病棟も含めたがん専門病院で死亡した患者の配偶者821名を対象とした調査で，対処行動のパターンをクラスター分析で同定し3つのクラスターを得た（**図8.10**）（浅井他，2013）。それらは，"気そらし"は行うものの"絆の保持"や"社会共有/再構築"が少ない"気そらし焦点型"，"絆の保持"は行うものの"気そらし"や"社会共有/再構築"が少ない"絆の保持焦点型"，いずれの対処行動も積極的に行う"全般対処型"であった。また不健康的な対処行動パターンは"絆の保持焦点型"のみであり，遺族の約3分の1が属した。"気そらし焦点型"と"全般対処型"は健康的であり，それぞれ遺族の約3分の1が属した。この結果から，今後の介入研究の2つの方針を推奨した。第1は，健康的な"気そらし焦点型"を目標として，"気そらし"を増やし"絆の保持"を減らすというものであり，これは精神分析における愛着理論の介入方針に近い（Bowlby, 1980）。第2は，おおむね健康的な"全般対処型"を目標として，"気そらし"と併せて"社会共有・再構築"を増やすというものであり，これは認知行動療法におけるうつ病に対する行動活性化の介入方針に近い（Jacobson et al., 2001）。

8.4.2 対処行動への介入

がん患者を亡くした遺族を対象とした介入研究としては，キセイン他（Kissane et al., 2016）がアメリカで大規模な介入研究を実施し，その有効性を報告した。620名（170家族）を対象としたFamily-Focused Grief Therapy（以下FFGT）が悲嘆と抑うつを軽減することを無作為化比較試験で実証した。このFFGTは緩和ケアを受ける患者とその家族を対象とした緩和ケア期から死別後までの家族療法である。特徴としては，家族内のコミュニケーションスタイルや葛藤といった家族機能に着目し，家族機能が悪い家族のみを対象にしていることである。介入内容は問題解決や感情共有であり，約20年もの長期間に渡り一連の研究が実施された。

日本では，このような遺族の介入研究で有効性が検証されたものは実施されていない。浅井らは，日本でも悲嘆に対して遺族の対処行動が大きく影響する

こと（Asai et al., 2012），また"絆の保持焦点型"の対処行動パターンを介入で変化させることが有効であることを示唆している（浅井他，2013）。一方，日本では先祖崇拝や祭壇に供物を捧げるといった故人との絆の保持を促す行動も昔から広く容認されており（Yamamoto et al., 1969），故人との絆の保持は重要な対処行動であることから，絆の保持の行動をその内容ごとに保持するものと徐々に手放すものとに丁寧に弁別する作業が必要であろう。

8.5 まとめ

　がん医療では，さまざまな方法で検証された科学的根拠に基づく実践としてのエビデンス・ベースド・プラクティスが必要である。本章では，がん医療におけるさまざまな心理反応の中から，喪失という体験によって生じる悲嘆，とくに遺族の悲嘆に焦点をあてた。その中で著者らが実施した，エビデンス・ベースド・プラクティスを目指した，がん臨床の実践における事象の発見，国内外の研究知見に基づいた問題の同定，対象者への面接調査による質的研究をふまえた量的研究への発展といった一連の研究過程もデータとともに紹介した。このように，研究の原点は体験者である患者や家族の語る言葉であり，その内容を忠実にデータにすることで多くの新しい発見や展開があるのである。

第9章
犯罪被害者遺族の心理学

小林麻衣子

　私たちは，日々テレビ，新聞，スマートフォンなどでさまざまな事件の報道を目にする。時にはとても悲惨な事件・事故がある。人によっては目を背け自分には関係ない出来事として処理するだろうし，もしくは，しばらくの間はニュースを追い，社会的背景や加害者の病理について考え，独自に推理や判断をしたりするだろう。しかし皆，時間とともにそんな事件・事故があったことを忘れていく。
　とりわけ忘れがちなのは，多くの場合，事件・事故には加害者だけでなく，被害者がいることだ。被害者が亡くなった場合は，その家族がいる。世間がその出来事を忘れてしまった後も，「犯罪被害者遺族（以下，遺族）」となった人々が，大変な苦境を経験していることについて知っている人，知ろうとしている人はどれくらいいるだろうか。知ろうとする機会もないのかもしれない。遺族となった人々は声を出さない。自分が抱えている壮絶な体験をあえて語ることはしない。表面上は何事もなかったように，社会生活をこなしている。そうせざるを得ないような，周囲の偏見や誤解が存在していることも大きい。
　残念ながら，対象者へのリーチの難しさ等もあって，わが国の心理学分野では，遺族が受けるさまざまな苦痛や，司法制度から受ける理不尽さによる心理的ストレスについて，ほとんど言及されてこなかった。また，具体的に周囲からどのような支援を受けることが，その後の遺族の立ち直りに効果があるのかについて実証的な知見も乏しいのが現状である。
　本章では，親しい人を犯罪で亡くすという経験がもたらす影響について，悲嘆やトラウマ反応等，精神面の問題を紹介する。つぎに，遺族が事件後に経験する具体的な問題や必要としていることについて，遺族の手記，国内外の先行研究に加え，筆者が行った実証研究から紹介する。最後に，私たち一般市民にもできる被害者支援について提案したい。

9.1 親しい人を犯罪で失うということ —— 悲嘆とトラウマ，PTSD

どのような人でも，自分が大切にしていた人や物に別れを告げるのはつらい経験である。そしてその「喪失」によって自分の中に生じた，人やものと離れられない気持ち，苦痛，悲しい気持ちの持続など，当時のさまざまな感情を覚えている人もいるだろう。

ハーヴェイ（Harvey, 2002）は，**喪失**について「感情の面において自分の人生を投資したと思っているものごとを喪失すること」と定義している。そして，対象を喪失した後に生じる落胆や絶望といった心理プロセスを**悲哀**（mourning）といい，悲哀の過程で経験される主観的症状が**悲嘆**（grief）である（Bowlby, 1960；平山，1997 より引用）。

当然ながら，犯罪で家族を失った遺族には悲嘆症状が生じる。加えて，家族の暴力的な死という，突然の予期しない衝撃的な出来事（トラウマ）を経験したことによる，トラウマ反応を有するのも犯罪被害の特徴である。

本節では，犯罪によって家族と死別した遺族の心理について，喪失とトラウマに関する理論に加え，悲嘆や PTSD 症状の影響要因について実証研究を紹介する（病死等の一般的死別に関する悲嘆反応や適応については第 8 章を参照のこと）。

9.1.1 喪失と悲嘆

一般的な悲嘆反応は，一時的であり病的なものではなく，「正常な悲嘆」といわれる（中島，2016；坂口，2010；坂口・柏木，2000）。そして，悲嘆にはプロセスがあり，親しい人との喪失後いくつかの段階を経て，悲嘆は徐々に軽減され，人はふたたび社会に適応していく（悲嘆プロセスのモデルについては，第 8 章を参照）。

しかし，殺人のような暴力的な原因による死別への反応は，持続的かつ激しいものであると指摘されており（Armour, 2002），突然で暴力的な死や若年者の死，死を防ぐことが可能であったと遺族が認識している場合には，正常な悲嘆や悲嘆プロセスの枠組みをあてはめられないことが明らかになっている

（Asaro, 2001）。正常でない悲嘆に特徴的な心身の反応として，著しい睡眠障害，過剰な驚愕行動，恐怖症性不安障害，激しい恥辱感に加え，憤怒，不安，恐怖，罪悪感といった感情が含まれる（Armour, 2006）。こうした特殊な悲嘆の症状は「**外傷性悲嘆**（traumatic grief）」または「**複雑性悲嘆**（complicated grief）」と呼ばれ，慢性悲嘆，遅発悲嘆，誇張された悲嘆，仮面悲嘆といった様相が示されている。遺族が複雑性悲嘆症状を呈する背景には，死の様相だけでなく，周囲からの事件に関する否定的な態度や偏見が多いことや，遺族がそれまで抱いていた，人間の善性や物事の秩序に関する基本的な世界観がくつがえされてしまうことなどがあげられている（Armour, 2006）。

複雑性悲嘆のような症状には，精神科的介入が必要であり（坂口，2010），暴力的な死別や災害による死別では有病率が高いことが報告されている（中島，2016）。国内外の事件事故，災害によって家族や友人を亡くした人を対象とした調査では，複雑性悲嘆の有病率は，3〜4割となっていた（中島他，2009）。また，上田他（2017）が交通事故遺族を対象に行った調査では，複雑性悲嘆（Inventory of Complicated Grief；ICG）のハイリスク者は6割であった（379名中231名）。

9.1.2　トラウマとPost-traumatic Stress Disorder（PTSD）

トラウマ（trauma）というのは思い出すのも，口に出すのも辛い壮絶な出来事を経験することによって生じる，見えない心の傷である。本来は，「身体の傷」を示す用語であったが，今日では心の傷を指すときに使われることが多く，心的外傷という言い方をする場合もある（宮地，2013）。

壮絶な出来事とは，たとえば，戦争の体験，犯罪被害，強姦，児童虐待，性的虐待，家庭内暴力，いじめ，誘拐，事故，自然災害，火傷，外科手術，難民・捕虜体験のほか，人の死ぬ場面の目撃や，本章で取り上げている家族や友人の死などもトラウマとなりうる（小西，2006）。

このようなトラウマを経験した人の反応は，トラウマの種類，トラウマを受けた人の属性や，トラウマの種類によってさまざまであり，また同じ人でも症状は時期によって異なる（小西，2006）。しかし，共通しておこりやすい特徴

的な反応があり，中でも Post-traumatic Stress Disorder（＝**心的外傷後ストレス障害**。以下，**PTSD**）が代表的である。PTSD が疾患として概念化されたのは 1980 年代であるとされ，アメリカにおいてベトナム戦争帰還兵が呈した心理的問題への着目が土台となっている（宮地，2013）。日本では，1995 年の震災とテロ事件をきっかけとして，その概念について専門家やマスコミの関心を集めるようになった（大和田，2001）。

　PTSD の中核症状は，アメリカ精神医学会診断統計マニュアル第 5 版（DSM-5）の基準によれば，①再体験（侵入）（フラッシュバックや悪夢が繰り返される）②回避（トラウマ的な出来事を想起させるような刺激を避ける），③過覚醒（いらだち，精神的な緊張が続く，集中できない，不眠など），④否定的認知・気分（感情を感じなくなり心が委縮する，トラウマ体験の重要な部分が思い出せない，未来が委縮した感覚，強い自責，怒り，恥辱感など）で構成される。また，これらの症状が少なくとも 1 カ月間持続し，社会生活や日常生活に有意な苦痛もしくは機能障害を生じている場合に診断される。

　一般的にトラウマ体験 1 年後の PTSD 発症率は 10％ 前後ということがわかっている（宮地，2013）。大概の人は，時間の経過とともに回復していく。しかし，犯罪被害者遺族の PTSD 発症率をみると，使用している評価尺度に違いはあるものの，国外の研究では 4.8～40％（中島他，2009），国内の研究では 40.8～84.4％（諸澤他，2011；中島他，2009；白井他，2010 a）となっていた。これらの調査はどれも死別から 1 年以上経過しており，つまり，遺族の PTSD 発症率は非常に高い。

9.1.3　悲嘆反応や PTSD 症状への影響要因

　次に，こうした遺族の悲嘆や PTSD 症状に影響を与える要因について，実証研究から概観する。

　まず，遺族の属性では，女性であることや，子どもの死が複雑性悲嘆や PTSD のハイリスクになることが報告されている（Murphy et al., 2003 a；中島，2016；白井他，2010 b；Sprang & McNeil, 1998；上田他，2017）。

　死別からの期間と心理的症状の関連については，一貫した結果が出ていない。

9.1 親しい人を犯罪で失うということ

たとえば，有園他（2006）は，交通事故以外の事故被害者遺族と殺人事件被害者遺族7名を対象に，事件事故後27カ月と47カ月の2回面接を実施し，CAPS（Clinician-Administered PTSD Scale）という尺度を用いたPTSD症状，うつ状態，悲嘆反応の時間的経過による変化を観察した。時間経過とともにPTSD症状，うつ状態，悲嘆反応それぞれの総得点はいずれも減少していた。一方で，喜びの喪失や自分を責める気持ち（サバイバーズギルト），被害者の死を非常につらく感じる気持ちは変化なく高いまま維持されていた。中島他（2009）では，殺人・傷害致死，交通事故の被害者遺族73名のうち，PTSD（CAPS），大うつ病，複雑性悲嘆に該当した疾患群（23名）では，非疾患群と比較すると，死別からの期間が短い人が多かった（疾患群5年：非疾患群9年）。

反対に，時間の経過は悲嘆反応やPTSD症状に影響を及ぼさないという報告もある（Amick-McMullan et al., 1991；白井他，2010a；緒方他，2010；Sharpe et al., 2014；上田他，2017）。

刑事司法制度による精神症状へのネガティブな影響についても明らかになっている。刑事司法への不満が高いと，遺族の抑うつ，不安，PTSD症状が重くなる傾向があり（Amick-McMullan et al., 1989；Freedy et al., 1994），刑事司法との関わりが，事件によって受けた影響をさらに悪化させているという指摘がある（Gekoski et al., 2013；Parsons & Bergin, 2010）。

一方で，支援の授受は，遺族の精神症状に良い影響を及ぼすことが分かっている。たとえば，身近な人からのサポートは，公的な支援と比較すると，提供されるだけでも遺族の満足度が上がることが報告されている（小林・諸澤，2008）。こうした実行されたソーシャルサポートは，女性（53名）の場合に悲嘆軽減効果が示されている（Sprang et al., 1993）。

なおかつ，周囲のサポートは知覚されただけでも，効果があることが報告されている。交通事故遺族171名を対象とした研究では，「周囲が助けてくれるだろうという認知」（知覚されたソーシャルサポート）の増加により，PTSD症状や悲嘆症状が低下していた（Sprang & McNeil, 1998）。また，知覚されたソーシャルサポートは，子どもを犯罪で亡くした母親のPTSD症状に軽減

効果が見られている（Bailey et al., 2013；Murphy et al., 2003 b）。

さらに，子供を犯罪で亡くした母親（69名）に関しては，道具的サポート（生活に関連するサポートや，葬儀の手伝い，行政機関への付き添い等）によるPTSD症状の軽減効果が報告されている（大和田，2003）。そのほか，遺族の感情に対する受け止めや理解，遺族の故人に対する位置づけへの配慮，情報提供といった状況に応じた情緒的，道具的サポートによって，遺族の他者に対する信頼感の回復につながる事例も報告されている（田中，2007）。

本節では遺族が経験しうる精神症状と，その影響要因について紹介した。次節では，その他に遺族が直面する心理的な苦痛や，生活上の困難，社会関係の変化や司法との関わりについて実情を具体的に紹介したい。

9.2 犯罪被害者遺族となってから知ること
9.2.1 事件・事故後の心情，二次被害

犯罪被害は他人の加害行為を原因として発生する。被害者側にとっては，他人の悪意を受けたことに傷つき，怒りを覚えるのは当然であり，遺族は特有の心情と問題に直面する。

殺人事件の遺族に特徴的なのは，激しい怒りと罪責感である（Masters et al., 1988）。怒りは加害者や社会だけでなく，被害者を守れなかったという理由で他の家族にも向けられる。他方，罪責感は，被害者を守り，事件を予測し，それに対してより早く対処できなかった自分に対して向けられる。

遺族が受ける影響は，心理面にとどまらず行動面にも波及し，自殺行為，回避行動，薬物・アルコール乱用，喫煙の増加等があげられている（Mezey et al., 2002；Thompson, 2007）。

さらに，遺族の周囲には，殺人事件だということに衝撃を受け，遺族を避ける，もしくは逆に押しつけるような態度をとる人や，遺族を疑いの目で見るような行動をとる人がいる（Armour, 2006）。悪意がなくとも，遺族の心情を無視した言動に遺族が傷つけられることは多い。たとえば，大和田（2003）を参

考にすると,「元気を出して」「がんばって」「私だったら気が狂うかも」といった強くなることを奨励するような言葉をかける,「保険金が入るからよかったね」など事件についての詮索やうわさを流すこと,「運命だった」「運が悪かった」と亡くなったことへの勝手な意味づけするなど,すべて遺族の心を傷つけ,社会に対する気持ちを閉ざすような言動である。また,警察や検察,裁判など,司法との関わりは,多くの場合遺族の司法に対する不信感を高める経験として語られている（次項参照）。

こうした直接の被害（家族を亡くすこと）をきっかけとして派生する,周囲の人間や司法制度から受ける不適切な対応は**「二次被害」**（小西,2006）と呼ばれる。二次被害を多く受けた人ほど,その後の精神的健康や主観的回復度が低いことが報告されている（中島他,2009；大和田,2003；上田他,2017）。

9.2.2 事件・事故後に遺族が経験する出来事や問題

また,周囲の対応だけでなく,被害に遭ったことで生じたその他の環境変化（多くの場合,解決に困難が生じるもの）も二次被害とみなされる。

具体的に被害後に起きる問題について,コバヤシとドゥーシッチ（Kobayashi & Dussich, 2009）は,殺人事件の遺族12名,交通事故の遺族2名の自由記述から,事件発生直後から1年までの間に生じる犯罪被害特有の出来事を探索的に分析した。この研究では,被害からの時期を「被害直後」「1週間後」「半年後」「1年後」と分け,生じた問題を「心身面での問題」「二次的被害」「生活面での問題」「司法面での問題」別に時系列に整理している。遺族が被害後どのようなことに直面するか,**図9.1**の上段部分（「出来事」「問題」）を参照にしながら,回答した遺族の記述（Kobayashi & Dussich, 2009）とあわせて紹介したい。

1. 被害直後の問題

直後の「心身面の問題」をみると,突然の出来事に直面し"精神的な混乱"が生じている。そして精神的混乱の中で次々と"故人を送る作業（司法解剖後の遺体引き取り,通夜・葬儀の準備等）"にせまられるため,その対応に遺族はさらに疲弊していた。

カテゴリー	被害直後	1週間後	半年後	1年後
出来事	警察での事情聴取・現場検証 司法解剖 通夜・葬儀	警察の事情聴取・現場検証 検察の事情聴取・捜査 裁判前の準備	裁判 職場への復帰	裁判
問題 心身面での問題	精神的な混乱	うつ状態・混乱	身体的不調	身体的不調 加害者が捕まらない恐怖
二次的被害	故人を送る作業の辛さ 報道被害	葬儀社とのトラブル		地域での息苦しさ（偏見・うわさ）
生活での問題	気持ちを無視した対応 事件前の生活継続	故人に関する事務的作業 被害者の人際対応 家族の不和 介護	金銭的困難 医療面での困難 仕事への困難	家庭と仕事の両立 金銭的困難 捜査協力や裁判による仕事への支障
司法面（加害者含む）での問題	警察への不信感	捜査に関する情報が提供されない 捜査協力への負担	刑事司法システムへの不満 加害者や弁護人に対する怒り 検察への不信感 法律知識がない中での事件対応	
ニーズ 心理的支援		そっとしてほしい 心のケア		他の遺族の支援（心理面）
二次的被害に対する対策	マスコミ対応（報道側の配慮）		職場でのサポートや配慮	地域社会の理解
具体的支援	故人に関する事務的手続きの援助 司法解剖後の遺体の搬送	周囲の人の全般的な支援		
生活支援	食事や買い物		日常生活での助け	経済的支援 税金や相談の特例措置
専門性が必要な支援	相談や助言	被害者の権利擁護	きょうだいのケアや保護 被害者の状況に応じたサービス 医療機関の配慮 報道機関からの情報提供	
司法手続関与・司法支援		警察からの情報提供 弁護士紹介	裁判参加制度 公判日程の通知 裁判の付き添い	他の遺族の支援

図 9.1 被害直後から1年間に生じる問題とニーズ (Kobayashi & Dussich, 2009 を参考に著者作成)

司法解剖は，多くの遺族から語られる辛い経験の一つである。被害者は暴力を受けて亡くなっていることが多く，変わり果てた姿になった遺体対面時のショックは計り知れない。この上さらに解剖によって切り刻まれるのは，遺族にとって耐えがたい承諾を迫られることになる。また，解剖の前には遺体に触れることも許されず，事後は棺に入った状態で遺体を引き取ることになる。なぜ，あのとき止められても被害者を抱きしめてやれなかったのか，とずっと悔やむ人もいる。さらに，帰宅すると自宅周辺を多くのマスコミが囲んでいることもある[1]。

「司法解剖終了後の遺体の引き取りもつらいことでした。自宅に1度は連れて帰ってやりたかったのですが，自宅をあれだけのマスコミ関係者に取り囲まれていると，そんな小さな思いもかなえられませんでした。」(50代男性)

このような「報道被害」に悩まされた人も多く，報道被害は被害後1年経っても継続した問題として認知されていることが図9.1からわかる。

そして，被害によって発生した事柄への対応に加え，"事件前の生活の継続が困難" という問題も生じている。上記のような報道被害のために，買い物や通勤通学等の外出ができないケース，家事や買い物ができるような精神状態にまったくない状態，配偶者（妻）が亡くなったために，遺された夫は家や子どものことをどうして良いか分からない等，生活上の問題は深刻である。

「生きていくうえに必要な物の買出しをできる状態ではありませんでした。実際，妻は食事の用意をしたりとか掃除洗濯などの普通の生活に必要なことができる精神状態ではありませんでした。」(50代男性)

「洗濯，炊事など家事全般。通帳など何がどこにあるのかわからず困った。」(40代男性)

2. 被害から1週間後の問題

事件発生から1週間ほど経つと，さらに多くの問題が発生していた。心身面での "うつ状態・混乱" は，回答者の半数がこの時期の問題としてあげていた。

「何かをしようという気力が全然起きてこない状態だった。」(50代男性)

---

[1] 遺体発見や対面時の遺族の苦境については，土師（1998）『淳』（新潮社）を参照。

「眠れない日々が続いた。」（50代女性）
「頭の中は真っ白で涙の出ない日はなかった。」（70代女性）
等，うつ的な心理状態を示すものが多かった。

そして，生活面では一般的な家事や食事の準備に加え，各遺族のおかれた状態によって，さまざまな問題が生じていた。たとえば，ある遺族は，被害者が負傷し，しばらくの間存命だったため，"被害者の入院対応"をしながら高齢家族の"介護"も担わねばならず，手が足りない状態で疲労しきっていた。

「夫の入院の付き添いと，同居していた93歳の姑の介護と，警察への対応とで疲労困憊。子どもたちも会社を休み手助けしてくれたが，それでも手が足りなかった。正常な判断は出来ていなかったと思う。」（60代女性）

また，この時期に生じる出来事として，警察の捜査に関連した事柄に遺族は直面する（「司法面（加害者含む）での問題」）。加害者が逮捕されない中，"捜査に関する情報が提供されない"というストレスと不安，そして心身や生活面での疲労を抱えながら，日々警察へ出向き事情聴取に協力しなければならないといった"捜査協力への負担"も遺族は強いられることになる。

「警察からの情報がほとんどなく，状況が分からなかった。」（50代男性）
「新聞に身元不明の死体とありました。5日後の新聞に写真が出て，初めて息子と分かりました。一人だったので，家の雨戸を閉めて毎日警察に行きました。そのとき私は70歳でした。体はきつく，頭の中は真っ白で涙の出ない日はありません。」（70代女性）

3. 被害から半年後の問題

半年後になると，さまざまな「司法関連の問題」が顕著となっていた。具体的にみると，"法律知識がない中での事件対応"には，司法の専門家を探す苦労があげられていた。

「法律の知識もなく，何もかも困りました。」（70代女性）
「交通事故を扱った経験のある弁護士が誰かがつかめなかった。」（50代男性）
そして，事前の準備に困難を要する中で裁判が始まると，"刑事司法制度に対する不満"が生じている。

「公判で被告がウソを言っているのに，指をくわえて聞いているだけ，反論

も出来なかった。」(50代男性)

「裁判で加害者に問いただせない。加害者の一方的陳述に反論できない。」(60代男性)

また，裁判の過程で，加害者や被告弁護人への怒りも生じていた。

「被告弁護人が嘆願書に署名を強要してきた。」(50代男性)

「加害者はもちろん，加害者の親からも謝罪もなく苦しみました。」(50代女性)

上記のように，事件発生から半年になるこの時期は，直後からの問題が継続する中で，あらたに司法関連の困難が多く生じていた。一般的に，刑事裁判が始まる頃であり，被害に遭わなければ無縁であったはずの，検察庁や裁判所に頻繁に通わなくてはならなくなる。法律知識がない中で，とくに困るのは，前述したように信頼できる弁護士を探す作業である。

そして，裁判が始まれば，遺族はさらなるストレスを受けることになる。目の前で加害者がウソと分かるような供述を始めても，傍聴席に座って聞いているだけしかできない。反論ができない。加害者に，なぜ家族を殺したのか，問いただすこともできない。遺族であるのに司法手続の蚊帳の外におかれ，自分たちの意見は何も言えないまま裁判が進む，という不満，怒りや苦しさが吐露されていた。

そして，事件後半年から"身体的不調"が生じることにも注目したい。

「半年までに体重は7キロ減り，おなかの具合が悪くなり血便まで出るようになり，1カ月くらい病院に入院しました。結果は精神的と診断されました。」(70代女性)

4. 被害から1年後の問題

被害から1年が経つと，さらに長期的な日常生活上での問題が残存し，もしくは形を変えて生じている。

「生活面での問題」では，長引く裁判のために"家庭と仕事の両立"に支障がでているケースがみられた。

「自営業だが，事件後警察での聴取や，現場検証その他公判の傍聴などのため仕事をキャンセルした影響か，発注量が半分以下に落ち，収入の激減となっ

てしまった。」(50代男性)

　また，この時期に特徴的といえるのは，"地域での息苦しさ"であった。被害に遭ったことによる，長期的な心的負担から生じた遺族自身の心境の変化や，偏向報道等の影響から近所でうわさが広がるなどして，周囲の人々の態度に変化が生じていた。

　「人目が気になりだして，次第に住み辛さを実感した。」(60代男性)

　「事件直後は同情していた周囲の人々が，手のひらを返したように冷たい態度を取り，地域で孤立していった。ある人は『いつまで引きずっているのよ』と暴言まで吐いた。」(50代男性)

　遺族の心情や実情が周囲に理解されないまま時間が過ぎ，誤解や偏見によって日常生活を営む場で遺族が孤立していくという，まさに二次被害の典型例といえる。

　ここまで，事件後に遺族が経験する数々の困難について事例を参考に紹介した。犯罪被害の特徴は，必ず刑事司法との関わりが生じる点であり，司法制度は被害者や遺族にとって，多大なストレスを与えるものとして認知されている。そうした苦痛に加え，家族を理不尽なかたちで失ったという経験は，遺族の心だけでなく，身体の健康もむしばんでいく様子がうかがえた。加えて，自分たち自身のことだけでなく，本来サポート源であるべき周囲の人々からの心ない言動や対応，すなわち二次被害によってさらに遺族が苦痛を負うことも明らかとなった。二次被害は，極力避けられるべきであり，次節では，遺族の被害回復という視点において，周囲の人々がどのようなかかわり方が適切で可能であるのかを考察したい。

9.3　遺族を助ける——私たちができる支援

　遺族が経験する，捜査や裁判に関する経験の大変さや，複雑性悲嘆・PTSD症状などの心理的な苦痛を目の当たりにすると，遺族に対する手助けは専門家しかできないのではないか，と思うかもしれない。

9.3 遺族を助ける

しかし，先行研究が示すように，周囲の人々がどう遺族に対応するか（二次被害を与えるのか，サポートを提供するのか）によって，遺族の精神症状は良いようにも，悪いようにも影響を受ける。ハーマン（Herman, 1992）は，『心的外傷と回復』の中で，回復の基礎とは，被害を受けながらもその後生きる人に「有力化（empowerment）」を行い，「他者との新しい結びつきを創る（creation of new connection）」ことであると述べている。つまり，人との関わりによって人は立ち直ることができる。宮地（2013）が指摘するように，心のケアとは「『医療行為』を超えて，社会の関わりや理解，サポートのための資源が不可欠」（pp.23）なものである。すなわち，社会全体でトラウマを負った人への共感と，当事者主体による回復を支援する環境を作っていくことが，真の共生社会ではないだろうか。

では，自分たちが身近な支援者となったとき，私たちには何ができるだろうか。

図9.1をもう一度見てほしい。下段には遺族の支援ニーズが時系列で示されている。このうち，「心理的支援」「生活支援」は周囲の人々が担える部分である。とくに「生活支援」に含まれている，"食事や買い物"は事件から半年後も続くニーズである。事件直後はしばらく食事ものどを通らない遺族が多いが，配偶者を亡くした男性や，被害者に幼いきょうだいがいる場合は，食事の差し入れが役に立つだろう。遺族が外に出かける気力もないときは，自分の買い物のついでに必要なものを買ってくることもできる。飼っているペットの散歩に気が回らなくこともあるので，少しの期間預かることや，しばらく散歩の代行をすることもできる。必要なのは，できる限り生活上は被害前とかわらず過ごせるように，周囲が遺族の状況を鑑みながら，押しつけず，遺族の選択を尊重しながらサポートしていくことである。

「心理的支援」に含まれる，事件から1週間後は"そっとしてほしい"というのは，決して放置し無関心でいることではなく，余計な詮索や親切を押しつけることなく，なにか困ったことがあったらいつでも助ける，心配はしている，という見守りが求められる時期だろう。

一方で，遺族に接するにあたってどうしたらよいか分からないかもしれない。

表9.1 傷ついた人の話を聞く際の留意点（小西，1998を参考に筆者作成）

1.	ゆっくりと話を聞く	話そうとしているのに話せない人はそれだけ傷つきが大きい
2.	話の腰を折らない	話題を変えて気を楽にしようとするのは逆効果
3.	安易な扱いをしない	その人の傷を他の人と絶対に比較しない
4.	感情を受け止める	自分の道徳観や宗教観を押し付けない
5.	悲哀を尊重する	十分な時間をとる
6.	罪悪感を取り除く	「悪いのは加害者」 どうしてそう思うか，ちゃんと聞いた上で「あなたは悪くない」と伝える
7.	怒りを認める	怒り感情を受け入れることと，行動（暴力）を受け入れることはちがう（自分の身は守る）
8.	強くなることを勧めない	そう見えるようにふるまっているだけかもしれない

注：恐怖を和らげる，については専門的スキルが求められるため除外した。

小西（1998）は傷つきを持つ人の話を聞く際の留意点についてあげている（**表9.1**）。

少しの知識があるだけでも，無用な二次被害を防ぎ，遺族に寄り添うことは可能である。しかし実際に，本当に大変な経験をした人を前にして，なにもできないかもしれない。傷ついた人に向き合うとき，自分自身も傷つき，その人の役に立てることなど，なにもないという無力感とともに燃え尽きてしまうことがある（支援者の心理的ストレスについては，第10章，第11章を参照）。

それでも，トラウマを負った人を理解しようとし，抱えている問題を知ろうとすることは，そしてただそばにいることも十分な支援となりうるはずである。最後に，遺族の手記を紹介する。

「私たちひとりひとりの中に，乗り越える力があるのだと思います。そして誰かを助けられる何かの力があるのだということをこれまでの活動の中で知りました。同じ悲しみを共有するひとにしか出来ない支援があり，また，客観的で冷静な判断をもつ，同じ悲しみを持たない人にしか出来ない支援もあります。悲しみや苦痛に寄り添いながら，不幸の沼の底に共に落ち込んでいくことのない支援です。」（犯罪被害者白書，2009）

9.4 まとめ

　本章では，暴力犯罪および交通事故による犯罪被害者遺族について，事件後に抱える問題，そして遺族に特徴的な精神症状について紹介した。

　事件後は，時系列でさまざまな問題が浮上するとともに，支援へのニーズも時期によって異なっていた。支援はただあればいいのではなく，そのときの遺族の属性や状況をよく理解し，ニーズにマッチするような提供を行うことが望まれる。

　そして，犯罪被害による家族の喪失は，遺族に悲嘆症状を生じさせ，またトラウマとしてその後もPTSD症状など，重篤な精神症状をもたらす。遺族の属性による違いを考慮した精神医療的な専門的介入も必要であるが，実証研究からは，周囲の対応や社会制度のありかたによって，被害後の遺族の精神的な回復をよくも悪くもさせるものだということが明らかになっている。

　日々を暮らしているこの社会において悲惨な事件や事故が起きたことについて，果たして私たちに責任がまったくないといえるだろうか。犯罪の被害に遭った人，家族を亡くした人々に対して，社会全体で，被害者や遺族に対して支援的な環境を構築していく責務があるのではないだろうか。被害者や遺族心理への理解や支援の拡充は，皆がより生きやすい社会につながっていくことでもある。また，被害者や遺族心理の理解は，どの人々にも起こりうる喪失やトラウマ的な経験を乗り越える道しるべとなるだろう。

　そして，対人援助に関する臨床心理学や社会心理学分野の知見は，今後の被害者・遺族支援に学術面，臨床面で貢献できる部分が大きくあると確信する。

第10章
消防職員の惨事ストレス

兪　善英

　突然の出来事によって精神的に動揺したり，不安，不眠になったり，無力感を感じたり，出来事に関する不快で苦痛を伴う記憶が突然蘇ってきたりした経験があるだろうか。災害，暴力，深刻な性被害，重度事故，戦闘，虐待など，命の安全が脅かされるような出来事によって強い精神的衝撃を受けることをトラウマ（心的外傷）体験という。職務上危険に曝されやすく，繰り返し悲惨な状況を目にせざるを得ない救援者集団はこのようなトラウマ体験からどのような症状を経験し，どういうふうに乗り越えるのであろうか。救援者集団の中でもチームで動き，男性性の強いと思われる消防職員のことを考えてみよう。大きな火災を鎮圧したり（消防），被災者を助け（救助），救急患者を移送しなければならない（救急）消防職員は，職務上直接・間接的にトラウマになりうる体験に反復的に暴露されざるを得ない。このような消防職員の場合，現場活動によるストレス症状や周りとの関わり方には一般人とは異なる特有性がうかがえる。本章では，消防職員が現場活動によって経験しうるストレス症状，ストレス経験に関する周りとの関わり方とメンタルヘルスの関連について紹介する。

10.1　消防職員の惨事ストレス

　本節では消防職員の惨事ストレスの特徴について，職務特性，衝撃を受けた災害への出場経験，衝撃的な災害現場における活動時の症状とPTSD，の順で紹介する。

10.1.1　災害救援者の惨事ストレスの特徴

　災害救援者における**惨事ストレス**のもっとも大きな特徴は，災害の中で人を助けなければならない業務特性と，その特性に起因する業務内・外的環境があ

げられる。

　松井（2005）は災害救援者の職務特性が生むストレスとして，①義務としての出動，②職務意識，③組織風土，④社会的期待，をあげた。また，ペイトン（Paton, 2006）は次のような理由から職業的救援者と一般人の外傷後成長は区別される必要があると指摘した。第1に，職務上災害や事故などの外傷性ストレッサーに繰り返して曝される。第2に，職業的救援者を職務として選択した理由には，人を助けたいという動機づけが主に働いている。第3に，外傷性ストレッサーに曝される危険性の高い職種であるにもかかわらず，職業的救援者は自発的にこの職業を選択している。第4に，職業的救援者は職務遂行や組織的活動の中で外傷性出来事を経験している。すなわち，職業的救援者は繰り返して外傷性出来事に暴露されるリスクをもっているものの，職務意識や人を助けたいという動機づけから救援活動を自発的に選択しているため，救援者集団の特有性を取り入れた一般人とは異なるアプローチが必要であろう。

10.1.2　衝撃を受けた災害への出場経験

　では，消防職員は実際にどのような経験をしているのであろうか。全国の消防職員を対象に調査した消防職員の現場活動に係るストレス対策研究会（2003）によると，回答者1,516名の中で調査時点までの過去10年間において衝撃を受けた災害へ出場経験があると回答した消防職員の割合は58.0％であり，衝撃的な災害時の体験内容として「死体をみたあるいは死体に触れた」（51.7％），「死体が凄惨あるいは衝撃的な災害であった」（48.0％）などがあげられている。また，東日本大震災の被災地へ派遣された消防職員を対象とした調査（畑中他，2011）からは「大規模な津波の被害地だった」（86.1％），「余震がひどかった」（43.5％），「死体をみた，あるいは死体に触れた」（31.8％），「また津波が来るかもしれない危険性があった」（29.0％）など，危険性の高い環境で救助作業を行ったことが報告されている。すなわち，半数以上の消防職員が日常的業務において衝撃的な災害へ出場した経験をもち，死者に触れたり目にすることや身の危険を感じる環境での作業などのトラウマになりうる体験をしていることがわかった。

10.1.3 衝撃的な災害現場における活動時の症状とPTSD

トラウマ体験直後の数日から数週のうちに，恐怖や睡眠障害，集中困難といった経験をすることはよくあるが，ほとんどの人にとって，困難が生じるのは外傷直後のみで，その後数カ月以上かけて症状は自然におさまってくる (Feeny et al., 2007)。

東日本大震災の被災地へ派遣された消防職員が被災地での活動で経験した身体的あるいは精神的な状態をみると，「被害者や，被害者の家族に強く同情した」(42.2%) と「もっと役に立てないのかと自責の念にかられた」(40.4%) が4割強ともっとも多く回答された。「活動中，みた情景が現実のものと思えなかった」(37.2%) や「強い余震が心配だった」(29.0%) も3割弱と多くみられた。一方，「以上のような症状や状態は全くなかった」は11%であった（畑中他, 2011）。消防職員の現場活動に係るストレス対策研究会（2003）による調査結果においても，「活動中に受けた衝撃が，数時間しても目の前から消えなかった」(40.8%)，「活動中，見た状況が現実のものと思えなかった」(37.6%) などの症状が報告されている。さらに，「以上のような症状や状態は全くなかった」と回答した割合は9.5%を示しており，畑中他（2011）と同様に9割の消防職員に凄惨な現場での活動がもたらすストレス反応が生じていたことが分かった。

畑中他（2007）は消防職員の現場活動に係るストレス対策研究会（2003）のデータを基に，消防職員のPTSD予防チェックリストを作成した。具体的には，消防職員が現場活動によって経験しうる身体的・精神的状態の中でPTSD症状と関連の高い項目を整理し，その合計得点からPTSDになりやすい危険度を提示している。表10.1におけるストレス反応が4つ以上みられた場合は，帰署後の経過について配慮することが望ましく，8つの反応がみられた場合は心理的影響が強いため何らかの対応が必要であると指摘している。

表 10.1　消防職員の PTSD 予防チェックリスト（畑中他，2007）

1	胃がつかえたような感じがした
2	吐き気をもよおした
3	強い動悸（どうき）がした
4	身震いや痙攣（けいれん）を起こした
5	活動中，一時的に頭痛がした
6	隊長や同僚の指示が聞こえづらくなったり，音がよく聞こえなくなった
7	寒い日なのにおびただしい汗をかいた
8	自分や同僚の身にとても危険を感じ，その恐怖に耐えていけるか心配になった
9	活動中，見た情景が現実のものと思えなかった
10	とてもイライラしたり，ちょっとしたことでも気にさわった
11	わけもなく怒りがこみあげてきた
12	現場が混乱し，圧倒されるような威圧感を受けた
13	活動する上で，重要なものとそれほどでないものとの判断が難しくなった
14	資機材をどこに置いたか全く忘れてしまい，思い出せなかった
15	活動中に受けた衝撃が，数時間しても目の前から消えなかった
16	活動が実を結ばない結果に終わり，絶望や落胆を味わった
17	とても混乱したり，興奮していて合理的な判断ができなかった
18	一時的に時間の感覚が麻痺（まひ）した
19	目の前の問題にしか，考えを集中することができなかった

10.2　消防職員のストレス開示

10.2.1　消防職員は救援活動の後に強いストレスを感じても人に話せない？

　消防職員のイメージを思い浮かべると，男性的で無口なイメージをもっている人が多いかもしれない。このような社会的イメージは消防職員のメンタルヘルスとどのようにつながっているのであろうか。

　ホージェン他（Haugen et al., 2012）は「同僚や上司より否定的に評定されるかもしれない」という**スティグマへの懸念**（concerns of stigma）が消防職員にも存在しうることを指摘した。ホージ他（Hoge et al., 2004）によると，アメリカの軍人における精神健康サービスの利用に対する周りの評価を心配するスティグマへの懸念には，「自分のキャリアに悪影響をもたらしそうだ」「弱

10.2 消防職員のストレス開示

く見られそうだ」「上司から批判されそうだ」などがあり，精神障害を有している群がそうでない群より周りからのスティグマを懸念する比率が 2 倍近く高かった。松井（2005）もこれらの知見と同様に，災害救援者が一般市民から期待をかけられることにより，救援活動の後に強いストレスを感じても人に話せない恐れがあることを指摘している。ゴールドスタイン（Goldstein, 2005）は警察を対象とした調査で，ピアサポートプログラムへの参加経験率は低いものの，参加したグループのスティグマ懸念が有意に低かったことを報告している（ピアサポートプログラムの詳細は「コラム 4」参照）。

　このように消防職員が感情表出を抑制しなければならない環境に置かれていることや，感情表出への否定的態度は消防職員の外傷性ストレス症状を増加することが報告されている（Scott & Myers, 2005；Lowery & Stokes, 2005）。畑中・松井（2003）によると，消防職員において惨事ストレスに関して同僚・家族に話していない群のほうが，同僚のみに話している群や家族のみに話している群より精神的に不健康であった。阪神・淡路大震災に早期に出場した消防職員と被災地内に居住していた消防職員を対象とした調査結果（兵庫県精神保健協会こころのケアセンター, 1999）からは，3 カ月後に比べ 13 カ月後に職場や家庭で震災時の活動体験を話した量が減衰していた群は，IES（Impact of Event Scale；Horowitz et al., 1979）の再体験症状，IES の回避症状，総得点ともに低く，惨事ストレス反応が低いことが明らかになった。一方，3 カ月後も 13 カ月後も開示量の乏しい群は，回避症状のみならず再体験の症状も強くなっていた。

　では，実際に消防職員はストレス経験について誰にどの程度話しているのであろうか。兪・松井（2012）が消防職員のストレス経験について話す相手を調べた結果を**表 10.2** に示す。この結果からみると，消防職員が経験したストレスについて「同所属の同僚」に話す割合が 6〜7 割でもっとも高く，その次が「妻（夫または恋人）」「他所属の職員」「上司」の順であった。「妻（夫または恋人）」に話す割合は 3〜4 割程度で，「他所属の職員」に話す割合は 2〜3 割程度であったが，「職場でどれだけ大変だったか」「同僚とのトラブル」「上司（あるいは部下）とのトラブル」のように，同所属の職員には話しにくいと思

表 10.2 ストレス経験の経験人数とストレス開示相手（開示相手として肯定した比率，%）
（兪・松井, 2012）

	経験した人数（名）	経験率	妻（夫または恋人）	同所属の同僚	上司	他所属の職員	その他	誰にも話していない
救助できなかった心残り	221	40.4	37.1	71.0	19.0	24.9	6.3	10.0
生々しい現場の話	461	83.2	31.9	74.0	18.9	25.8	5.4	7.6
場面が思い浮かぶつらい気持ち	297	53.6	34.3	70.4	18.9	25.8	5.4	7.6
精神的に動揺した経験	302	54.5	35.1	68.9	17.2	21.2	4.6	12.9
現場の大まかな状況	400	72.2	35.8	74.0	24.5	26.8	5.0	5.0
現場での些細な間違いや，失敗した経験	492	88.8	24.4	78.9	25.6	28.3	2.0	6.1
職場でどれだけ大変か	471	85.0	42.5	70.5	18.7	30.1	6.2	4.9
被害者の家族とのトラブル	197	35.6	29.9	74.6	37.1	22.3	4.1	8.1
同僚とのトラブル	246	44.4	42.3	60.6	26.4	30.5	6.1	8.5
上司（あるいは部下）とのトラブル	272	49.1	39.3	62.9	27.6	30.1	6.3	8.5

われる職場内の対人関係について話す割合は相対的に高くなっていった。すなわち，消防職員はストレス経験についてほとんど同僚職員と共有しているが，内容によっては「妻（夫または恋人）」「他所属の職員」に話す場合もあることがわかったのである。一方，「救助できなかった心残り」「精神的に動揺した経験」については1割を超える人が「誰にも話していない」と回答していた。

10.2.2 親しい他者にストレスについて話さない理由

無口のように思われる消防職員であってもほとんどのストレス経験について誰かには話しているものの，心残りや精神的動揺を引き起こすストレス経験については「誰にも話さない」場合もあることがわかった。では，その理由はどうであろうか。

兪（2010b）の消防職員を対象とした面接調査結果では，配偶者にストレス経験について話さない理由として「守秘義務」「仕事を家に持ち込まない」「話しても分かってもらえない」「あまりいい話ではないため聞いてきても話した

10.2 消防職員のストレス開示

くない」「家で現場のことを思い浮かべたくない」「心配させたくない」などがあげられた。また，同僚職員にストレス経験について話さない理由としては「同僚にも弱音は吐かないようにする」「現場でも信頼できる人にしか話さない」「現場ではライバル関係などで弱みを見せたくない」「配偶者との話では共感を求め，職員との話では情報提供を求める」などがあげられた。畑中（2011）は，ストレス経験について同僚・家族に話していない群において他群（同僚もしくは家族に話している群）より「相手の迷惑になるので，話さない方が良い」「消防職員の職務が厳しいのは当然であり，誰かに話すようなことではない」「誰かに話して解決するとは思えない」「話しても無駄だと思う」「信頼して話ができる相手がいない」などの項目への肯定率が有意に高かったことを報告している。

　上記の内容は消防職員を対象とした調査結果から得られた知見ではあるが，「守秘義務」や「消防職員の職務が厳しいのは当然であり，誰かに話すようなことではない」を除くと上述の理由で周りの人にストレス経験について話さないことは消防職員特有のこととはいえない。社会心理学の研究では，大学生を対象とした調査より開示抵抗感（遠藤，1994；片山，1996；松下，2005）や抑制的会話態度（河野，2000），自己開示抑制（榎本，1997, 2005）や会話場面における発言の抑制（畑中，2003）の理由に関する知見が得られているが，ストレス経験に関する開示の抑制に焦点を当てた検討は行われていなかった。また，開示抵抗感の研究においても開示抵抗感と精神的健康の関連については検討が不十分であったため，兪・松井（2012）は親しい他者に対してストレス経験について話すことを控える態度をストレス開示抑制態度と命名し，精神的健康への影響を検討した。親しい他者に対するストレス開示抑制態度（**表10.3**）は弱みの隠蔽，自己解消，相手への配慮，あきらめ，気晴らし希求の5因子で構成され，親しい他者（配偶者，恋人もしくは親友）を想定してストレス経験について話すことを控える態度を測定している。

　消防職員における配偶者へのストレス開示抑制態度とストレス開示量，精神的健康との関連を見ると（**図10.1**），消防職員のストレス開示抑制態度の中で「あきらめ」は職務ストレスおよび惨事ストレスの開示を抑制し，直接的には

表 10.3　親しい他者に対するストレス開示抑制尺度 30 項目版（兪・松井，2012）

弱みの隠蔽	私は A さんには弱みを見せないようにしている 自分の弱点は，A さんに言いたくない A さんには私の困っているところを気づかせたくない A さんにはストレスで苦しんでいる私の姿を見せたくない 私のつらいと思っているところを A さんには知らせたくない 私の不安な気持ちを A さんが察知するのがいやだ
自己解消	私は A さんに頼らなくても，自分のストレスを解消できる A さんに頼らなくても，私の悩み事は自分の中で解決できる つらいことがあっても，A さんに頼らず頑張れる 自分の悩み事は，A さんに話さなくても自分で処理できると思う 自分のストレスは自分の中で対応できるので，A さんに話す必要はない 私はつらい体験をしても自分で何とかできるから，A さんに助けを求めない
相手への配慮	私のつらい話をしたら，A さんの気持ちも沈むと思う 私の不快な体験の話をすると，A さんの気分を害してしまうと思う 私のストレスの話を聞かされるのは，A さんにとってかわいそうだと思う 自分のつらい話を聞くと，A さんにはストレスになると思う 私のつらい体験の話は，A さんにとっては聞きたくない話だと思う A さんに私のストレスの話をするのは悪いと思う
あきらめ	自分の悩み事を A さんに言っても，何も変わらないと思う A さんに私の悩み事を話しても，うまい方法が見つかるわけでもない A さんに話しても私のストレスはなくならないと思う 自分のつらい体験は，A さんに話しても解決しないと思う 自分のストレスは，A さんに話しても分かってもらえないと思う 自分の悩んでいることは，A さんに話しても仕方がないと思う
気晴らし希求	A さんといるときは気分を晴らしたい A さんとは気晴らしになるようなことをしている A さんといる時間には，気をまぎらわせるようなことをしている A さんと過ごす時間は，いやなことを忘れる時間である A さんといるときは，ストレスのことは考えたくない A さんとは楽しい話をしたい

消防職員の精神的不健康をもたらしていた。また，「自己解消」は消防職員の精神的健康を促進し，対人ストレスの開示を抑制していた。すなわち，「あきらめ」は消防職員特有の経験になりうる職務ストレスや惨事ストレスの開示を抑制し，「自己解消」は配偶者にも共感してもらえそうな対人ストレスの開示を抑制すると思われる。「あきらめ」の強い人ほど，周りからのサポートの有

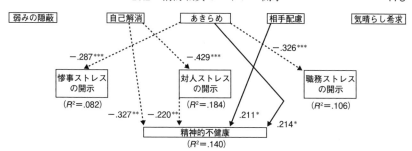

図 10.1 精神的不健康へ影響を及ぼす配偶者へのストレス開示抑制態度，配偶者へのストレス開示量（兪・松井，2012）

効性を信頼できず自分を孤立させてしまいがちであるため，精神的健康度が低いと推察される。また，「自己解消」のため配偶者にストレス経験について話すことを控える態度は直接的に精神的健康を促進していた。すなわち，消防職員のメンタルヘルスにおいて，配偶者にストレス経験について話す行動の有無（表に現れる開示量）よりは，その理由がより多く関連しており，ストレス経験について話すことを控える態度自体が精神的健康を害するわけではなく，その理由によっては精神的健康を促進する場合もあることがわかったのである。最後に，「相手への配慮」が消防職員の精神的健康を害していた結果は，「相手への配慮」の強い人ほど自分のストレス経験を話したい気持ちより相手の状態を優先するため，自分の中でストレスが解消されないまま精神的不健康に陥ると推察される。畑中（2003）の「相手志向」尺度と，兪・松井（2012）の「相手への配慮」は類似した側面を測定しているが，畑中（2003）の「相手志向」は精神的健康への影響はなかった。このような相違は，日常会話における発言抑制とストレスに限定した開示抑制という開示内容の相違，また，不特定の人と親しい他者という開示対象の相違による結果と考えられる。すなわち，普段の発言抑制と親しい他者に対するストレス経験の開示抑制は精神的健康へ及ぼす影響が異なるといえる。

10.3 消防職員の外傷後成長

トラウマ体験によって他者との関係や人間としての強さなどにおけるポジティブな変容を経験する現象は**外傷後成長**（Tedeschi & Calhoun, 1996）の側面から研究され，報告されている。すなわち，トラウマ体験による外傷性症状は非日常的体験への正常的反応であり，トラウマ体験後周りとのかかわり方によって人間的成長も経験しうる。このように，トラウマ体験の否定的影響のみならず，トラウマ経験を乗り越えられるポジティブな力とそのメカニズムに焦点を当てた研究知見が報告されてきた。トラウマ経験になりうる出来事に繰り返して暴露される消防職員は，現場活動からどのような成長を経験しているのだろうか。

10.3.1 消防職員のソーシャルサポート源と外傷後成長

外傷後成長の研究で多く用いられているテデスキとカルホウン（Tedeschi & Calhoun, 1996）の外傷後成長尺度は他者とのつながり（Relating to others），新たな可能性（New Possibilities），人間的強さ（Personal strength），スピリチュアルな変容（Spiritual growth），人生に対する感謝（Appreciation of life）の5因子で構成されている。この尺度を用いてイスラエル消防職員の外傷後成長を測定したレイキン他（Leykin et al., 2013）は，各因子の平均値が1～2点にとどまり，人間的強さ（2.32点）と人生に対する感謝（2.08点）のみが相対的に高かったと報告した。この結果は消防職員が外傷後成長を経験しないという意味でなく，職業的救援者の外傷後成長には一般人と異なるアプローチが必要であることを反証する結果かもしれない。ペイトン（Paton, 2006）およびペイトン他（Paton et al., 2003）は，職業的救援者が救援活動中に経験した外傷的出来事は専門性を高める職務上の成長のきっかけとしてとらえられる特有性を有しており，その際には組織の役割が重要であると主張した。国内で消防職員の外傷後成長について検討した知見として，以下に松井他（未公刊），兪他（2017）を紹介する。

松井他（未公刊）によると，東日本大震災の被災地へ派遣された消防職員は

10.3 消防職員の外傷後成長

「生命の大切さを実感するようになった」(51.6%),「活動を通して社会に貢献することができた」(47.5%),「人間関係の大切さを実感するようになった」(45.6%),「自分の活動が誰かの役にたったことを実感した」(44.9%),「消防職員としてのスキルや能力が向上した」(41.1%),「周りの人たちへの感謝の気持ちをもつようになった」(39.6%),「人々や物を,いて当たり前,あって当たり前だとは思わなくなった」(35.1%),「他人を思いやる気持をもてるようになった」(27.9%)などの派遣活動によるポジティブな変容を感じていた(図10.2)。外傷後成長の研究の文脈からとらえれば,「活動を通して社会に貢献することができた」「消防職員としてのスキルや能力が向上した」などの職業的救援者としての成長や「生命の大切さを実感するようになった」「人間関係の大切さを実感するようになった」のような生の意義(感謝)を経験したと

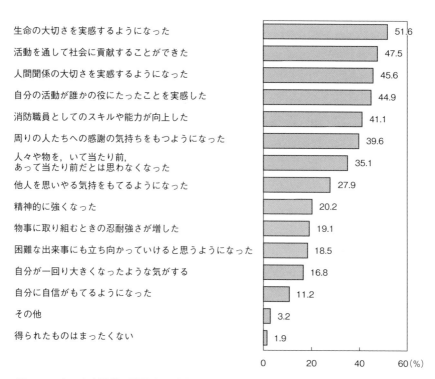

図10.2 東日本大震災の被災地へ派遣された消防職員における派遣活動より得られた成果
(松井他(未公刊)より抜粋)

いえる．すなわち，職業的救援者が救援活動中に体験した外傷性出来事は，社会のために貢献する機会となった有意義な体験としても意味づけられ，人間的成長のみならず専門性を高める職務上の成長のきっかけとしてもとらえられる特有性を有していることがわかった．

兪他（2017）は消防職員の外傷後成長との関連要因として同僚や家族からのソーシャルサポートを取り上げ，東日本大震災へ派遣された消防職員の外傷後成長と周りからのソーシャルサポートが有意な関連があることを実証した．具体的には，同僚との他愛のない話や労いが「活動を通して社会に貢献することができた」「消防職員としてのスキルや能力が向上した」などの成長と正の相関を示し，家族との他愛のない話や労いは「生命の大切さを実感するようになった」「周りの人たちへの感謝の気持ちをもつようになった」などの感謝と正の相関を示した．すなわち，同僚からのソーシャルサポートは職業的救援者としての成長につながり，家族からのソーシャルサポートは感謝へつながることがわかった．

10.4 まとめ

本章では，職務上危険に曝されやすく，繰り返して悲惨な状況を目にせざるを得ない消防職員が現場活動によって経験しうる衝撃やストレス症状，ストレス経験に関する周りとの関わり方とメンタルヘルスの関連について紹介した．今までは消防職員が現場活動によって経験しうる外傷性ストレス症状を軽減することに焦点を当てた対策が行われてきた．今後の課題として，職業的救援者の特有性を考慮し，職務的専門性の向上と人間的成長の両面から外傷後成長を促進するための組織的介入の必要があるといえる．また，消防職員の周りとの関わり方（親しい他者へのストレス開示抑制態度，同僚や家族からのサポート）を取り入れた啓発活動や心理支援も消防職員のメンタルヘルス対策の一つとして提案できるであろう．

コラム3　警察官の惨事ストレス　　　　　　　　　　　　　（藤代富広）

　日本では，東日本大震災を始め，多数の犠牲者を出す災害が続いて発生しており，警察官を始めとした災害救援者は発災直後から長期間にわたり救助活動を行う。警察官は，発災直後から危険な状況において救援活動を開始し，時に殉職者が出る場合もある。その活動は避難誘導，被災者の救助，行方不明者の捜索，犠牲者の検視，遺族支援，被災地のパトロール等の多岐にわたる（警察庁，2012）。被災地内の警察官は自身が被災者の立場の場合もあるため，外傷体験への曝露の機会が多く，心理的回復に必要とされる安全である感覚を持ちづらい状況にある（藤代，2013）。したがって，警察官はさまざまな外傷体験に暴露しながら長期間にわたり被災地で活動することが特徴的である。

　警察官等の救援者が災害や事故等の対応を行った結果，ストレス反応に苦しむことがある。PTSDと同様の反応が救援者にも生じることがあり，惨事ストレスと呼ばれる。警察官等の救援者が長期間にわたる救援活動を続けるためには惨事ストレスへの対策が不可欠である。アメリカにおいては，2001年に発生した世界貿易センタービル同時多発テロ事件の救援活動に従事した警察官の惨事ストレスに関する追跡研究がウィスニフスキー他（Wisnivesky et al., 2011）によってなされ，年数が経過した後にも新たにPTSDを発症する遅発性の惨事ストレス反応が見られたことを明らかにした。このように，警察官の惨事ストレス反応は時間とともに軽減しないこともあるため，適切なケアが必要となる。

　警察官の惨事ストレスの支援と研究の意義は，救援活動に従事した警察官への支援を行う心理学者が，支援活動を通して研究も行い，その知見を警察組織に還元することにより，警察官が国民を守り続けることに寄与できる点にある。これは心理学研究が国民の利益に資する一例と考えられ，今後多くの心理学者，心理臨床家が関与することが期待される。

　藤代（2018）は，東日本大震災により部下を殉職で失った被災地の警察幹部職員9名を対象に面接調査を行い，惨事ストレス反応の過程を検討した。部下を殉職で失った研究協力者においては，発災直後は業務に追われて惨事ストレス反応がほとんど見られなかったが，業務が落ち着いてくると殉職者のことを思い出し，苦しくなり，罪責感を強く抱くようになったことが示された。とくに，心情を話す相手がいなかった研究協力者は発災から約6カ月経過した後に遅発性惨事ストレス反応を

呈していた．この結果から，警察幹部職員にあっては平時からソーシャルサポートが必要であり，惨事ストレスに関する知識と対応について理解しておくことが重要であることが示された．

　警察官は災害の発生直後から長期間にわたり救援活動に従事し，自身が被災者になる場合もあり，惨事ストレスのリスクが高い職種である．しかし，警察官は強くあることが国民から期待され，ストレス反応を感じても上司等に吐露しづらい状態にある．とくに，部下を率いる警察幹部職員は弱音を吐きづらいことが藤代（2018）からも示されたことから，苦しいときに支え合うことの重要性を警察職員全員が理解できるように惨事ストレス研究の知見の還元が求められる．これにより，平時からの効果的な惨事ストレス対策を進められると考えられる．実際に，筆者は上記研究の知見に基づいて作成した「惨事ストレス対策マニュアル」を警察庁から全国警察本部の健康管理部門に発出し，東日本大震災以降に発生している災害の救援活動に従事する警察官へのケアに役立てていただいている．

　このように，現実社会における課題に対して心理学研究に基づくデータから解決策を提示し，30万人組織である警察において活用がなされつつある．さらに，警察官が長期間の救援活動を遂行するためにも，さまざまな災害等に際しての警察官の惨事ストレスの実態調査に基づき，知見を積み重ねることが求められる．

第11章
被災した自治体職員の心理

髙橋幸子

　平成23年3月11日に発生した東日本大震災は，死者1万5,896名，行方不明者2,536名，全壊・半壊家屋40万2,704戸という大変な被害をもたらした（警察庁，2018年9月10日現在）。あの日から数年の歳月が経ち，がれきに埋もれた町は元の姿を取り戻しつつある。こうした町の復興は，自らも被災しながら県市町村のために不眠不休で働き続けた自治体職員の努力なくしては成し遂げられなかった。そんな彼らの働きに対し，「自治体職員は公僕なのだから働いて当然」と厳しい視線を向けた人たちもいた（西田，2012）。自治体職員は，地元のために精一杯努力したにもかかわらず，感謝すらされない状況にとても傷ついたであろう。

　本章では，東日本大震災で被災した自治体職員にスポットを当て，自治体職員が被災後にどのような状況に置かれ，その状況が職員のこころにどのような影響をもたらしたのかを明らかにする。さらに実際に行われたメンタルケアを概観し，今後起こりうる大災害に自治体でどのような備えを行う必要があるかを提案する。

11.1　自治体職員が被災するということ

11.1.1　被災者でいられない現実

　自治体職員とは，地方公共団体に勤務する一般職の地方公務員を指す。地方公務員法において，自治体職員は公務を優先することが定められている。たとえば，上司から出勤指示を受けると，どのような状況にあっても出勤して職務に従事しなければならない。

　東日本大震災では，公務優先規程に基づき被災直後から多くの自治体職員が職務に従事した。被災後から最初の1カ月はほとんど休みがなく，24時間勤

務,早朝深夜残業,休日出勤をこなした(宮城県石巻市,2013;西田,2012)。被災直後から一部職員が職務に従事できなくなるなか,多くの職員は家族や自宅のケアを後回しにして被災者対応を行った(小野寺,2013)。ある自治体職員へのインタビューでは,家族の安否が分からないまま一睡もせずに一晩を過ごしたこと,支援物資の不足を補うため職員は毛布ではなく新聞紙にくるまって3日間を過ごしたこと,業務に追われ3カ月間自宅に戻れず,亡くなった家族の遺骨を100日間菩提寺に預けっぱなしにしたことなどが報告されている(鍵屋,2014)。全日本自治団体労働組合(以下,自治労)が被災3県の組合員に行った調査においても,「自治体職員として公務を優先し,家族の安否確認ができないまま,職務に従事し続けた」「最初から避難や休むといった選択肢がなかった」「買い物も片付けもできなかった」「自身の身の安全すら確保できず家族のそばにもいられなかった」「避難所ではいつも物資を最後に受け取っていた」などが,つらい経験として報告されている(自治労,2012)。被災自治体職員は,被災者であっても被災者でいられない現実に苦しんでいた。

11.1.2 業務内容の質的変化と量的増加

　被災自治体職員は,被災によって通常業務とは質的に異なる業務に従事した(桑原他,2012,2013)。発災直後から各自治体には災害対策本部が置かれ,自治体職員は,被害状況調査,帰宅困難者対応,避難所運営,救援物資の運搬・配布,遺体関連業務などを行った(宮城県,2016;西田,2012)。いずれの業務も,被災しなければ自治体職員が担うはずもない業務であったが,次々に届く課題を前に迅速に判断し業務を行う必要に迫られた(重村他,2012)。被災自治体職員は,被災後の疲弊した状態で未経験業務の意思決定を延々に行う負荷の高い作業を強いられたのである。

　とくに遺体関連業務では,何の心構えもないまま遺体収容や土葬などの業務に従事し,被災自治体職員の心に強い衝撃を与えた(西田,2012;重村,2012a)。身近な人の遺体と接する体験は,救援者のストレスをより高めることが指摘されている(加藤,2006;加藤,2009;Ursano et al., 1999)。実際,遺体収容所や安置所で多くの遺体を見たことや,知人の遺体と対面したことを後で

11.1 自治体職員が被災するということ

思い出してしまう辛さが報告されている（岡本他，2016；自治労，2012）。

復興が進むにつれ，被災自治体では，震災対応業務と通常業務の同時進行により，業務量が激増した。たとえば仙台市は，被災3日後の3月14日から通常業務を開始している（宮城県，2016）。各自治体は，復興計画の着手，策定，復興事業支援等の復興業務の本格化への対応を次々に求められた。その結果，震災から1年以上たっても職員の4割以上で残業が増えたままであったり，3割で休日数が震災前より減ったままであったりした（自治労，2012）。一方，職員自身の避難や退職，休職に伴う人手不足の慢性化が生じていた（笠井・杉村，2013）。

このような業務量の増加と人手不足は，自治体職員の多忙感を生じさせた（桑原他，2015；宮城県石巻市，2013）。たとえば岩手県では，2011年度と2012年度に県庁各部署と広域振興局および出先機関の一般自治体職員を対象としたメンタルヘルス健診スクリーニングを実施し，被災規模が小さかった久慈地区で2012年度の抑うつ状態の出現率が高いことが明らかになった（青木，2013a）。その理由として，被害が小さかった久慈地区は2011年度の段階ですでに復興計画が策定されたため，復興業務が急増して長時間労働が発生したことが指摘されている（青木，2013b）。石巻市職員を対象に2011年6月および10月に実施した健康調査では，回答者の15％がストレス状態を維持させていたり，以前より悪化させたりしていた（若島他，2012）。被災自治体職員に対する健康相談活動を行った澤口・操（2014）は，継続的に相談を行う中で，相談内容が震災による心理的影響から長期間の過重労働にともなう過労や不眠に変化した様子を報告している。2018年3月現在でも，被災自治体では新年度に向けて計65名の職員不足が生じており（河北新報，2018），被災自治体職員は多忙感を継続させている可能性がある。

11.1.3 住民との辛い関わり

被災自治体職員は，被災住民から暴言を吐かれたり暴力を振るわれたりすることもあった（重村他，2012）。たとえば鍵屋（2014）による自治体職員へのインタビューによると，当初は喜ばれた食糧配布も，1週間以上が過ぎると

「他の避難所はこういう食糧だったのにナゼここは違うのか」といった苦情を受けることがあったという。自治労（2012）のアンケートによると，自治体職員は「精一杯がんばっているのに住民からクレーム・暴言をうけた」「何をやってもあたりまえと思われ感謝されなかった」「公務員バッシングで心ない暴言，要求を受けることがあった」「何かにつけて『公務員だから』『公務員のくせに』と言われた」「同じ公務員でも，自衛隊は感謝され，精一杯のことをやっても自治体職員は対応の悪さをきつく非難された」などを経験した。また，同アンケートに協力した被災自治体職員6,247人の34.0%は住民から暴言・暴力を受け，42.4%は理不尽なクレームを受けていた。被災自治体職員は，消防や自衛隊などのように感謝されるどころか，被災住民の身近な攻撃対象としてストレスや不満をぶつけられていた。

　避難所や窓口では，職員が被災者の被災体験を見聞きすることもあった（読売新聞社，2011）。身近な人の心的外傷体験に深く共感し，実際には経験していなくても体験者同様の症状が現れる現象を「共感疲労」と呼び，とくにトラウマ・ワーカー（トラウマを負った人を対象に仕事をする専門家）は職務性質上，共感疲労が生じやすいと指摘されている（Figley, 1995）。実際に，自治労（2012）の調査で「家族を亡くした人にどうやって声かけをすれば良いかわからなかった」「行方不明者の死亡届の受理では提出までの葛藤を聞くのが辛かった」といった報告があった。業務を通して被災者住民と密接に関わり，強く共感したり自身の被災体験が想起されるなどしたことが，被災自治体職員の共感疲労を高めたと考えられる（桑原他，2015）。

11.1.4　自治体職員の被災後の状況に関する整理

　前述の状況を整理すると，3つに分類できる。すなわち，被災後の自治体職員は，①自身が被災者でありながら公務を優先し，②被災に伴う業務内容の質的変化・量的変化への対応を強いられ，場合によっては③住民との辛い関わりをもった，のである。

　被災後の状況は，他の研究においても整理されている。たとえば，石巻市役所で心理支援を行っていた若島・野口（2013）は，被災自治体職員に生じる問

題として，①自身が被災者であること，②被災者のサポートや復興への取り組み拠点となることから仕事量が膨大すること，③住民からクレームが増大すること，の3分類をあげている。坂田（2016）は，被災自治体に共通の負荷として，①被災当事者としての負荷，②新たな業務による負荷（質的），③膨大な業務による負荷（量的），④住民対応による負荷，の4分類をあげている。重村他（2012）は，自治体職員を含めた消防や自衛隊など，災害救援者・支援者が抱える苦悩として，①大きな社会的責任，②混乱した状況の中，迅速な対応を求められる，③過重労働に陥りやすい，④自らが被災者の場合のストレス，⑤惨事ストレス（二次災害，殉職の危険性，惨状の体験や目撃，遺体との関わり，遺族との関わり），⑥支援者になるこころの準備がないまま支援者になる葛藤，⑦救援，支援活動への避難，中傷，⑧留守番組の業務増加，の8分類をあげている。

以上の研究をまとめると，すべての研究の分類と本章で主張する分類とに対応関係が認められる（**表11.1**）。とくに，災害救援者・支援者を対象とした重村他（2012）の分類と，自治体職員のみを対象とした他の分類とが対応することは，自治体職員が災害救援者・支援者であったことを改めて示している。他の職種と異なる点は，撤退のような業務終了時点を設定できず，業務が延々と続いた点であった。

11.2 被災の影響

被災経験は，被災自治体職員にさまざまなストレスを与えた。以下では，被災の影響としてストレスに注目し，一般的な被災後のストレス状況について説明する。次いで，東日本大震災における被災自治体職員の実態を理解するため，被災直後，被災1年4カ月後，被災2年4カ月後の3時点のストレス状況を調査した研究を紹介する。

11.2.1 被災とストレス

被災経験に伴うストレスは，上手く対処しきれなかった場合にさまざまな精

表 11.1　自治体職員の被災後の状況

著者の主張	若島・野口(2013)	坂田 (2016)	重村他 (2012)
①自身が被災者でありながら公務を優先	①自身が被災者であること	①被災当事者としての負荷	①大きな社会的責任
			④自らが被災者の場合のストレス
②被災に伴う業務内容の質的変化・量的変化への対応を強いられる（遺体関連業務を含む）	②被災者のサポートや復興への取り組み拠点となることから仕事量が膨大すること	②新たな業務による負荷（質的）	②混乱した状況の中，迅速な対応を求められる
			⑤惨事ストレス（二次災害，殉職の危険性，惨状の体験や目撃，ご遺体との関わり，ご遺族との関わり）
			⑥支援者になるこころの準備がないまま支援者になる葛藤
		③膨大な業務による負荷（量的）	③過重労働に陥りやすい
			⑧留守番組の業務増加
③住民との辛い関わり（暴言・暴力／共感疲労）	③住民からクレームが増大	④住民対応による負荷	⑦救援，支援活動への非難，中傷

神症状を引き起こす（岩井，2006；太田他，1996；WHO，1992 中根・大塚 訳 1995）。たとえば，被災直後に生じるストレス反応の一つに，**急性ストレス反応**（Acute Stress Reaction；**ASR**）がある（岩井，2006）。急性ストレス反応は，被災者であれば誰もが経験する一過性の正常なストレス反応である（有薗・中井，2007；宇都宮，2007）。具体的な症状としては，①侵入症状，②陰性気分，③解離症状，④回避症状，⑤覚醒症状，がある（American Psychiatric Association；以下 APA，2013 高橋他訳 2014；飛鳥井，2011）。急性ストレス反応に有効な対処を行わないまま高レベルの急性ストレス反応が数週間以上持続すると，**急性ストレス障害**（Acute Stress Disorder；**ASD**）や**外傷後ストレス反応**（Post Traumatic Stress Reaction；**PTSR**），**外傷後ストレス障害**（Post Traumatic Stress Disorder；**PTSD**）といった精神症状の発症につなが

る可能性がある（岩井，2006；飛鳥井，2011）。

　急性ストレス障害およびPTSDは，実際にまたは危うく死ぬ，重傷を負う，性的暴力など，精神的衝撃を受けるトラウマ（心的外傷）を体験したり目撃したり家族や親しい人が巻き込まれたりすることで生じるストレス症状群のことを指す（APA，2013 高橋他訳 2014）。ただし急性ストレス障害は，急性ストレス反応の5症状が3日〜4週間持続し日常生活に支障を来していると医学的に診断された場合に限定される。またPTSDは，①侵入症状，②回避症状，③認知と気分の陰性の変化，④覚醒度と反応性の著しい変化，という4つの外傷後ストレス反応が1カ月以上持続して，日常生活に支障を来していると医学的に診断された場合に限定される。したがって，医学的診断を受けていない場合でも，急性ストレス障害で生じる急性ストレス反応や，PTSDで生じる外傷性ストレス症状を抱えている場合がある。上記の急性ストレス反応，急性ストレス障害，外傷後ストレス反応，外傷後ストレス障害の関係を整理したものが図11.1である。

　なお，災害による死別経験，自身および家族が怪我をした経験，生命危機の経験，災害時のパニック経験，所有物への損害や経済的な損失経験，転居経験は，災害の種類に関わらず精神症状に影響を与えること，女性であることや災害前の精神疾患は，精神症状への脆弱性となることが指摘されている（Norris et al., 2002）。

11.2.2　災害救援者とストレス

　災害救援者は上記の精神症状に加え，惨事ストレスも経験する。惨事ストレスとは，通常の対処行動機制がうまく働かないような問題や脅威（惨事）に直面した人や，惨事の様子を見聞きした人に起こるストレス反応を指す（詳細は第10章を参照のこと）。消防職員や警察官，自衛隊員，医師や看護師など，事故や災害の現場で他者を救援する職業に就いている人々は，その職務特性から活動を通して惨事ストレスを経験しやすいことが指摘されている（松井，2009）。とくに，若年齢，救援活動の経験や訓練の少なさ，低い職位，幹部職，過重労働，危険への遭遇，殉職の遭遇，遺体関連業務への従事，乏しい社会サポート

図 11.1 急性ストレス反応，急性ストレス障害，外傷後ストレス症状，外傷後ストレス障害（PTSD）の関係性

が，災害救援者の精神症状への脆弱性となることが指摘されている（重村，2012 b）。

そもそも日本における災害救援者のストレス研究は，1995 年の阪神・淡路大震災と地下鉄サリン事件をきっかけに盛んになった（重村，2012 b）。研究の蓄積により，被災者だけではなく救援者もまたケアの対象者になりうることや（林，2002），個人だけではなく組織としての対策の必要性が指摘されるよ

うになると（加藤，2009），災害救援者を擁する消防，陸上自衛隊，海上保安庁においてストレスケアシステムが展開されるようになった（松井，2009）。ただし，自治体職員は救援活動に従事する職業ではないため，被災後に遺体関連業務のような救援活動を行っても，自治体としての組織的なストレスケアシステムは展開されなかった（重村，2012 a）。

11.2.3　東日本大震災における自治体職員の被災直後の急性ストレス反応

「11.2.1　被災とストレス」で述べた通り，被災直後には急性ストレス反応が生じる。急性ストレス反応は，家族の支えや自然回復などによって鎮静化するとされている（太田他，1996；宇都宮，2007）。しかし，「11.1.1　被災者でいられない現実」で述べた通り，被災した自治体職員は不眠不休で働いていたため，有効な対処ができなかった人が多かった。また，被災自治体職員に対する組織的なストレスケアは行われなかった。たとえば宮城県では，みやぎこころのケアセンターが手探りで対策に取り組んでいた（宮城県精神保健福祉センター，2012）。このような被災自治体の状況において，職員の急性ストレス反応はどのような状態にあったのであろうか。

　宮城県内の3自治体（沿岸2と内陸1）を対象に急性ストレス反応を調査した髙橋他（2014）は，宮城県内の3自治体に勤務し震災時にも当該自治体職員として業務を行っていた職員615名（男性391名，女性217名，不明7名）を対象とした調査を行っている。同研究によると，被災で混乱が大きかった沿岸部のほうが，内陸部よりも外傷後ストレス症状の得点が高かった。この理由を検討するため，急性ストレス反応の規定因を地域別に検討した。急性ストレス反応得点を目的変数，性別，仕事への影響，家屋の被害，身近な被害などの被災状況を説明変数とする重回帰分析（変数増加法）を行った結果，内陸部では，自身の身の危険を感じたり，友人や知人が津波で亡くなったりといった経験が急性ストレス反応に影響した。また沿岸部では，上記に加え，家族や親戚が亡くなったり行方不明になったりしたこと，仕事の被害状況が急性ストレス反応に影響した（**図 11.2**，**図 11.3**）。

　津波被害がなかった内陸部は，日常的に接していた沿岸部の友人や知人を失

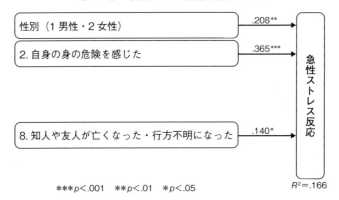

図 11.2 内陸部の急性ストレス反応得点を目的変数とした重回帰分析結果
（髙橋他，2014 を元に作成）

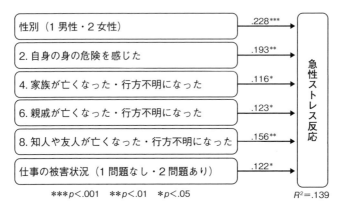

図 11.3 沿岸部の急性ストレス反応得点を目的変数とした重回帰分析結果
（髙橋他，2014 を元に作成）

った一方，家族や親戚は無事であったと考えられる。そのため，内陸部の職員の急性ストレス反応は，家族や親戚の支え，休息によって鎮静化しやすかったと考えられた。一方，沿岸部の職員は，急性ストレス反応の鎮静化を促すはずの家族や友人を失い，被災住民のために職務を全うすることによって自然回復を促す休息もとれず，急性ストレス反応に有効な対処を行えないままで鎮静化しにくかったと考えられた。

11.2.4 被災 1 年 4 カ月後の外傷後ストレス症状

　時間経過とともに，被災自治体職員は外傷後ストレス症状を発症しやすい状況に陥ったと考えられる。第 1 に，災害とは無関係の職種で災害業務に従事した人は，PTSD 発生率が高まることが指摘されており（Perrin et al., 2007），被災自治体職員もまた，通常業務が災害と無縁であったからである。第 2 に，「11.2.2　災害救援者とストレス」で述べた通り被災後は PTSD の原因となりうる急性ストレス反応に有効な対処を行えていなかったからである。そこで以下では，東日本大震災の被災 1 年 4 カ月後の自治体職員の外傷後ストレス症状について紹介する。

　被災 1 年 4 カ月後の自治体職員 615 名を対象とした調査では，調査に協力した沿岸部職員の 35.0% が外傷後ストレス症状を示していた（桑原他，2015）。東日本大震災で救助活動を行った消防職員，消防団員を対象とした調査では，被災 1 年 6 カ月後に，消防職員 305 名のうち 15.4% が，沿岸部の消防団員 636 名のうち 22.8% が，内陸部の消防団員 201 名のうち 11.9% が，それぞれ外傷後ストレス症状を示していた（大規模災害時等に係る惨事ストレス対策研究会，2013）。先行研究の指摘通り，職業的災害救援者よりも，災害救助とは無縁の職業である自治体職員のほうがはるかに高い割合で外傷後ストレス症状を示していたのである。

　さらに桑原他（2015）によると，被災 1 年 4 カ月後の外傷後ストレス症状は，職員自身の被災体験，多忙感，住民からの暴言や暴力，共感疲労によって高まっていた。同調査では，発災直後を第 1 水準（地域，性別，被災体験，もっとも関わった業務での体験，住まいの被害），発災時から調査時までを第 2 水準（復興業務による多忙感），調査時を第 3 水準（外傷後ストレス症状の得点）とした重回帰分析の繰返しによる探索的なパス解析を行っている。分析の結果，職員の被災体験にあたる「自身の被災体験」「家族の被災体験」「自身や家族以外の身近な人の被災体験」，共感疲労にあたる「住民のつらい体験を聞く」機会は，外傷後ストレス症状得点に直接影響していた。一方，職員の被災体験，住民からの暴言や暴力である「住民から非難されたり，怒鳴られたりした体験」，共感疲労である「住民のつらい体験を聞く体験」は，多忙感を媒介し，

外傷後ストレス症状得点に間接的に影響していた。つまり，「11.1.4　自治体職員の被災後の状況に関する整理」であげた①自身が被災者でありながら公務を優先，②被災に伴う業務内容の質的変化・量的変化に対応，場合によっては③住民との辛い関わりをもつことが，実際に外傷後ストレス症状を悪化させていたのである。

11.2.5　被災 2 年 4 カ月後の状況

　被災から 2 年以上が経過すると，図 11.4 の通り，被災自治体では前年の悪い状態が改善されたり良い状態が維持されたりしていた肯定的影響と，前年の悪い状態が改善されていなかったり良い状態が減少していた否定的影響が生じるようになった（髙橋他，2014）。

　宮城県 3 自治体を対象に，被災 1 年 4 カ月後と 2 年 4 カ月後とを比較した調査（髙橋他，2014）では，被災自治体では時間経過とともに被災直後の混乱から脱し，職場環境が改善されつつあった。また職員同士が共に困難を乗り切った経験は，職員自身の成長感につながったり，互いにサポートを提供し合う環境を育んだりした。一方，震災から 2 年 4 カ月後の時点でも職場の人間関係は改善されない場合もあり，職場や未熟な自分に対する怒りを抱え，外傷後ストレス症状や精神的健康といった震災ストレスの心理的影響を改善できずにいた。また，住民や上司，同僚から感謝されること，自治体職員であることや東北人であることへの誇り，絆の大切さや対処可能性といった肯定的なできごとが前年より減少していた。震災直後は地域復興を目指す職員同士が固い絆で結ばれ，住民に感謝されることで職員としての誇りや自信をもって職務にあたっていたが，時間の経過によって自治体職員の人間関係全般に距離が生まれると，誇りや絆を感じにくくなり，対処可能性を低下させていったと考えられる。

11.3　実際に行われたストレスケア

　東日本大震災で被災した自治体職員の実態を扱った内容を整理すると，被災自治体職員は，自身が被災者でありながら公務を優先しなければならず

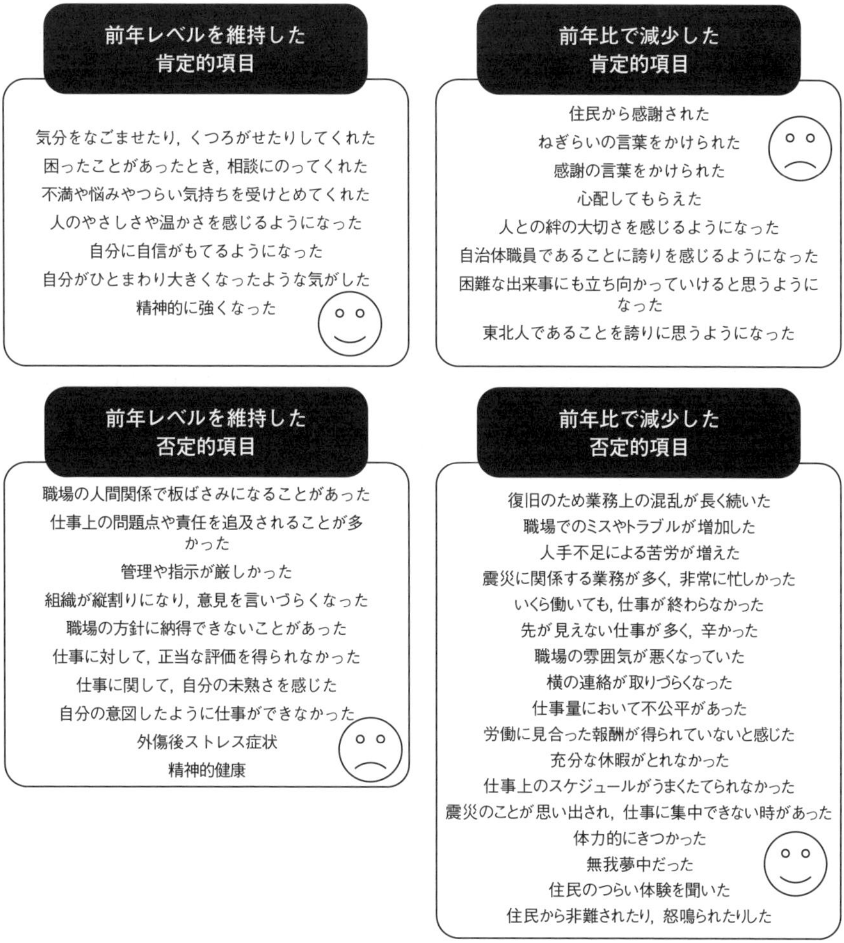

11.3　実際に行われたストレスケア

前年レベルを維持した肯定的項目

気分をなごませたり、くつろがせたりしてくれた
困ったことがあったとき、相談にのってくれた
不満や悩みやつらい気持ちを受けとめてくれた
人のやさしさや温かさを感じるようになった
自分に自信がもてるようになった
自分がひとまわり大きくなったような気がした
精神的に強くなった

前年比で減少した肯定的項目

住民から感謝された
ねぎらいの言葉をかけられた
感謝の言葉をかけられた
心配してもらえた
人との絆の大切さを感じるようになった
自治体職員であることに誇りを感じるようになった
困難な出来事にも立ち向かっていけると思うようになった
東北人であることを誇りに思うようになった

前年レベルを維持した否定的項目

職場の人間関係で板ばさみになることがあった
仕事上の問題点や責任を追及されることが多かった
管理や指示が厳しかった
組織が縦割りになり、意見を言いづらくなった
職場の方針に納得できないことがあった
仕事に対して、正当な評価を得られなかった
仕事に関して、自分の未熟さを感じた
自分の意図したように仕事ができなかった
外傷後ストレス症状
精神的健康

前年比で減少した否定的項目

復旧のため業務上の混乱が長く続いた
職場でのミスやトラブルが増加した
人手不足による苦労が増えた
震災に関係する業務が多く、非常に忙しかった
いくら働いても、仕事が終わらなかった
先が見えない仕事が多く、辛かった
職場の雰囲気が悪くなっていた
横の連絡が取りづらくなった
仕事量において不公平があった
労働に見合った報酬が得られていないと感じた
充分な休暇がとれなかった
仕事上のスケジュールがうまくたてられなかった
震災のことが思い出され、仕事に集中できない時があった
体力的にきつかった
無我夢中だった
住民のつらい体験を聞いた
住民から非難されたり、怒鳴られたりした

図11.4　1年前の状況と比較した被災2年4カ月後の自治体の状況
(髙橋他, 2014を元に作成)

(11.1.1), 自身の被災ストレスに対処できない場合があった (11.2.3)。被災ストレスを抱えたまま, 新たに業務の質量が変化し (11.1.2), 住民との辛い関わり (11.1.3) が加わり, 被災1年後には精神症状の発症率が高まる状況にあった (11.2.4)。被災2年後には, 職場環境が改善されたり自身の成長を感じるようになる一方, 職場の人間関係が悪化し, 心身の健康状態も改善されず, 人間関係全般に距離が生まれたことで誇りや絆を感じられなくなった (11.2.5)。

このような状況に対し，被災自治体職員のメンタルケアの重要性が強く指摘され（香山，2011；日本精神神経学会，2011；西田，2012），実際にさまざまなメンタルケアが実施された。たとえば地方公務員災害補償基金が平成24年度から27年度に「メンタルヘルス総合対策事業」を展開した（メンタルヘルス対策サポート推進室，2016）。同事業では，個人を支援する事業として①ストレスチェック，②メンタルヘルスセミナー，③職員のこころの健康回復事業，組織を支援する事業として④メンタルヘルスマネジメントの支援，⑤管理職員及び人事管理担当者向け宿泊研修の開催と，⑥自治体独自に実施する事業への資金援助を行う自主的実施事業への援助事業を展開した（坂田，2016）。

県レベルの支援では，たとえば宮城県では宮城県精神保健福祉センターが支援者の支援を行った（宮城県精神保健福祉センター，2012）。同センターでは，遺体の捜索や遺体確認埋葬などの悲惨な現場に携わった消防，警察，県市町村職員のこころのケアが大きな課題になると想定し，消防庁の惨事ストレスチームの派遣に合わせ，医師，心理士が調整や啓発活動，個別面談に同席するなどの支援を行った。また，自治体職員のメンタルヘルスに関する長期的な対策として，職員の健康状態の把握，啓発，ハイリスク者のフォローアップを検討した。

宮城県の一部被災自治体では，地元の専門機関（宮城大学，東北大学，宮城こころのケアセンターなど）の支援を受け，ストレスアンケート，講演会，個別面接などのメンタルヘルスケア，健康診断や相談，家庭訪問，マッサージ，コミュニケーション講座などの対策を実施した（桑原他，2016）。とくに有効だった支援として，個別面談と職場の飲み会があげられた。面談について，実際には面談の必要性が高い職員ほど利用しなかったものの，定期的に相談を実施することで何かあれば相談できるという安心感を与える効果があった。飲み会については，一緒に頑張った職員同士で飲みながら会話することが，ストレス発散になっていた。

11.4 被災に備える

　東日本大震災で被災した自治体職員の経験は，今後の備えに関する重要な情報源となりうる。以下では，東日本大震災後に公表されたさまざまな対策を踏まえつつ，日頃から自治体が実践できること，実際に自治体が被災した際の具体的な行動を考える。その後，被災自治体職員を対象とした研究者の備えについて考える。

11.4.1 日頃からできること

　第1に，自治体職員の被災後の状況を基礎知識として教育する必要がある（加藤，2006；重村，2012b）。事前の心構えがあれば，被災後の状況や自身に生じるストレス反応を受け止めやすくなるからである。具体的な教育内容は，①（先に整理した）自治体で被災後に生じやすい状況，②自身に生じる可能性があるストレス反応，③ストレスへのセルフケア，である。すでに災害救援者向けのさまざまなマニュアルが作成されており（地方公務員安全衛生推進協会，2011；加藤，2006；公務員連絡会地方公務員部会，2011；ストレス災害時心の情報支援センター，2012；筑波大学医学医療系精神医学，2015；自治労，2011），各自治体には，これらの資料を活用した積極的な取組みが期待される。ただし，単に資料を配付して個人に自学自習をさせるのではなく，研修や勉強会を開催し，組織が積極的に関わる仕組みが必要である（防衛システム研究所，2013；加藤，2006；重村，2012b）。組織は，「うちの地域に限って」とマニュアルを受け流すのではなく，「あなたにも起こるかもしれません」と率先して職員にアプローチし，職員自身の被災対策へのコミットメントを引き出すことが肝心である。

　第2に，事業継続計画（Business continuity Plan；BCP）に，人的資源へのケアを含める必要がある。東日本大震災以後，被災企業の事業継続や早期復旧を図るためのBCP策定が推奨された（丸谷，2011）。ただしBCPには，従業員のメンタルヘルスへの配慮が基本的に見られない（松井，2012）。優れたBCPを策定しても，従業員のメンタルヘルスが悪化したままでは，BCPは機

能不全や低パフォーマンスに見舞われると予測される．そこで，基礎知識で得た被災後の状況を元に，自身の自治体におけるメンタルヘルスケアの取組みを想定し，BCPに反映させる必要がある．

　第3に，被災時にすぐに使えるセルフケアパンフレットの整備が必要である．被災後の混乱期は，教育で用いたマニュアルを持ち出す余裕はない．そこで，基礎知識で学んだセルフケアを職員自身がすぐに実践できるよう，抜粋した資料を在職者数分，印刷し保管しておくと良いであろう．ただし，文字がたくさん書かれた何枚にも渡る資料を被災時に確認するのは難しいため，資料はA4判の紙で1枚程度にまとめ，なるべく大きな文字で書かれてあるのが良いだろう．

　第4に，日頃から職場の良好な人間関係を形成しておく必要がある．被災後は，ストレスの影響で攻撃的になりやすく（岩井，2006），上司や同僚との間でトラブルが生じることもある（自治労，2012）．また，それまで表面化していなかった職場の問題が顕在化することもある（地方公務員安全衛生推進協会，2011）．被災後の混乱時に業務を円滑に進められるよう，上司や部下，同僚とは日頃からアサーティブにやりとりできる関係性を保つ必要がある．また，心の専門家との関係作りも重要である（地方公務員安全衛生推進協会，2011）．いざというときに支援が受けられるよう，日頃から精神科・心療内科やカウンセリング機関とのつながりをもったり，他県の医療機関と災害協定を結んだりできると良いであろう．

11.4.2　もし被災したら

　平成28年4月14日および16日に発生した熊本地震では，県が職員の健康管理・ケアにいち早く取り組んだ（熊本県，2017）．熊本県は，職員のメンタルヘルス不調への早期対応のため，セルフケアを促すリーフレットの配布，ヘルスチェック調査，健康管理推進員研修，災害派遣精神医療チーム（DPAT）によるこころのケアの講話，長時間勤務者に対する面接指導を実施し，被災や業務過多により心身に不調を来している者については，特別休暇の取得促進やメンタルヘルスケア等の支援を行った．また，職場の環境改善を目的として，

11.4 被災に備える

表 11.2 被災自治体職員のタイムライン

それぞれの動き	発災当日	2〜3日後	4〜7日後	1〜2週間後	2週間〜1カ月後	1〜3カ月後	3〜6カ月後	6〜9カ月後	9カ月〜1年後	1年後〜
起こりえるストレス反応	急性ストレス反応	急性ストレス障害(ASD)				PTSD(外傷後ストレス症状)うつ病、うつ反応バーンアウトアルコール依存			記念日反応	
起こりえるストレッサー	自身が被災家族の安否が不明二次災害の危険性	遺体関連業務家族を残して働く不安業務多忙で休めない指揮系統の混乱通勤困難家族や同僚の死	健康状態の悪化住民からのクレーム意思決定の連続先行きのなさ	職場の人間関係の悪化業務内容や業務待遇への不満	他自治体職員の受け入れ通常業務と復興業務の同時進行による多忙慢性的な職員不足による多忙					
ストレス対処	タイム0惨事ストレスに関する心理教育ケアを踏まえたBCPの策定セルフケアのパンフレット準備職場の良好な人間関係形成	発災直後から交代制の勤務ローテーションを編成生活ベースの維持休憩スペースの確保	自宅の損壊状況等を確認し、業務上の配慮を実施子どもの一時預かりを実施	チェックリストによるストレスのチェックセルフケアのパンフレット配布	健康診断長時間勤務者に対する面接指導の実施	メンタルヘルスセミナー(管理職向けのラインケア、一般職員向けのセルフケア)カウンセリング	宿泊を伴う県外でのストレス対策研修			定期的な健康診断によるストレスチェック

自宅の損壊状況等を確認して業務上の配慮を実施したり，職員の健康維持を図るため全部署において3交代制の勤務ローテーションを組んだり，子どもの一時預かりを実施したりした。これらの活動は，先述のマニュアル等で指摘されていた内容であり，先の被災経験が生かされている様子がうかがえる。

一方，活動の課題として，想定外の震災業務の発生等により時間外勤務が増大したこと，家庭等を心配せず安心して働ける環境の確保，産業医の不足があり，対策として，職員や家族の安否確認・ケアを含めたBCPの見直し，他県産業医の確保があげられた。これらの課題は，「11.4.1　日頃からできること」であげたことを実践すれば解決することも可能であろう。

以上をふまえると，もし被災したら，事前教育で用いたマニュアルと事前に策定したBCPの通りに活動することが重要と考えられる。そして，事前教育とBCPがその後の自治体の運命を大きく左右するため，いかにリアリティをもって教育したりプランを作成したりできるかが鍵となる。たとえば表11.2は，これまで扱ってきた被災後の状況，ストレス反応，ストレスケアを時間軸に沿って整理したものである。このような資料をたたき台にして，各自治体の実態に沿った事前教育とBCP策定が望まれる。

11.4.3　研究者ができる備え

社会に切りこむ社会心理学者は，心を専門に扱っているが医療の専門家ではない。したがって，被災自治体職員の心に直接介入する支援は行わない。では，研究を通じてどのような支援ができるのであろうか。

第1に，調査に協力した被災自治体職員に，調査結果を報告したり，新たな提案を示したりしていくことがあげられる。研究者は，調査結果を一番知りたいのは研究に協力した自治体職員自身であることを忘れてはいけない。たとえば，調査結果の概要をまとめたフィードバックシートを作成して協力者全員に配布したり，すぐに実行できるデータに裏打ちされた対策をリーフレットにして配布したりするなどが考えられる。

第2に，被災自治体職員の実態を研究して発信し，彼らの窮状と支援の必要性を市町村や，県や，国，あるいは一般の人に理解してもらうことがあげられ

る。現状では，自治体職員は公僕と見なされケアの対象とはほど遠い存在になっているが，彼らの働きなくして復興は望めない。研究を通して彼らの存在の重要性を訴え，自治体のトップや国民全体が被災自治体職員のケアを望むようになることが，研究者の立場で行える支援であろう。

　第3に，研究者自身が被災自治体職員に長く関心をもち，彼らの存在や窮状を忘れないことである。事件や事故，災害の被害者は，辛い経験を忘れたい一方で，風化を恐れる傾向にある。できれば長く研究を続け，世間が忘れても自分は忘れていないという姿勢を被災自治体職員に伝えていくことも研究者の重要な役割である。

コラム4　消防職員の惨事ストレス対策研修　　　　　　（立脇洋介）

　第10章でみたように，消防職員は災害時だけでなく，日常の業務においても，命の危険にさらされ，惨事ストレスを感じやすい。その分，惨事ストレス対策も進んでおり，7割以上の消防本部が惨事ストレス対策を実施している。ただし，惨事ストレス対策に関する情報や人材が不足しているという課題が残されている（大規模災害時などにおける惨事ストレス対策研究会，2013）。

1. 研修の内容

　各消防本部において惨事ストレス対策を実践できる職員を育成するため，筑波大学では2007年から，消防職員の惨事ストレス初級研修を実施してきた（2011年までは総務省消防庁と共催）。2019年2月現在で24回の研修が行われ，のべ500名以上が参加した。2015年からは，初級研修修了者を対象とした中級研修も開始して7回の研修を行い，およそ80名が参加した。2つの研修の主な内容を**表④**.1に示す。現在はどちらの研修も2日間で実施している。初級研修は惨事ストレスに関する基本的な内容の講義に加えて，ストレスを抱えた職員からの相談を聴く場面を想定した実習も行っている。中級研修では，組織内外の消防職員を仲間として支える「ピアサポート」に必要な講義，実習が中心である。さらに，東日本大震災でピアサポートを実際に行った事例の紹介も行っている。

表④.1　消防職員の惨事ストレス研修の内容

初級研修	中級研修
1日目 ・惨事ストレスとは ・惨事ストレス反応と対策 ・傾聴の基礎実習 ・チーム援助の基礎 ・ストレスの基礎理論	1日目 ・ピアサポートの基礎理論とは ・現場でのピアサポート実習 2日目 ・アセスメント講義 ・ピアサポートの実習 ・東日本大震災ピアサポート実例 ・被災地でのピアサポート実習 ・グループミーティング実習
2日目 ・惨事ストレス対策の実態 ・外傷体験への介入と聴取実習 ・外傷体験の聴取実習 ・グループミーティング実習	

2. 研修の効果

　これらの研修は，参加した修了者にどのような効果をもたらすのだろうか。初級研修の修了者を対象とした調査（兪他，2010）の結果，惨事ストレスに関する用語の知識は，研修直後に増加し，研修から半年以上経過しても持続されていた（図④.1）。職場に戻ってからの業務の影響も受けており，職場で惨事ストレスに関する介入経験をした人は，そうでない人に比べて，研修が業務に役立っていると評価していた。

　全国55校の消防学校を対象とした調査において，研修修了者のいた学校（参加校）といなかった学校（未参加校）の比較を行った（松井他，2013）。惨事ストレ

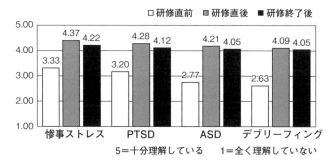

図④.1　惨事ストレスに関する知識の変化（兪他，2010）

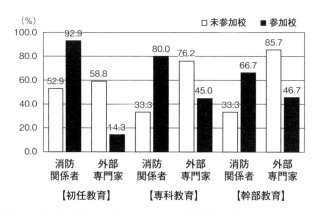

図④.2　研修の参加状況と惨事ストレス教育の講師（松井他，2013）

スに関する情報や人材が不足しているという課題をあげていた割合は，未参加校では半数程度であったが，参加校では2割程度であった。さらに，誰が惨事ストレス教育の講師を務めているかを尋ねたところ，参加校では消防関係者が講師であることが多かったが，未参加校では外部の専門家が講師であることが多かった（**図④.2**）。

さらに研修の副産物として，修了者同士のネットワークがあげられる。大きな災害の際には被災地の修了者が状況を知らせ，被災地外の修了者が自らの経験を伝えるなどのやりとりが行われていた。つまり，このネットワーク自体がピアサポートの場として機能していた。

3. まとめ

消防職員の惨事ストレス研修は，消防学校において惨事ストレス教育の講師を務められるほどに，参加者の惨事ストレスに関する知識を高めていた。このようなデータで示される効果に加えて，修了者同士のネットワークというデータでは示されない効果も生んでおり，研修が機能しているといえるであろう。消防職員の惨事ストレスがより一層推進されるためには，地方や小規模の消防本部の職員も参加できるよう，本研修のような取組みが全国的に広がっていくことが必要である。

第12章
ボトムアップ研究から社会に切りこむこと

髙橋尚也

　本書では，さまざまな社会事象について，11の章と4つのコラムで紹介してきた。これらの共通点は，そのトピックに関する心理学研究の紹介に加え，そのトピックについて，実証的な検討を積み上げること，すなわち，ボトムアップに実施された研究で明らかになった知見が理論化され，紹介された点にある。本章では，本書に共通するボトムアップ研究の特徴を指摘した上で，本書で取り上げたトピックを整理し，それらの研究知見を用いて社会や政策に切りこんでいく方法について論じていくこととする。

12.1　ボトムアップ研究の特徴

　ボトムアップ研究の特徴として，研究を始める前に先行研究の量が少なかったり，既存の先行研究では取り上げようとする事象に当てはまらなかったりすることが多い。その際，オーソドックスな研究スタイルである【仮説検証型】の研究スタイルよりも，【仮説探索型】の研究スタイルが用いられることが多い。

　【仮説探索型】は，ユニークな調査，あるいは，まったく新しい領域の研究をはじめるときに用いられる研究スタイルである。テーマに対して「興味・関心・疑問」を抱いたのちに，その「興味・関心・疑問」の面白い点，意外な点をとことん追究し，予想を立てる。しかし，この予想はあくまでも直感や限定

された一部の声である可能性がある。そこで，【仮説探索型】の研究では，「予備研究」を行う。この予備研究とは，予想を立てた現象について，その現象がそもそもあるのか，他に予想すべき内容はないかなどの情報を半構造化面接によって聞き取ったり，巷ではどのようなことがいわれているのか，一般雑誌や新聞記事などの内容分析をしたり，実際に注目する現象を観察し，どのような行動が多くなされているかを把握したりすることである。この予備研究によって，当初の予想以上の要因（その現象の「原因」として考えられる変数）が注目すべき現象に影響を与えているのではないかと予想を膨らませることができる。また，これと同時に「文献検索」を行う。この場合の文献検索は，注目すべき現象に関する先行研究がこれまで行われていないことを確認したり，心理学に限らず周辺領域で注目すべき現象について論じられている内容を把握したりすることが目的である。「予備研究」と「文献検索」が行われた後に，当初の予想と予備研究の結果をもとに暫定的な予想や仮説を考え，「探索的検証」を実施する。そして，その検討の結果として，当初の予想やそれに関連するようなユニークな結果が明らかになる。しかし，【仮説探索型】の研究の場合，一度の探索的な調査ででた結果が十分な一般性をもっているとは限らない。そこで，探索的検証で得られたユニークな結果を「仮説」としてブラッシュアップし，「再検証」を行う。探索的検証と再検証の2つで得られた結果をもとに，ユニークな結論を導出するのが，【仮説探索型】の研究スタイルである。なお，仮説探索型研究によるボトムアップ・アプローチや仮説検証型研究によるトップダウン・アプローチの詳細については，畑中（2019）に詳細に記載されている。

　本書で紹介したトピックは，いずれも質問紙調査法を用いた検証がなされているが，質問紙調査によって定量的な検討を行う前に，半構造化面接法に代表される質的手法によって丹念な予備研究が行われ，その内容をもとに調査項目が立案され，量的調査が実施されるという形式で検討されたものが多い。さらに，量的調査で明らかになった結果をふまえて仮説を立て，他の調査対象者に対して調査を重ね，一般化可能性を探っている。

12.2 本書で取り上げたトピック

本書で扱った11のトピックは，大別すると3つの側面から整理することができる（図12.1）。

第1の視点は，「日常の出来事」である。先延ばしの心理や自尊感情の変動性は，課題や宿題などを先延ばしにしたり，よいことあるいは悪いことがあったときに気分がアップしたりダウンしたりと，人々が日常的に体験していることととらえられる。ファン心理は，普段は個人の趣味として楽しんでいたり耽っていたりする内容である。また，アルバイトも青年の多くが経験しており，特別な関心をもって考えない限り，普段何気なく経験している内容であると考えられる。これらのトピックでは，普段日常的な出来事として経験している事象の背景にある心理的な側面を分析しているとまとめられる。

第2の視点は，「社会臨床」である。がん医療，犯罪被害者，被災した人々など，特定の状況や環境に置かれ強い心理的衝撃を受けた人々の心理について解説している。心理的な援助という観点では心理臨床的な要素を含んでおり，ケアのシステムを作ったり，組織化したりする観点では社会心理的な要素を含んでいると考えられる。これらのトピックでは，従来の心理臨床的なケアに，社会心理的な要素を加え，新たに社会臨床的な視点を提供するユニークさを有している。

第3の視点は，「政策の基盤」である。「偏見の低減」のトピックでは，社会心理学において研究蓄積のある偏見や差別という概念を，実際のPFI刑務所

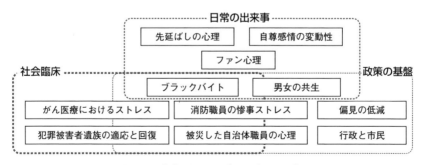

図12.1　本書で取り上げたトピックの整理

の受容に適用し，政策や制度を運用するためのポイントを提供している。「男女の共生」「行政と市民」のトピックでは，男女共同参画や協働などの，現在進行形の政策の基盤に流れる，人々の態度や意識の多様性について説明している。男女共同参画や協働に対して推進に賛成という声が多くても，具体的な場面で人々の合意形成がなぜ難しいのかについて，心理学的な回答を提出している。また，消防職員や自治体職員の惨事ストレスについても，職業的災害救援者も災害現場で心理的な衝撃を受けるという実証的な知見を提出することで，それまで注目されにくかった災害救援者へのケアシステムや，組織的対応の整備などの施策に影響を与えている。

　この「日常の出来事」「社会臨床」「政策の基盤」の3つの視点で研究を進めていく際には，それぞれ求められる事柄がある。次節ではそれぞれの研究を進めていく上での留意点について整理していくこととする。

12.3　身近なことの客体化

　ここからは，心理学を用いて社会に切りこむ上で求められることについて述べていく。第1は，身近なことを客体化してとらえるということである。身近なことの客体化という観点から，本書で紹介してきたトピックを概観すると，「日常の出来事」を扱った研究群がこれに相当する。身近な出来事を客体化する上で重要なのは，予備研究を入念に行うことである。予備研究の方法としては，半構造化面接などを行いテーマに関する「生の声」をできるだけ多く収集することや，新聞記事や雑誌記事，手記，評論など，心理学以外の領域から得られた記録も含めて，広汎に収集することがあげられる。そして，何より重要なことは，実際にフィールドに赴くということである。どのようなテーマであっても，その行動が実際に行われている場所に行って，研究者の五感で感じたことを活かすことが必要である。論文や記録で報告されている内容であっても，その報告がなされた場所へ実際に赴いてみると，書かれていることの真の意味が理解できたり，その場所に特有の要因や変数を見つけたりすることができる。

12.4 フィールドでコラボレーション

　心理学を用いて社会に切りこむために求められる第2の点は，実際のフィールドに赴くことにとどまらず，フィールドで活動している人々とコラボレーションすることである。本書で紹介してきたトピックを概観すると，「社会臨床」と「政策の基盤」を扱った研究群でとくにそれが求められてくる。

　現実のフィールドに，心理学の研究者を受け入れてもらうことは容易ではない。実際にそのフィールドで活動している人々にとっては，心理学の研究者が来ることに対応することでさえ，業務を増やす負担となるかもしれないし，心理学の研究者が入ってくることで，何か自分たちの活動がチェックされたり否定されたりするのではないかという恐れを感じるかもしれない。そうしたフィールドで心理学の研究者が受け入れてもらうための第一歩は，フィールドで活動している人々のことを尊重し，フィールドで活動している人々から研究者が「教えていただく」という姿勢をもつことである。心理学の研究者であれば，心理学の理論や知識について一般の人よりも知っているのは当然であろう。そのため，フィールドで活動している人々から話を聞いたとき，つい既存の心理学の理論や知識をもとに解釈や判断をしがちである。このこと自体は必ずしも悪いことではないが，そのことをフィールドで活動する人々にそのまま伝えたとしたら，フィールドで活動している人々は，そこで課題となっていることを心理学の研究者に理解してもらえなかったという感想をもつ可能性がある。そこで，フィールドで活動している人々から丹念な聞き取りを行ったり，現地に赴きフィールドのさまざまな情報を集めてくるフィールド調査を行ったりすることを通じて，フィールドで活動している人々と**ラポール**（**信頼関係**）を形成することが不可欠となる。

　フィールドで活動する人々とラポールが形成された次の段階で行うことは，探索的な量的調査である。この探索的な調査では，研究者が予備調査に基づいて仮説化した関心を調べるだけでは，フィールドで活動している人々の理解を得られるかどうかはわからない。フィールドでコラボレーションする際には，研究者とフィールドで活動する人々とがWin-Winの関係を構築することが重

要になる。そのため、フィールドで活動している人々が知りたいと考える内容を調査項目に含んだり、研究者が聞きたいと考えた内容を一部改変するケースや抑制するケースも生じたりする。このときに重要なことは、研究者が必要と考えた内容をすべて抑制するのではなく、一部改変したとしても必ず若干含めておくことが重要である。探索的な量的調査が実施されたならば、数値の形で結果が得られることになる。この結果を研究者が分析した内容をフィールドで活動している人々に報告することと、回答者にフィードバックすることが重要である。この報告やフィードバックの中で、フィールドで活動する人々が気がつかなかった新たな側面が見出せたり、協議の中で新たな調査や研究の要請がなされ、研究者が抱いた仮説をさらに深めた検討がなされたりするようになることが期待される。

　フィールドでのコラボレーションという観点から、本書で紹介してきたトピックを概観すると、社会臨床に関連が深い研究群や、政策の基盤となる研究群では、現場で活動している、心理学を専門としていない人々とのコラボレーションの上で研究が実施されている。これらの研究群が遂行された背景には、心理学の研究者が、現場で活動している、心理学を専門としていない人々に信頼を得ていく試行錯誤のプロセスが潜んでいることを想像しながら読み返してほしい。

12.5　政策に切りこむ心理学

　心理学、とりわけ、社会心理学を用いて社会に切りこむために求められる第3の点は、「政策に切りこむこと」である。本書で紹介してきたトピックを概観すると、「政策の基盤」を扱った研究群でそれがとくに求められる。

　政策に切りこんでいく方法は、次の2つに分けてとらえることができる。

　第1は、社会の中で注目されていないが現実で起きている現象を心理学の手法を用いて実証的に浮かび上がらせ、社会の問題とすることで政策立案に反映させていくことである。このときに重要な点は、どのようなサンプルを用いて実証的な証拠を提出するかというサンプリング（標本抽出）の問題である。サ

ンプリングとは，調査への回答を依頼する調査対象者を母集団からどのように選ぶかということである．社会調査においては，母集団の誰もが等しい確率で調査対象者として選ばれるという**無作為抽出**（ランダム・サンプリング）の手続きを経て得られたデータが，結果の一般化可能性が高く，信頼できる結果が得られることが示されている．ただし，この無作為抽出の手続きを経るためには，母集団のリスト（住民基本台帳や名簿など）が必要で実施のコストが大きいことや，テーマによっては母集団のリストが存在しないこともあり得るという制約も存在している．仮説探索型の研究を推進する初期には，なかなか無作為抽出の手続きを経ることが難しく，収集しやすい調査対象者を用いた調査（有意抽出）が行われることが少なくない．しかし，収集しやすい調査対象者を対象に行われた研究から得られた結果は，一般化可能性が十分でなく，量的な証拠という点では制約がある（やや弱い）ことを留意すべきである．有意抽出の手続きを用いた探索的研究ののちには，無作為抽出の手続きを用いた研究を積み重ねること，母集団のリストが存在しないテーマであれば，他の調査対象者を対象とした研究を積み重ねることで，結果の一般性を高めていくための努力を重ねることが必要であろう．本書で紹介したトピックでは，「偏見の低減」や「行政や市民」の中では，特定の地域の中で無作為抽出の手続きを用いた検証がなされた結果が報告されている．

　第2は，従来から行われている政策や施策の有効性を検証するプロセスの中で，その政策や施策の理念により近い形にするための方向性を提示していくことである．実社会で生起する諸課題は，多様な人々が関与するために，何をもって利益とするか，誰にとっての利益か，誰が評価するか，どのように評価するかなどによって，評価が変わってくるという難しい問題を含んでいる．このときには，身近なことを客体化すること，何かうまくいかないことを突き詰めて考えることが重要になってくる．また，コミュニティ心理学で指摘される「プログラム評価」を行うことも有効になる．プログラム評価とは「ある特定の目的を持った介入プログラムに関しての実施状況や結果情報を系統立てて収集し，より効果的なプログラムに向けてそれらの情報を活用すること」と定義される（笹尾, 2006）．簡単にいえば，活動が手前味噌になっていないか，提

供したい内容を提供したい人々に提供できているかを実証的な形でチェックしていくことである。こうした既存の政策や施策の有効性を確認するプロセスでは，どのように結果を示すかというコミュニケーションが重要になってくる。単に，今の状態が「有効」か「無効」かだけを示すのでは，理解が得られにくかったり反発を招いたりする可能性がある。結果と結果の背景を説明すると同時に，この結果をどのようにフィールドで活動する人々がとらえているかを把握する，すなわち，結果を題材に話し合える環境づくりをした上で実施することが重要となる。

12.6 ボトムアップ研究のゴール

　ボトムアップ研究のゴールを考える上で，科学としての心理学と理論との関係を整理する。心理現象を分析し，それが「科学」足り得るためには，次の4つの要件が必要となる。第1は対象を「**定量化**」（数量化）できることであり，こころの状態を数字で表せるかどうかということである。第2は対象を「**測定**」できることであり，どのようなモノサシを使って心理量を切り取るかということを意味する。第3は「**結果の再現性**」であり，調査や実験などの研究手法を使って得られた結果を，同じ手続きで別の対象者に実施したとしても同じ結果が得られるかということである。第4は「**推論過程の整合性**」で，適切な証拠から適切な推論過程を経て結論が述べられているか，論理的に飛躍していないかということである。ただし，人のこころなるものは厄介で，同じ人に一定の期間をおいて同じ内容を尋ねたとしても，その間に特別によいこと（あるいは，悪いこと）があると，回答が大きく変わってしまうこともあり，自然科学のような結果の再現性を得にくいという面もある。

　心理学では，基本的に帰納的な推論（帰納法）を行い理論化がなされていく。帰納法とは，個々の経験的事実から，それらに共通する普遍的な法則を求める推論の方法である。帰納的推論においては，全事例を網羅しない限り，帰納した結論（帰結）は必ずしも一般理論とはいえないという限界がある。心理学において一般理論といえるものは，ある現象にとどまらず，さまざまな心理現象

に当てはまるように構築された理論を指す。しかし，身近な社会現象や社会問題を分析していく上では，問題の特殊性や関連している要因が複雑であったりすることから，高い水準で一般化した理論化が難しいのが実際である。

そこで，身近な社会現象や社会問題を研究し，理論化していく上で目指す視点が，社会学者マートン（Merton, R. K.）が論じた「**中範囲の理論**」という考え方である。マートンによれば，中範囲の理論とは，「特定集団にあてはまる知見や事例を積み重ねながら，一定の個別事例の説明を可能にする理論」を指す。詳述すれば，調査研究を通して豊富になっていく小さな作業仮説と，多くの経験的事実のうちに認められる事象の斉一的命題（一般理論）との中間にあって，この両方を架け橋しながら双方の機能を活性化していくことが期待される。社会で現実に発生している現象や問題に心理学的に切りこむ研究のゴールは，中範囲の理論化を行うこととととらえることができる。

ボトムアップ研究を重ねることによる理論化のプロセスは**図 12.2** のようにとらえることができる。

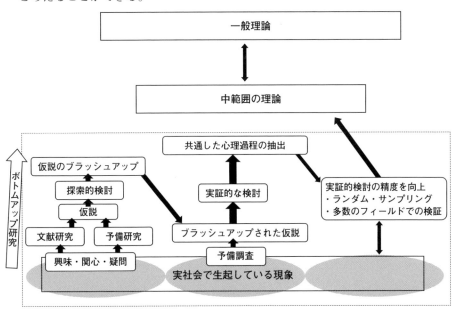

図 12.2　ボトムアップ研究による理論化プロセス
（だ円はフィールドを表す。）

本章の冒頭で示した**ボトムアップ研究（探索型研究）**は**図12.2**の左側に示されている。あるフィールドで実施されたボトムアップ研究によって得られた知見から「ブラッシュアップされた仮説」が得られる。次に他のフィールドで，このブラッシュアップされた仮説とそのフィールド独自の内容を含めた検証が行われ，検証結果から両フィールドに共通した心理過程が抽出されてくる。さらに，その心理過程がランダム・サンプリングされたサンプルでも一般化できるのか，あるいは，どのフィールドでもあてはまるのかについて検証がなされ，実証的検討の精度を向上させて得られた知見が中範囲の理論としてまとめられてくる。この一連の過程がボトムアップ研究のゴールととらえることができる。

心理学というと個人の行動や心理のしくみを研究していると思われがちである。しかし，ボトムアップ研究によって，人と人が集まる中で生起する身近な現象に注目し，フィールドに根ざした研究を積み重ねていくことで，実社会で生起している現象に切りこみ，それが，社会をよりよい方向へ変革していく力を秘めていることを，本書を通じて感じてほしいと強く願っている。

コラム5　終章を読んで——血液型ステレオタイプ研究を例にとって

(松井　豊)

　本書の終章（第12章）を読んで，血液型ステレオタイプ研究を思い出した。血液型ステレオタイプとは，「ABO式の血液型によって，性格が異なるという信念」と定義される。血液型ステレオタイプがもっともよく現れているのが，「血液型性格判断」である。いまだに一部のテレビや書籍はこれを流布し，ステレオタイプの蔓延に荷担している。本コラムでは，この領域の研究を紹介しながら，社会に切りこむボトムアップ研究のすすめ方について論じたい。なお，ここで紹介する研究者の所属・肩書きはいずれも当時のものである。

1. 血液型性格学の否定研究から

　1980年当時，巷間では血液型性格判断が隆盛であった。佐藤・渡邊（1996）は血液型別のさまざまなグッズを紹介している。たとえば，積み木，居酒屋メニュー，CD，飲料など，驚くほど多様な商品が，「血液型性格学」に基づいて，販売されていた。

　詫摩武俊氏（東京都立大学教授）はこうした流行を疑ったテレビ局の依頼で，調査（詫摩・松井，1985）を行った。この調査では，首都圏の大学生613名に血液型性格学に基づく性格記述と，性格検査の一部を実施し，ABO式の血液型別の分析を行った。その結果，血液型別に性格に差はほとんどみられなかったが，血液型性格学を信じる度合い（血液型ステレオタイプ）により，性格が大きく異なることが明らかになった。

　ただし，この調査結果は，その後いくつかの批判にさらされた。それは，回答者数が少ない，項目数が少ない，血液型を測定していない，回答者が偏っている，などの批判であった。こうした批判をふまえて，松井（1991）は，世論調査（JNNデータバンク）の結果を再解析し，血液型によって性格が異なっていないことを立証した。同調査は全国の4分の3をカバーした無作為抽出調査で，各年度3,000人前後の4年度分のデータであった。したがって，同データは，回答者数と回答者の偏りに関しては，問題のないデータであった。

　他にも，血液型性格学を否定する講義の効果検証や，娯楽として血液型性格学を楽しんでいるという態度が血液型ステレオタイプを強化しているなどのデータも公刊した（上瀬・松井，1996）。

ただし，こうした研究は血液型ステレオタイプの社会心理学研究としては主流ではなく，主流はステレオタイプによる認知的な歪みなどの社会的認知に関する研究であった。血液型ステレオタイプの基盤となっている「血液型によって性格が異なる」という現象を直接的に否定する研究は，大学生を対象とした調査に基づくものが多く，偏りのないサンプルで実証した研究はなかった。

2. BPO の勧告

ここまでの研究展開は，終章で論じられた「日常の出来事」のテーマの一例ととらえられる。しかし，2004年になって事態が一変した。

2004年12月8日に，放送倫理・番組向上機構（BPO）の「放送と青少年に関する委員会」では，血液型を扱う番組に配慮を求める放送局向けの要望を発表した。その内容は，「血液型で人を分類，価値づけするような考え方は社会的差別に通じる危険性がある」とし，「血液型で性格が決まると言った見方を助長しないよう求め」ている（朝日新聞，同年12月8日）。BPO は「放送における言論・表現の自由を確保しつつ，視聴者の基本的人権を擁護するため，放送への苦情や放送倫理の問題に対応する，第三者の機関」（同機構ホームページより）であり，番組に対する一定の規制力を有している。実際に，この勧告後には，主要キイ局の血液型関連番組が放送されなくなっていった（例外はテレビ東京の一番組）。

大学生の血液型性格学の認知度（どの程度知っているか）と確信度（どの程度信じているか）を分析した山岡（2016）によれば，2004年の BPO の勧告以降，認知度も確信度も低下していた。

この勧告を発表した委員会の委員であった川浦康至氏（東京経済大学教授）によれば，この勧告に関する議論において，松井（1991）などの論文が素材になったという（川浦，私信）。結果的にこれらの研究知見は，終章で指摘されている「政策の基盤」と同じような働きをしたことになったのである。

ただし，この勧告の効果は絶対的ではなかった。2007年9月に発刊された『B型自分の説明書』を報道番組が取り上げた後，また番組の出演者が血液型ステレオタイプを助長するような発言をするように変化していった。山岡（2016）も B 型の否定的なイメージは残存していると報告している。

なお，縄田（2014）は，2004年度と2005年度の日米の大規模社会調査の結果を分析し，血液型と性格に関連があるかどうかを検証した。有効回答は，日本では全

国から層化無作為抽出された約7,000名（2004年2,987名，2005年3,763名），アメリカでは割付けデータ4,979名であった。分析の結果，血液型による性格の差が見られないことを確認している。

現在の社会心理学界では，アメリカの理論に基づいて理論を検証する研究が主流となっている。本書の表現を使えば，トップダウンの仮説検証的な研究である。血液型ステレオタイプ研究でもこのスタイルをとる研究が多いが，本コラムではボトムアップ的な研究を紹介してきた。終章で指摘されていた血液型という「日常的な出来事」をボトムアップ的に，ただし可能な限り厳密な方法で分析をすれば，「政策」にも影響しうるという一例を示した。

3. きちんとしたデータをとる

終章と関連して，社会に切りこむ研究にとって，留意すべき点を3点あげたい。

第1は，「きちんとしたデータをとる」ことである。筆者は血液型以外にも，「消防職員には惨事ストレスが発生している」ことを立証するプロジェクトに加わり，その結果が総務省消防庁緊急時メンタルサポートチーム制度の構築につながったという経験を有している。惨事ストレスと血液型とでは現象が大きく異なっているが，きちんとした無作為抽出調査でとられたデータだからこそ，「政策」に反映されてきた。ノイズの多い社会現象に無理に精密な統計手法を当てはめる現在の社会心理学の趨勢とは異なる方向であるが，きちんとしたデータであれば，単純な統計結果でも強い力をもちうるのである。

4. 社会問題に敏感に

第2は，「社会問題に対する敏感性」である。血液型の研究を始めたときに，多くの研究者から「血液型によって性格が異ならないことは自明だ」と指摘されたり，「心理学者はそんな遊びのような現象を扱うべきでない」などと，批判的な意見を受けることがあった。これらの意見は恋愛研究を始めたときにも，多く頂戴した（本書の姉妹書『対人関係を読み解く心理学』コラム4参照）。しかし，この時期，社会では血液型で会社内のプロジェクトメンバーを決めるとか，修学前の子どもに血液型別のTシャツを着せて保育するなどという，悪質な差別が横行していた（佐藤・渡邊，1996）。にも関わらず，こうした社会的な問題に目を向けずに，欧米で提唱された理論を追試し続ける研究者が少なくなかった。血液型ステレオタイプの蔓延には，こうした心理学者の社会問題に対する鈍感さも影響していたと考えら

れる（松井，1994）。

いずれの時代にも，心理学者が関わるべき社会問題は多く存在している。そうした問題に，心理学者が科学的な方法できちんとデータをとりながら，地道に関わっていただきたいと願っている。

5. 現場から学ぶ

第3は，「現場から学ぶ姿勢」である。研究者とくに大学教員は現場にかかわるときに，「現場の素人に専門的なことを教えてやろう」という姿勢で取り組むことが多い。筆者自身若いときにはそうした姿勢をとりやすかった。しかし，社会で抱える問題と答え（のヒント）は，現場の中に落ちていることが多い。上記の惨事ストレスの研究で体験したことを紹介する。

消防の惨事ストレス対策の一つに，「デブリーフィング」と呼ばれるグループミーティング技法がある。心理学ではデブリーフィングは実験後の説明を意味するが，災害救援の世界では，惨事を体験した人が集まり，体験や対処について話し合う技法を意味する。これは，ミッチェルというアメリカの研究者が開発した技法である。この技法の効果については多くの議論があり，外傷後ストレス障害に対して「効果がない」という結果どころか，「有害である」という結果さえも出ている（松井・畑中，2002）。

筆者が委員を委嘱されていた東京消防庁でこの技法の運用に悩んでいたときに，デブリーフィングに参加したベテランの職員がミーティング直後に私に話しかけてきたことがあった。「先生これはダルマストーブだね」と。その職員によると，昔の消防署では，消火活動が終わると，職員が放水活動で濡れた防火衣を持って，ダルマストーブを囲んだという。その車座の中で，部下に信頼されていた隊長やベテランの職員は，若い職員の顔色が悪いと，その体調を気遣い，自分の過去の経験を話し，ストレスの対処を説明したという。これは，デブリーフィングの原型と理解することができる。アメリカで開発されたやり方を，日本の消防現場でも自然に行っていたのである。

その後海外調査を行い，オーストラリア，ニュージーランド，イギリス，アメリカでも，消防職員はグループミーティングを行っていることを確認した。ただし，ミッチェル方式を修正して採用している組織が多かった（松井，2006）。これらの事実を踏まえ，現在は多くの消防本部でミッチェル版を改変した東京消防庁方式

（東消方式）のグループミーティング（1次ミーティング，デフュージング）が，普及している。また，東消方式のグループミーティングの有用性も実証されている（東京消防庁活動安全課・松井・畑中，2007）。

　この例は，現場の問題への一つの答えが「現場にあった」ことを示している。研究者はともすると，自分の「理論」を現場に当てはめようとするが，現場で起きていることを観察し，現場の声を聞き取る中で，「答え」を見つけることができる。これが社会問題に取り組むボトムアップ・アプローチの一つの形である。

　ただし，現場から学ぶ際に留意すべき点がいくつかある。一つは，現場にある「答え」を見つけ出すために，研究者が十分な知識や視点を有していることである。上記のグループミーティングに関して言えば，現場に入る前に，ストレスケアの基礎知識やグループミーティングに批判的な論文の論旨を把握していたからこそ，「ダルマストーブ」を位置づけることができた。

　もう一つは，「現場の方に教えてもらう」という謙虚な姿勢である。研究者が現場に入ることは，現場活動の妨げでしかない。多くの現場職員が多忙な時間を割いて，研究者に応対しなければ，研究者は現場から情報を得ることができない。現場への負担を意識しながら，丁寧な観察と聞き取りを行っていただきたい。

　筆者はこれまでいくつかの社会問題にかかわってきたが，社会の中にはまだまだ「答え」を求められている問題が山積している。多くの心理学者が進んでかつ謙虚に，これらの問題に取り組んでいただきたいと願っている。

おわりに

　本書は，監修者である松井　豊先生の定年による筑波大学のご退職を機に企画された。本書の執筆者たちは，筑波大学大学院博士課程において，博士論文の作成に向けて松井　豊先生のご指導を受けた者たち，また現在まさにご指導を受けている者たち，さらに，筑波大学とは異なる大学・大学院に在籍している際に松井先生にお世話になった者たちである。本書で扱った研究テーマをご覧いただければ分かるように，執筆者たちは，それぞれの素朴な関心や疑問から出発し，さまざまなテーマで博士論文を作成した。松井先生はその関心や疑問を遮ることなく，先行研究の知見や理論を幅広く，深く理解することの重要性とともに，ボトムアップ式に追究し，新たな理論を打ち立てていく方法を丁寧にご指導くださった。その結果，現在も院生である者たち以外の執筆者は博士号の取得まで至った。本書に執筆された内容は，その博士論文を構成する研究のプロセスを紹介したもの，あるいはボトムアップ式のアプローチのもと，各執筆者が大学院修了後に新たに展開させてきた研究の内容を紹介したものとなっている。これらの研究プロセスをご覧いただくことによって，新たに心理学の研究に取り組む方々が，どのように研究を展開させていけばよいかのアイデアを得ていただければ幸いである。

　最後になったが，現象に対してボトムアップ式に研究していくことの意義を理解してくださり，企画から出版までご支援くださったサイエンス社の清水匡太氏に心よりお礼を申し上げる。

編者　宇井美代子・畑中美穂・髙橋尚也

引用文献

第1章

阿部美帆・今野裕之 (2007). 状態自尊感情尺度の開発 パーソナリティ研究, **16**, 36-46.
阿部美帆・今野裕之・松井 豊 (2008). 日誌法を用いた自尊感情の変動性と心理的不適応との関連の検討 筑波大学心理学研究, **35**, 7-15.
Baumeister, R. F. (1998). The self. In D. T. Gilbert, S. T. Fiske, & G. Lindzey (Eds.), *The handbook of social psychology* (4th ed. Vol. 1., pp.680-740). New York: McGraw-Hill.
Baumeister, R. F., Smart, L., & Boden, J. M. (1996). Relation of threatened egotism to violence and aggression: The dark side of high self-esteem. *Psychological Review*, **103**, 5-33.
Bosson, J. K., Lakey, C. E., Campell, W. K., Zeigler-Hill, V., Jordan, C. H., & Kernis, M. H. (2008). Untangling the links between narcissism and self-esteem: A theoretical and empirical review. *Social and Personality Psychology Compass*, **2**, 1415-1439.
Ciarrochi, J., Chan, A. Y., & Bajgar, J. (2001). Measuring emotional intelligence in adolescents. *Personality and Individual Differences*, **31**, 1105-1119.
Crocker, J., Luhtanen, R. K., Cooper, M. L., & Bouvrette, A. (2003). Contingencies of self-worth in college students: Theory and measurement. *Journal of Personality and Social Psychology*, **85**, 894-908.
Diener, E. (1984). Subjective well-being. *Psychological Bulletin*, **95**, 542.
Greenier, K. D., Kernis, M. H., McNamara, C. W., Waschull, S. B., Berry, A. J., Herlocker, C. E., & Abend, T. A. (1999). Individual differences in reactivity to daily events: Examing the roles of stability and level of self-esteem. *Journal of Personality*, **67**, 185-208.
市村美帆 (2011). 自尊感情の高さと変動性の2側面と誇大型・過敏型自己愛傾向との関連 東洋大学21世紀ヒューマン・インタラクション・リサーチ・センター研究年報, **8**, 71-77.
市村(阿部)美帆 (2011). 自尊感情の高さと変動性の2側面と自尊感情低下後の回復行動との関連 心理学研究, **82**, 362-369.
市村美帆 (2012). 自尊感情の変動性の測定手法の検討 パーソナリティ研究, **20**, 204-216.
伊藤正哉・小玉正博 (2006). 大学生の主体的な自己形成を支える自己感情の検討――本来感,自尊感情ならびにその随伴性に注目して―― 教育心理学研究, **54**, 222-232.
Kernis, M. H. (2003). Toward a conceptualization of optimal self-esteem. *Psychological Inquiry*, **14**, 1-26.
Kernis, M. H., Cornell, D. P., Sun, C. R., Berry, A., & Harlow, T. (1993). There's more to self-esteem than whether it is high or low: The importance of stability of self-esteem. *Journal of Personality and Social Psychology*, **65**, 1190-1204.
Kernis, M. H., Grannemann, B. D., & Barclay, L. C. (1989). Stability and level of self-esteem as predictors of anger arousal and hostility. *Journal of Personality and Social Psychology*, **56**, 1013-1023.
Kernis, M. H., Grannemann, B. D., & Barclay, L. C. (1992). Stability of self-esteem: Assessment, correlates, and excuse making. *Journal of Personality*, **60**, 621-644.
Kernis, M. H., Grannemann, B. D., & Mathis, L. C. (1991). Stability of self-esteem as a

moderator of the relation between level of self-esteem and depression. *Journal of Personality and Social Psychology*, **61**, 80–84.

Leary, M. R., Tambor, E. S., Terdal, S. T., & Downs, D. L.（1995）. Self-esteem as an interpersonal monitor: The sociometer hypothesis. *Journal of Personality and Social Psychology*, **68**, 518–530.

Paradise, A. W., & Kernis, M. H.（2002）. Self-esteem and psychological well-being: Implication of fragile self-esteem. *Journal of Social and Clinical Psychology*, **21**, 345–361.

Rosenberg, M.（1965）. *Society and the adolescent self-image*. Princeton, NJ: Princeton University Press.

潮村公弘（2008）．潜在的自己意識の測定とその有効性　榎本博明・岡田　努・下斗米　淳（監修）自己心理学6　社会心理学へのアプローチ（pp.48-62）　金子書房

Smart, R. G., & Walsh, G. W.（1993）. Predictors of depression in street youth. *Adolescence*, **28**, 41–53.

Solomon, S., Greenberg, J., & Pyszczynski, T.（1991）. A terror management theory of social behavior: The psychological functions of self-esteem and culture worldviews. *Advances in Experimental Social Psychology*, **24**, 93–159.

脇本竜太郎（2008）．自尊心の高低と不安定性が被援助志向性・援助要請に及ぼす影響　実験社会心理学研究，**47**, 160–168.

山本真理子・松井　豊・山成由紀子（1982）．認知された自己の諸側面の構造　教育心理学研究，**30**, 64–68.

第2章

Chu, A. H. C., & Choi, J. N.（2005）. Rethinking procrastination: Positive effects of "Active" procrastination behavior on attitudes and performance. *The Journal of Social Psychology*, **145**, 245–264.

Fee, R. L., & Tangney, J. P.（2000）. Procrastination: A means of avoiding shame or guilt? *Journal of Social Behavior and Personality*, **15**, 167–184.

Flett, G. L., Blankstein, K. R., Martin, T. R., Hewitt, P. L., & Koledin, S.（1992）. Components of perfectionism and procrastination in college students. *Journal of Research in Personality*, **20**, 85–94.

林　潤一郎（2007）．General Procrastination Scale 日本語版の作成の試み——先延ばしを測定するために——　パーソナリティ研究，**15**, 246-248.

Knaus, W.（2000）. Procrastination, blame, and change. *Journal of Social Behavior and Personality*, **15**, 153–166.

小浜　駿（2009）．先延ばし意識特性尺度と諸変数との関連の検討　日本社会心理学会第50回大会発表論文集，220–221.

小浜　駿（2010）．先延ばし意識特性尺度の作成と信頼性および妥当性の検討　教育心理学研究，**58**, 325–337.

小浜　駿（2012）．先延ばしのパターンと気晴らし方略および精神的適応との関連の検討　教育心理学研究，**60**, 392–401.

小浜　駿（2014）．先延ばしのパターンと学業遂行および自己評価への志向性　教育心理学研究，**62**, 283–293.

小浜　駿・高田治樹（2018a）．先延ばしの簡便なタイプ分類方法の開発(1)——クラスタ数の決定と平均値によるタイプ分類——　日本教育心理学会第60回総会発表論文集，p.558.

小浜　駿・高田治樹（2018b）．先延ばしを低減するためのタイプ別教示とその効果　日本社会心理学会第59回大会発表論文集，p.324.
Lay, C. H.（1986）. At last, my research article on procrastination. *Journal of Research in Personality*, **20**, 474-495.
Lay, C. H.（1994）. Trait procrastination and affective experiences : Describing past study behavior and its relation to agitation and dejection. *Motivation and Emotion*, **18**, 269-284.
Mann, L.（1982）. Decision-making questionnaire. *Unpublished inventory. Flinder University of South Australia*.（Mann, L., Burnett, P., Radford, M., & Ford, S.（1997）. The Melbourne Decision Making Questionnaire : An instrument for measuring patterns for coping with decisional conflict. *Journal Behavioral Decision Making*, **10**, 1-19.）
宮元博章（1997）．遅延傾向に関する研究(1)──遅延傾向尺度の作成，行動遂行に対する態度・特性および方略との関係──　兵庫教育大学研究紀要（第1分冊），**17**, 25-33.
Owens, A. M., & Newbegin, I.（2000）. Academic procrastination of adolescents in English and mathematics. *Journal of Social Behavior and Personality*, **15**, 111-124.
Pychyl, T. A., Morin, R. W., & Salmon, B. R.（2000）. Procrastination and the planning fallacy. *Journal of Social Behavior and Personality*, **15**, 135-150.
Senecal, C., Koestner, R., & Vallerand, R. J.（1995）. Self-regulation and academic procrastination. *Journal of Social Psychology*, **135**, 607-619.
Steel, P.（2007）. The nature of procrastination : A meta-analytic and theoretical review of quintessential self-regulatory failure. *Psychological Bulletin*, **133**, 65-94.
Strongman, K. T., & Burt, C. D. B.（2000）. Taking breaks from work : An exploratory inquiry. *Journal of Psychology*, **26**, 98-109.
高田治樹・小浜　駿（2018）．先延ばしの簡便なタイプ分類方法の開発(2)──短縮版尺度の作成と信頼性・妥当性の検討──　日本教育心理学会第60回総会発表論文集，p.559.
Tice, D. M., & Baumeister, R. F.（1997）. Longitudinal study of procrastination, performance, stress, and health : The costs and benefits of dawdling. *Psychological Science*, **8**, 454-458.
van Eerde, W.（2003）. A meta-analytically derived nomological network of procrastination. *Personality and Individual Differences*, **35**, 1401-1418.

第3章

赤木春香・木下悠可子・黒内　咲・丹治まどか（2012）．ドラマの利用と満足──日韓の文化比較を通じて──　2011年度聖心女子大学人間関係専攻社会調査実習1報告書，129-200.
赤松美紀・沼田麻里・橋沢えみ・八島美海・小河あかり（2014）．AKB48のファン心理──あなたの心をフライングゲット──　2013年度聖心女子大学歴史社会学科人間関係専攻社会調査実習1報告書，161-206.
安藤瑞菜・飯田こころ・植田秋穂・川口史恵（2016）．マツコ・デラックスの魅力　2015年度聖心女子大学人間関係学科社会調査実習1報告書，224-358.
荒木創造（1997）．愛と狂気のストーカー──満たされない性愛の病理学──　同文書院
Burton, C. M., & King, L. A.（2004）. The health benefits of writing about intensely positive experiences. *Journal of Research in Personality*, **38**, 150-163.
Byrne, D., & Nelson, D.（1965）. Attraction as a linear function of proportion of positive reinforcements. *Journal of Personality and Social Psychology*, **1**, 659-663.

引 用 文 献

陳 怡禎 (2014). 男性アイドルに「友情」を求める女性たち——台湾におけるジャニーズ・ファンを事例として—— 東京大学大学院情報学環紀要, **86**, 159-173.

藤竹 暁 (1984). 人気づくりの法則 宣伝会議

藤関聡子・宮川志織・新美由花・蔦川 彩 (2011). リバイバル現象における中高年のファン心理 2010年度聖心女子大学歴史社会学科人間関係専攻社会調査実習1報告書, 1-42.

福島 章 (1997). ストーカーの心理学 PHP研究所

羽出山理子・松田万理恵・村井朝香・高橋亜希・田村 瞳 (2012). 2011年度聖心女子大学人間関係専攻社会調査実習1報告書, 1-39.

原田朱美 (2013). (いま子どもたちは) 男装／女装 (第1回) 男装ってカッコいい 朝日新聞 7月24日朝刊, 33.

林 香里 (2005). 「冬ソナ」にハマった私たち——純愛, 涙, マスコミ……そして韓国—— 文藝春秋

広沢俊宗・田中國夫 (1986). 阪神タイガースのファン気質に関する研究(1) 日本社会心理学会・日本グループダイナミックス学会合同大会論文集, 35-36.

広沢俊宗 (1989). 阪神フィーバー現象の分析 田中國夫 (編著) 人が見え 社会が見え 自分が変る——ザ・社会心理学バザール—— (pp.230-235) 創元社

市川孝一 (2002). 人気者の社会心理史 学陽書房

今井有里紗・砂田純子・大木桃代 (2010). ファン心理と心理的健康に関する検討 文教大学生活科学研究所生活科学研究, **32**, 67-79.

稲増龍夫 (1989). アイドル工学 筑摩書房

井上理子・金指絵里花・長谷川絵理・近藤悠未・西山侑希 (2013). 松田聖子のファン心理——アイドルの高齢化とそれに伴うファン心理—— 2012年度聖心女子大学歴史社会学科人間関係専攻社会調査実習1報告書, 49-81.

犬尾さくら・大谷玲奈・宮地稀子・武井佳奈子・吉田美帆 (2017). アラフォー俳優の魅力 2016年度聖心女子大学人間関係学科社会調査実習1報告書, 73-151.

石田佐恵子 (1998). 有名性という文化装置 勁草書房

石川麗依・金井 唯・加藤涼子・長田 彩 (2010). ファン同士が抱く嫌悪感——同担NGの心理—— 2009年度聖心女子大学歴史社会学科人間関係専攻社会調査実習1報告書, 85-117.

伊藤有加・佐藤実来・周 奈於・中岡亜美 (2013). スポーツチームファンの心理 2012年度聖心女子大学歴史社会学科人間関係専攻社会調査実習1報告書, 83-124.

上瀬由美子 (1994). タカラヅカファン 松井 豊 (編) ファンとブームの社会心理 (pp.53-70) サイエンス社

上瀬由美子・亀山尚子 (1994). 大相撲ブーム 松井 豊 (編) ファンとブームの社会心理 (pp.73-90) サイエンス社

片山美由紀 (2003). にわかファンは単一層ではない：祝祭・達成・回避型——2002年日韓合同開催サッカー・ワールドカップにおける観戦行動の分析(1)—— 日本社会心理学会第44回大会発表論文集

香月孝史 (2014). 「アイドル」の読み方——混乱する「語り」を問う—— 青弓社

川上桜子 (2005). ファン心理の構造——思春期・青年期の発達課題との関連から (2004年度修士論文)—— 東京女子大学心理学紀要, **1**, 43-55.

川村莉香・古賀美沙紀・保浦由佳・笹下結加・前田真優 (2013). そのフォロー, プライスレス。——Twitterにおける有名人をフォローする人の心理—— 2012年度聖心女子大学歴史社会学科人間関係専攻社会調査実習1報告書, 1-47.

河津孝宏 (2009). 彼女たちの「Sex and the City」——海外ドラマ視聴のエスノグラフィ

―― せりか書房
北川昌弘（2013）．山口百恵→AKB 48　ア・イ・ド・ル論　宝島社
小林咲野・鈴木夏琳・小名茉由美・山口真梨乃・吉田美穂（2018）．不倫ドラマの利用と満足　2017年度聖心女子大学人間関係学科社会調査実習1報告書，251-317．
小城英子（2002）．ファン心理に関する探索的研究　関西大学大学院『人間科学』―社会学・心理学研究，**57**, 41-59.
小城英子（2004）．ファン心理の構造(1)ファン心理とファン行動の分類　関西大学大学院『人間科学』―社会学・心理学研究，**61**, 191-205.
小城英子（2005）．ファン心理の構造(2)ファン対象の職業によるファン心理およびファン行動の比較　関西大学大学院『人間科学』―社会学・心理学研究，**62**, 139-151.
小城英子（2006）．ファン心理の構造(3)性別によるファン心理・ファン行動の比較と，ファン層の分類　関西大学大学院『人間科学』―社会学・心理学研究，**63**, 177-195.
小城英子（2013）．テレビが構築する集合的記憶――番組・アイドルの共有――　萩原　滋（編）テレビという記憶――テレビ視聴の社会史――（pp.40-56）　新曜社
小城英子（2017）．マス・メディアの送り手とオーディエンスの社会性　太田信夫（監修）大坊郁夫（編）シリーズ心理学と仕事 10　社会心理学（pp.93-100）　北大路書房
小城英子（2018）．ファン心理尺度の再考　聖心女子大学論叢，**132**, 55-97.
小城英子・萩原　滋・渋谷明子・志岐裕子・李　光鎬・上瀬由美子（2012）．テレビが構築する社会的出来事・音楽番組・アイドルの集合的記憶――ウェブ・モニター調査（2011年2月）の報告(3)――　メディア・コミュニケーション，**62**, 79-105.
小城英子・菅原健介・薊　理津子（2011）．海外ドラマの魅力に関する探索的研究　聖心女子大学論叢，**116**, 57-79.
Maltby, J., Day, L., McCutcheon, L. E., Gillett, R., et al.（2004）. Personality and coping : A context for examining celebrity worship and mental health. *British Journal of Psychology*, **95**, 411-428.
Maltby, J., Day, L., McCutcheon, L. E., Martin, M. M., Cayanus, J. L.（2004）. Celebrity worship, cognitive flexibility, and social complexity. *Personality and Individual Differences*, **37**（7）, 1475-1482.
松井　豊（1993）．恋ごころの科学　サイエンス社
McCutcheon, L., Aruguete, M. S., Jenkins, W., McCarley, N., Yockey, R. Interpersona,（2016）. An investigation of demographic correlates of the Celebrity Attitude Scale. *Brazilian Association for Interpersonal Relationship Research*, **10**（2）, 161-170.
McCutcheon, L. E., Lange, R., & Houran, J.（2002）. Conceptualization and measurement of celebrity worship. *British Journal of Psychology*, **93**, 67-87.
McQuail, D., Blumler, J., & Brown, J.（1972）. The television audience : A revised perspective. In D. Mcquail（Ed.）, *Sociology of mass communication*（pp.135-165）. Penguin.
　（マクウェール，D.・ブラムラー，J.・ブラウン，J.（1979）．テレビ視聴者――視点の再検討――　マクウェール，D.（編著）時野谷浩（訳）マス・メディアの受け手分析（pp.20-57）　誠信書房）
三ツ木勝巳（2016）．（あのとき・それから）1959年　少年サンデーと少年マガジン創刊　週刊漫画誌のジャンル築く　朝日新聞　12月14日夕刊，4.
三浦　基・小林憲一（2009）．米国ドラマの魅力を構造化すると――「アグリー・ベティ」調査の特定分析――　放送研究と調査，10月号，68-75.
向居　暁・竹谷真詞・川原明美・川口あかね（2016）．ファン態度とファン行動の関連性

高松大学・高松短期大学研究紀要，**64・65**, 233-257.

向井大輔（2017）．（文化の扉）キン肉マン，人気再燃　ネットで続編，若者も魅了／物語性に再評価　朝日新聞　6月25日朝刊，31．

中島純一（2013）．増補改訂版　メディアと流行の心理　金子書房

中村紀子（1994）．ユーミン現象　松井　豊（編）ファンとブームの社会心理（pp.15-34）サイエンス社

Newcomb, T. M.（1960）. The varieties of interpersonal attraction. In D. Cartwright, & A. Zander（Eds.）, *Group dynamics*（2nd ed.）. Row, Paterson.

西川千登世・渋谷昌三（2011）．音楽ファンのコンサート参加行動による精神的健康度への影響　参加頻度による検討　目白大学　心理学研究，**7**, 45-53.

ねほりんぱほりん（2018）．トップオタ登場！アイドルとの結ばれぬガチ恋，衝撃の結末は？　NHK Eテレ　1月17日放送〈http://www4.nhk.or.jp/nehorin/x/2018-01-17/31/9530/1317030/〉（2018年5月27日アクセス）

野村総合研究所（2005）．オタク市場の研究　東洋経済新報社

小川博司（1988）．音楽する社会　勁草書房

小川博司（1993）．メディア時代の音楽と社会　音楽之友社

大石千歳（2002）．仲間だから許せない　松井　豊（編）対人心理学の視点（pp.165-178）ブレーン出版

岡島紳士・岡田康宏（2011）．グループアイドル進化論——アイドル戦国時代がやってきた！——　毎日コミュニケーションズ

小倉千加子（1989）．松田聖子論　飛鳥新社

奥田秀宇（1997）．人をひきつける心——対人魅力の社会心理学——　サイエンス社

Rogers, E. M.（1983）. *Diffusion of innovators*（3rd ed.）. The Free Press.
　（ロジャーズ，E. M.　青池慎一・宇野善康（監訳）（1990）．イノベーション普及学　産能大学出版部）

西条　昇・木内英太・植田康孝（2016）．アイドルが生息する「現実空間」と「仮想空間」の二重構造——「キャラクター」と「偶像」の合致と乖離——　江戸川大学紀要，**26**, 199-258.

斉藤健一郎（2012）．男も美活，当たり前！？　男性向けエステや美容雑誌も　朝日新聞　7月8日朝刊，37．

坂口さゆり（2013）．2.5次元で妄想恋愛中——半リアルの「恋人」にハマる女子たち——　AERA　9月2日号，76．

佐藤沙也佳・髙橋優美・中嶋麻衣子・柳田英里子（2009）．年下芸能人ファンの中高年女性の心理　2008年度聖心女子大学人間関係専攻社会調査実習1報告書，1-48．

佐藤百合・藤橋真梨奈・山本朝美（2009）．2008年度聖心女子大学人間関係専攻社会調査実習1報告書，311-368．

さやわか（2013）．AKB商法とは何だったのか　大洋図書

島村麻里（2007）．ロマンチックウイルス——ときめき感染症の女たち——　集英社

Simmel, G.（1904）. Fashion. *International Quarterly*, 10, 130-155.（1957 reprinted in *American Journal of Psychology*, **62**, 541-558.）
　（ジンメル，G.　圓子修平・大久保健治（訳）（1976）．流行　ジンメル著作集7　文化の哲学（pp.36-61）　白水社）

菅原健介・鈴木公啓（2017）．外見の若さに対する志向性が心理的健康に及ぼす影響——外見若さ志向と内面若さ志向——　聖心女子大学論叢，**128**, 107-129.

杉本厚夫（1997）．スポーツファンの社会学　世界思想社

杉浦由美子（2006）．腐女子化する世界——東池袋のオタク女子たち—— 中央公論社
田川隆博（2009）．オタク分析の方向性　名古屋文理大学紀要，**9**, 73-80.
高橋祥友（1998）．群発自殺——流行を防ぎ，模倣を止める—— 中央公論社
田中浩史（2016）．日本の"コミュニケーション・アイドル"の未来に関する一考察——AKB 48 のコミュニケーション売り込み商法を手掛かりに—— コミュニケーション文化，**10**, 19-39.
辻　泉（2001）．今日の若者の友人関係における構造，意味，機能——アイドルのファンを事例として—— 社会学論考，**22**, 81-106.
植田康孝（2013）．AKB 48 選抜総選挙におけるロングテール構造とメディア選択　江戸川大学紀要，**23**, 91-114.
上野行良・渡辺麻子（1994）．小田和正ファンの心理　松井　豊（編）ファンとブームの社会心理（pp.35-50）サイエンス社
渡部　薫（2010）．〈サザエさんをさがして〉子供用化粧品　少女心をつかんでヒット　朝日新聞　5 月 1 日 be on Saturday, 3.
渡辺　登（2002）．よい依存，悪い依存　朝日新聞社
山岡重行（2016）．腐女子の心理学——彼女たちはなぜ BL（男性同性愛）を好むのか？——福村出版
吉田政幸・仲澤　眞・岡村敬子・吉岡那於子（2017）．スポーツファンの誇り——プロサッカーとプロ野球における検証—— スポーツマネジメント研究，**9**, 3-21.

コラム 1
朝日新聞（2018）．浸水被災地の ATM から窃盗未遂の疑い——倉敷の少年ら逮捕——　朝日新聞　7 月 11 日夕刊，8.
廣井　脩（2001）．流言とデマの社会学　文藝春秋
広島県警察本部生活安全総務課（2018）．犯罪情報官速報——デマ情報に惑わされないで！——広島県警察〈Retrieved from https://www.pref.hiroshima.lg.jp/uploaded/attachment/318287.pdf〉（2018 年 7 月 20 日）
キャリコネ編集部（2018）．【西日本豪雨】倉敷市，ツイッターでスポットクーラーの提供を呼びかけ——約 5 時間で 50 台集まる—— キャリコネニュース〈Retrieved from https://news.careerconnection.jp/?p=56392〉（2018 年 7 月 20 日）
三浦麻子・鳥海不二夫・小森政嗣・松村真宏・平石　界（2016）．ソーシャルメディアにおける災害情報の伝播と感情——東日本大震災に際する事例—— 人工知能学会論文誌，**31**, 1-9.
消防庁災害対策本部（2018）．平成 30 年 7 月豪雨による被害状況及び消防機関等の対応状況について（第 36 報）　総務省消防庁〈Retrieved from http://www.fdma.go.jp/bn/2018/detail/1052.html〉（2018 年 7 月 20 日）
読売新聞（2018）．被災者「必ず助けます」——市消防局ツイッター　転載，反響続々——読売新聞　7 月 12 日朝刊，27.

第 4 章
Almadi, T., Cathers, I., Hamdan, Mansour, A. M., & Chow, C. M.（2012）. The association between work stress and inflammatory biomarkers in Jordanian male workers. *Psychophysiology*, **49**, 172-177.
Bakker, A. B., & Demerouti, E.（2007）. The job demands-resources model: State of the art. *Journal of Managerial Psychology*, **22**, 309-328.

ベネッセ教育総合研究所（2008）．大学生の学習・生活実態調査
Bosma, H., Peter, R., Siegrist, J., & Marmot, M.（1998）. Two alternative job stress models and the risk of coronary heart disease. *American Journal of Public Health*, **88**, 68–74.
Centers for Disease Control and Prevention（2011）. Effect of short sleep duration on daily activities: United States, 2005–2008. *Morbidity and Mortality Weekly Report*, **60**, 239–242.
Cohen, S., Kessler, R. C., & Gordon, L. U.（Eds.）（1995）. *Measuring stress: A guide for health and social scientists*. Oxford University Press.
（コーエン，S.・ケスラー，R. C.・ゴードン，L. U.　小杉正太郎（監訳）（1999）．ストレス測定法――心身の健康と心理社会的ストレス――　川島書店）
Cooper, C. L., & Marshall, J.（1976）. Occupational sources of stress: A review of the literature relating to coronary heart disease and ill health. *Journal of Occupational and Organizational Psychology*, **49**, 11–28.
French, J. R. P. Jr., & Kahn, R. L.（1962）. A programmatic approach to studying the industrial environment and mental health. *Journal of Social Issue*, **18**, 1–47.
Garde, A. H., Hansen, A. M., Holterman, A., Gyntelberg, F., & Suadicani, P.（2013）. Sleep duration and ischemic heart disease and all-cause mortality: Prospective cohort study on effects of tranquilizers/hypnotics and perceived stress. *Scandinavian Journal of Work, Environment and Health*, **39**, 550–558.
Hurrell, J. J., & McLaney, M. A.（1988）. Exposure to job stress: A new psychometric instrument. *Scandinavian Journal of Work, Environment, and Health*, **14**（Supplement 1）, 27–28.
岩崎健二（2008）．長時間労働と健康問題――研究の到達点と今後の課題――　日本労働研究雑誌，**575**, 39–48.
Johnson, J. V., & Hall, E. M.（1988）. Job strain, work place social support, and cardiovascular disease: A cross-sectional study of a random sample of the Swedish working population. *American Journal of Public Health*, **78**, 1336–1342.
Karasek, R. A.（1979）. Job demands, job decision, latitude, and mental strain: Implication for job design. *Administrative Science Quarterly*, **24**, 285–307.
菊池由紀子・石井範子（2015）．女性看護師の疲労の自覚症状と勤務の関係　産業衛生学雑誌，**57**, 230–240.
今野晴貴（2016）．ブラックバイト――学生が危ない――　岩波書店
厚生労働省（2011）．心理的負荷による精神障害の認定基準について　厚生労働省〈Retrieved from http://www.mhlw.go.jp/stf/houdou/2r9852000001z3zj-aat/2r9852000001z43h.pdf〉
厚生労働省（2012）．平成24年　労働者健康状況調査　厚生労働省〈Retrieved from http://www.mhlw.go.jp/toukei/list/h24-46-50.html〉
厚生労働省（2015a）．大学生等に対するアルバイトに関する意識等調査結果について　厚生労働省〈Retrieved from http://www.mhlw.go.jp/stf/houdou/0000103577.html〉
厚生労働省（2015b）．学生アルバイトの労働条件の確保について要請しました　厚生労働省〈Retrieved from http://www.mhlw.go.jp/stf/houdou/0000108174.html〉
厚生労働省（2016a）．平成27年度「過労死等の労災補償状況」を公表　厚生労働省〈Retrieved from http://www.mhlw.go.jp/stf/houdou/0000128216.html〉
厚生労働省（2017）．平成29年版過労死等防止対策白書

久保智英・高橋正也・ミカエル・サリーネン・久保善子・鈴村初子 (2013). 生活活動と交代勤務スケジュールからみた交代勤務看護師の疲労回復 産業衛生学雑誌, **55**, 90-102.

Lazarus, R. S., & Folkman, S. (1984). *Stress, appraisal, and coping*. New York: Springer Publishing Company.
　(ラザルス, R. S.・フォルクマン, S. 本明 寛・春木 豊・織田正美 (監訳) (1991). ストレスの心理学——認知的評価と対処の研究—— 実務教育出版)

Milner, A., Smith, P., & LaMontagne, A. D. (2015). Working hours and mental health in Australia: Evidence from an Australian population-based cohort, 2001-2012. *Occupational and Environmental Medicine*, **72**, 573-579.

Nakata, A. (2012). Psychosocial job stress and immunity: A systematic review. *Methods in Molecular Biology*, **934**, 39-75.

岡田　涼・小野寺孝義 (編) (2018). 実践的メタ分析——戦略的・包括的理解のために—— ナカニシヤ出版

関口倫紀 (2012). 大学生のアルバイト選択とコミットメントおよび就職活動目標——中核的自己評価と職務特性の役割を中心に—— 経営行動科学, **25**, 129-140.

Selye, H. (1936). A syndrome produced by diverse nocuous agents. *Nature*, **138**, 32.

Selye, H. (1976). *The stress of life* (Revised edition). New York: McGraw-Hill.
　(セリエ, H. 杉 靖三郎・田多井吉之介・藤井尚治・竹宮 隆 (訳) (1988). 現代社会とストレス　法政大学出版局)

Siegrist, J. (1996). Adverse health effects of high-effort/low-reward conditions. *Journal of Occupational Health Psychology*, **1**, 27-41.

高本真寛・古村健太郎 (2018). 大学生におけるアルバイト就労と精神的健康および修学との関連 教育心理学研究, **66**, 14-27.

田村隆宏・木村信貴・三井理愛・松瀬誉幸 (2011). 大学生の心理的well-beingに及ぼすアルバイト活動の影響 鳴門教育大学研究紀要, **26**, 43-52.

丹後俊郎 (2016). 新版 メタ・アナリシス入門——エビデンスの統合をめざす統計手法—— 朝倉書店

上畑鉄之丞 (1982). 脳・心血管発作の職業的誘因に関する知見 労働科学, **58**, 277-293.

Virtanen, M., Ferrie, J. E., Singh-Manoux, A., Shipley, M., Vahtera, J., Marmot, M. G., & Kivimäki, M. (2010). Overtime work and incident coronary heart disease: The Whitehall II prospective cohort study. *European Heart Journal*, **31**, 1737-1744.

Virtanen, M., Heikkilä, K., Jokela, M., Ferrie, J. E., Batty, G. D., Vahtera, J., & Kivimäki, M. (2012). Long working hours and coronary heart disease: A systematic review and meta-analysis. *American Journal of Epidemiology*, **176**, 586-596.

Virtanen, M., Stansfeld, S. A., Fuhrer, R., Ferrie, J. E., & Kivimäki, M. (2012). *Overtime work as a predictor of major depressive episode: A 5-year follow-up of the Whitehall II study*. PLoS ONE, 7, e30719.

山田剛史・井上俊哉 (編) (2012). メタ分析入門——心理・教育研究の系統的レビューのために—— 東京大学出版会

Yamauchi, T., Yoshikawa, T., Takamoto, M., Sasaki, T., Matsumoto, S., Kayashima, K., & Takahashi, M. (2017). Overwork-related disorders in Japan: Recent trends and development of a national policy to promote preventive measures. *Industrial Health*, **55**, 293-302.

全国大学生活協同組合連合会 (2018). 第53回学生生活実態調査の概要報告 全国大学生活協同組合連合会 〈Retrieved from http://www.univcoop.or.jp/press/life/report.html〉

第5章

Beere, C. A., King, D. W., Beere, D. B., & King, L. A. (1984). The sex-role egalitarianism scale: A measure of attitudes toward equality between the sexes. *Sex Roles*, **10**, 563-576.

Benokraitis, N. V., & Feagin, J. R. (1986). *Modern sexism : Blatant, subtle. And covert discrimination*. New York : Prentice-Hall.
（ベノクレイティス，N. V.・フィーギン，J. R.　千葉モト子（訳）(1990). セクシュアル・ハラスメントの社会学——モダーン・セクシズム——　法律文化社）

Deaux, K., & Major, B. (1987). Putting gender into context: An interactive model of gender-related behavior. *Psychological Review*, **94**, 369-389.

土肥伊都子（2000）. 恋愛，そして結婚　藤田達雄・土肥伊都子（編）女と男のシャドウ・ワーク（pp.1-18）　ナカニシヤ出版

Glick, P., & Fiske, S. T. (1996). The ambivalent sexism inventory: Differentiating hostile and benevolent sexism. *Journal of Personality and Social Psychology*, **70**, 491-512.

King, L. A., King, D. W., Gudanowski, D. M., & Taft, C. T. (1997). Latent structure of the sex-role egalitarianism scale: Confirmatory factor analyses. *Sex Roles*, **36**, 221-234.

国連開発計画駐日代表事務所（2018）. よくあるご質問：ジェンダー不平等指数（GII）とは 〈Retrieved from http://www.jp.undp.org/content/tokyo/ja/home/library/human_development/human_development1/hdr_2011/QA_HDR4.html〉（March 30, 2018）

内閣府男女共同参画局（2016）. 男女共同参画社会に関する世論調査　内閣府大臣官房政府広報室〈Retrieved from https://survey.gov-online.go.jp/h28/h28-danjo/index.html〉（March 30, 2018）

小倉千加子（2007）. 結婚の条件　朝日新聞社

鈴木淳子（1991）. 平等主義的性役割態度——SESRA（英語版）の信頼性と妥当性の検討および日米女性の比較——　社会心理学研究，**6**, 80-87.

鈴木淳子（1994）. 平等主義的性役割態度スケール短縮版（SESRA-S）の作成　心理学研究，**65**, 34-41.

鈴木淳子（2017）. ジェンダー役割不平等のメカニズム——職場と家庭——　心理学評論，**60**, 62-80.

Swim, J. K., Aikin. K. J., Hall, W. S., & Hunter, B. A. (1995). Sexism and racism: Old-fashioned and modern prejudices. *Journal of Personality and Social Psychology*, **68**, 199-214.

Swim, J. K., & Campbell, B. (2001). Sexism: Attitudes, beliefs and behaviors. In R. Brown, & S. L. Gaertner (Eds.). *Blackwell handbook of social psychology : Intergroup processes* (pp.218-237). Massachusetts : Blackwell Publishers.

Tougas, F., Brown, R., Beaton, A. M., & Joly, S. (1995). Neosexism: Plus ça change, plus c'est pareil. *Personality and Social Psychology Bulletin*, **21**, 842-849.

宇井美代子（2002）. 女子大学生における男女平等を判断する基準——公的・私的・個人領域との関連から——　青年心理学研究，**14**, 41-55.

宇井美代子（2005）. 女子大学生における男女平等の判断基準——職場・家事・育児場面における違い——　社会心理学研究，**21**, 91-101.

宇井美代子（2008）. 性差別主義　青野篤子・赤澤淳子・松並知子（編）ジェンダーの心理学ハンドブック（pp.249-268）　ナカニシヤ出版

宇井美代子（2014）. 男女の役割に関する意見の差異とその対処の検討　Humanitas：玉川

大学学術研究所人文科学研究センター年報，**5**, 120-131.
宇井美代子・松井　豊（2005）．フェミニズムにおける男女平等の判断基準　筑波大学心理学研究，**29**, 61-70.
Ui, M., & Matsui, Y. (2008). Japanese adults' sex role attitudes and judgment criteria concerning gender equality : The diversity of gender egalitarianism. *Sex Roles*, **58**, 412-422.
United Nations Development Programme (2018). *Table 5 : Gender Inequality Index*. 〈Retrieved from http://hdr.undp.org/en/composite/GII〉（November 21, 2018）

コラム2
内閣府（2014）．女性の活躍推進に関する世論調査
渡邊　寛（2017a）．新しい男性役割尺度の開発と信頼性・妥当性の検討　心理学研究，**88**, 251-259.
渡邊　寛（2017b）．伝統的な男性役割態度尺度の作成と信頼性・妥当性の検証　心理学研究，**88**, 488-498.
渡邊　寛（2017c）．多様化する男性役割の構造——伝統的な男性役割と新しい男性役割を特徴づける4領域の提示——　心理学評論，**60**, 117-139.

第6章
荒木昭次郎（1990）．参加と協働——新しい市民＝行政関係の創造——　ぎょうせい
Arnstein, S. R. (1969). A ladder of citizen participation. *Journal of the American Institute for Planners*, **35**, 216-224.
分権型社会に対応した地方行政組織運営の刷新に関する研究会（2005）．分権型社会における自治体経営の刷新計画——新しい公共空間の形成を目指して——
濱嶋　朗・竹内郁郎・石川晃弘（編）（1997）．社会学小辞典（新版）　有斐閣
林　直保子（2009）．制度への信頼　日本社会心理学会（編）社会心理学事典（pp.424-425）丸善
池田謙一（2010）．行政に対する制度信頼の構造　日本政治学会（編）政治行政への信頼と不信（年報政治学2010-Ⅰ）（pp.11-30）木鐸社
今川　晃・山口道昭・新川達郎（2005）．地域力を高めるこれからの協働——ファシリテータ育成テキスト——　第一法規
石盛真徳（2004）．コミュニティ意識とまちづくりへの市民参加——コミュニティ意識尺度の開発を通じて——　コミュニティ心理学研究，**7**, 87-98.
石盛真徳（2010）．コミュニティ意識と地域情報化の社会心理　ナカニシヤ出版
加藤栄一（1983）．官僚です，よろしく　TBSブリタニカ
Leventhal, G. S. (1980). What should be done with equity theory? : New approaches to the study of fairness in social relationships. In K. Gergen, M. Greenberg, & R. Willis (Eds.), *Social exchange* (pp.27-55). New York : Plenum.
Linney, J. A., & Wandersman, A. (1996). Empowering community groups with evaluation skills : The Prevention Plus III Model. In D. Fetterman, S. Kaftarian, & A. Wandersman (Eds.), *Empowerment evaluation : Knowledge and tools for self-assessment and accountability* (pp.259-276). Thousand Oaks, CA : Sage.
Lipsky, M. (1980). *Street-level bureaucracy*. New York : The Russell Sage Foundation.
（リプスキー，M.　田尾雅夫（訳）（1986）．行政サービスのディレンマ——ストリート・レベルの官僚制——　木鐸社）

MacIver, R. M. (1917). *Community: A sociological study, being an attempt to set out the nature and fundamental laws of social life.*
（マッキーヴァー, R. M. 中 久郎・松本通晴（訳）(1975). コミュニティ——社会学的研究：社会生活の性質と基本法則に関する一試論—— ミネルヴァ書房）

McMillan, D. W., & Chavis, D. M. (1986). Sense of community: A definition and theory. *Journal of Community Psychology*, **14**, 6-23.

村上 弘（2009）．行政，行政学とは何か 村上 弘・佐藤 満（編著）よくわかる行政学（第2版，pp.2-3） ミネルヴァ書房

村松岐夫（1999）．行政学教科書 有斐閣

内閣府（2007）．国民生活白書（平成19年度版） 国立印刷局

内閣府国民生活局市民活動推進課（2003）．ソーシャル・キャピタル——豊かな人間関係と市民活動の好循環を求めて——（平成14年度内閣府委託調査）〈http://www.npo-homepage.go.jp/data/report9_1.html〉（2007年11月22日）

中邨 章（2010）．はじめに 日本政治学会（編）政治行政への信頼と不信（年報政治学2010-Ⅰ）（pp.3-6） 木鐸社

大沼 進（2008）．環境をめぐる社会的ジレンマは解決できるのか 広瀬幸雄（編）環境行動の社会心理学——環境に向き合う人間のこころと行動——（pp.18-27） 北大路書房

Ostrom, V. (1977). Structure and performance. In V. Ostrom, & F. P. Bish (Eds.), *Comparing urban service delivery systems* (Urban Affairs Annual Reviews, Vol.12., pp.19-44). London, Beverly Hills: Sage Publications.

Putnam, R. D. (1993). *Making democracy work*. Princeton University Press.
（パットナム, R. D. 河田潤一（訳）(2001). 哲学する民主主義——伝統と改革の市民的構造—— NTT出版）

Putnam, R. D. (2000). *Bowling alone: The collapse and revival of American community*. New York: Simon and Schuster.
（パットナム, R. D. 柴内康文（訳）(2006). 孤独なボウリング——米国コミュニティの崩壊と再生—— 柏書房）

Sampson, R. J., Raudenbush, S. W., & Earis, F. (1997). Neighborhoods and violent crime: A multilevel study of collective efficacy. *Science*, **277**, 918-924.

笹尾敏明・小山 梓・池田 満（2003）．次世代型ファカルティ・ディベロップメント（FD）・プログラムに向けて——コミュニティ心理学的視座からの検討—— 教育研究（国際基督教大学），**45**, 55-72.

柴内康文（2009）．ソーシャル・キャピタル 日本社会心理学会（編）社会心理学事典（pp.420-421） 丸善

髙橋尚也（2006）．大学生における地方公務員イメージの構造とその規定因 産業・組織心理学研究，**19**(2), 37-49.

髙橋尚也（2018a）．住民と行政の協働における社会心理学——市民参加とコミュニケーションのかたち—— ナカニシヤ出版

髙橋尚也（2018b）．行政と住民との協働に関する社会心理学的研究の動向——協働の進展プロセスに関する仮説モデルの提唱—— 応用心理学研究，**43**, 195-207.

Takahashi, N., & Matsui, Y. (2010). The relation of the images of people engaged in public service and the attitudes towards politics and society in Japan. *Tsukuba Psychological Research*, **40**, 21-25.

田中国夫・藤本忠明・植村勝彦（1978）．地域社会への態度の類型化について——その尺度構成と背景要因—— 心理学研究，**49**, 36-43.

田尾雅夫（1990）．行政サービスの組織と管理——地方自治体における理論と実際—— 木鐸社
田尾雅夫（2011）．市民参加の行政学　法律文化社
卯月盛夫（2004）．住民参画で職員・住民を鍛える　大森　彌・卯月盛夫・北沢　猛・小田切徳美・辻　琢也　自立と協働によるまちづくり読本——自治「再」発見——（pp.125-212）　ぎょうせい
山岸俊男（1998）．信頼の構造——こころと社会の進化ゲーム—— 東京大学出版会
Zimmerman, M. A. (1995). Psychological empowerment : Issues and illustrations. *American Journal of Community Psychology*, **23**, 581-599.
Zimmerman, M. A. (2000). Empowerment theory : Psychological, organizational and community level of analysis. In J. Rappaport, & E. Seidman (Eds.), *Handbook of community psychology* (pp.43-63). Springer.
Zimmerman, M. A., & Rappaport, J. (1988). Citizen participation, perceived control, and empowerment. *American Journal of Community Psychology*, **19**, 251-278.

第7章

Allport, G. (1954). *The nature of prejudice*. Cambridge, MA : Addison-Wesley.
Aronson, E., Stephan, C., Sikes, J., Blaney, N., & Snapp, M. (1978). *The jigsaw classroom*. Beverly Hills.
Brown, R. (2010). *Prejudice : Its social psychology* (2nd ed.). West Sussex, UK : Wiley-Blackwell.
Cuddy, A. J. C., Fiske, S. T., & Glick, P. (2007). The BIAS map : Behaviors from intergroup affect and stereotypes. *Journal of Personality and Social Psychology*, **92**, 631-648.
Fiske, S. T., Cuddy, A. J. C., Glick, P., & Xu, J. (2002). A model of (often mixed) stereotype content : Competence and warmth respectively follow from perceived status and competition. *Journal of Personality and Social Psychology*, **82**, 878-902.
法務省矯正局（2011）．日本の刑事施設（PENAL INSTITUTION IN JAPAN）〈http://www.moj.go.jp/content/000079580.pdf〉（2017年11月13日）
上瀬由美子（2001）．視覚障害者一般に対する態度—測定尺度の作成と接触経験・能力認知との関係　江戸川大学紀要揮〈情報と社会〉，**11**, 27-36.
上瀬由美子（2010）．官民協働（PFI）刑務所に対する認知度・抵抗感とその背景——東京30キロ圏および山口県居住者に対する意識調査——　日本応用心理学会第77回大会発表論文集
上瀬由美子（2013）．ステレオタイプ変容の共有化過程に関する予備的研究——官民協働（PFI）刑務所に対する近隣住民へのインタビュー——　立正大学心理学研究年報，**4**, 1-11.
上瀬由美子（2016a）．矯正システムの可視化による社会的包摂促進の検討——喜連川社会復帰促進センターに対する近隣住民の意識調査——　立正大学心理学研究所紀要，**14**, 51-63.
上瀬由美子（2016b）．矯正施設ステレオタイプ——イメージの変容に向けて——　刑政，**127** (6), 36-43.
上瀬由美子（2018）．非誘致型の官民協働刑務所開設に伴う社会的包摂促進の検討——播磨社会復帰促進センター近隣住民の意識調査——　立正大学心理学研究所紀要，**16**, 9-22.
上瀬由美子・髙橋尚也・矢野恵美（2016）．官民協働刑務所開設による社会的包摂促進の検

討　心理学研究, **87** (6), 579-589.
Lippmann, W. (1922). *Public opinion*. New York: Harcourt Brace.
Lucker, G. W., Rosenfield, D., Sikes, J., & Aronson, E. (1976). Performance in the interdependent classroom: A field study. *American Educational Research Journal*, **13**, 115-123.
Martin, R. (2000). Community perceptions about prison construction: Why not in my backyard? *The Prison Journal*, **80**, 265-294.
Maxim, P., & Plecas, D. (1983). Prisons and their perceived impact on the local community: A case study. *Social Indicators Research*, **13**, 39-58.
森田裕一郎 (2009). 島根あさひ社会復帰促進センター整備・運営事業の立案から実施へ　島根県立大学PFI研究会（編）PFI刑務所の新しい試み（pp.42-54）　成文堂
西田　博 (2012). 新しい刑務所の形――未来を切り拓くPFI刑務所の挑戦――　小学館集英社プロダクション
Sherif, M., Harvey, O. J., White, B. J., Hood, W. R., & Sherif, C. W. (1961). *The robbers cave experiment: Intergroup conflict and cooperation*. Wesleyan University Press.
Slavin, R. E. (1979). Effects of biracial learning teams on cross-racial friendships. *Journal of Educational Psychology*, **71**, 381-387.
Takahashi, L. M., & Gaber, S. L. (1998). Controversial facility siting in the urban environment: Resident and planner perceptions in the United States. *Environment and Behavior*, **30**, 184-215.
矢野恵美・上瀬由美子・齋藤　実 (2014). 地域と刑務所の共生・共創は可能か　日工組社会安全財団2013年度一般研究助成最終報告書〈http://www.syaanken.or.jp/wp-content/uploads/2015/01/RP2013A_006.pdf〉
遊間義一 (2010). 共和分回帰・誤差修正モデルによる受刑者間暴力に対する収容率の効果の検証　心理学研究, **81**, 218-225.

第8章

Asai, M., Akizuki, N., Fujimori, M., Matsui, Y., Itoh, K., Ikeda, M., ... Uchitomi, Y. (2012). Psychological states and coping strategies after bereavement among spouses of cancer patients: A quantitative study in Japan. *Support Care Cancer*, **20** (12), 3189-3203.
Asai, M., Akizuki, N., Fujimori, M. Shimizu, K., Ogawa, A., Matsui, Y., Akechi, T., ... Uchitomi, Y. (2013). Impaired mental health among the bereaved spouses of cancer patients. *Psychooncology*, **22** (5), 995-1001.
Asai, M., Fujimori, M., Akizuki, N., Inagaki, M., Matsui, Y., & Uchitomi, Y. (2010). Psychological states and coping strategies after bereavement among the spouses of cancer patients: A qualitative study. *Psychooncology*, **19** (1), 38-45.
浅井真理子・松井　豊・内富庸介 (2013). 配偶者をがんで亡くした遺族の対処行動パターン　心理学研究, **84** (5), 498-507.
Bedell, S. E., Cadenhead, K., & Graboys, T. B. (2001). The doctor's letter of condolence. *The New England Journal of Medicine*, **344** (15), 1162-1164.
Bonanno, G. A., Papa, A., Lalande, K., Zhang, N., & Noll, J. G. (2005). Grief processing and deliberate grief avoidance: A prospective comparison of bereaved spouses and parents in the United States and the People's Republic of China. *Journal of Consulting and Clinical Psychology*, **73** (1), 86-98.

Bowlby, J. (1980). *Loss: Sadness and depression. Attachment and loss* (Vol. 3). London: Hogarth Press.
Burton, C. L., Yan, O. H., Pat-Horenczyk, R., Chan, I. S., Ho, S., & Bonanno, G. A. (2012). Coping flexibility and complicated grief: A comparison of American and Chinese samples. *Depress Anxiety*, **29** (1), 16–22.
Chau, N. G., Zimmermann, C., Ma, C., Taback, N., & Krzyzanowska, M. K. (2009). Bereavement practices of physicians in oncology and palliative care. *Archives of Internal Medicine*, **169** (10), 963–971.
Cole, M. G., & Dendukuri, N. (2003). Risk factors for depression among elderly community subjects: A systematic review and meta-analysis. *American Journal of Psychiatry*, **160** (6), 1147–1156.
Jacobson, N. S., Martel, C., & Dimidjian, S. (2001). Behavioral activation treatment for depression: Returning to contextual roots. *Clinical Psychology: Science and Practice*, **8**, 255–270.
Kadan-Lottick, N. S., Vanderwerker, L. C., Block, S. D., Zhang, B., & Prigerson, H. G. (2005). Psychiatric disorders and mental health service use in patients with advanced cancer: A report from the coping with cancer study. *Cancer*, **104** (12), 2872–2881.
Kissane, D. W., Zaider, T. I., Li, Y., Hichenberg, S., Schuler, T., Lederberg, M., ... Del Gaudio, F. (2016). Randomized controlled trial of family therapy in advanced cancer continued into bereavement. *Journal of Clinical Oncology*, **34** (16), 1921–1927.
国立がん研究センターがん情報サービス（2017）．がん統計
厚生労働省（2007）．人口動態統計
厚生労働省（2016）．人口動態統計
Kübler-Ross, E. (1969). *On death and dying*. New York: Macmilan.
Lalande, K. M. B., & Bonanno, G. A. (2006). Culture and continuing bonds: A prospective comparison of bereavement in the United States and the People's Republic of China. *Death Studies*, **30** (4), 303–324.
松井　豊（編）（1997）．悲嘆の心理　サイエンス社
小此木啓吾（1979）．対象喪失――悲しむということ――　中央公論社
Rando, T. A. (2000). *Clinical dimensions of anticipatory mourning: Theory and practice in working with the dying, their loved ones, and their caregivers*. Research Press.
坂口幸弘（2010）．悲嘆学入門――死別の悲しみを学ぶ――　昭和堂
坂口幸弘・柏木哲夫・恒藤　暁（2001）．配偶者喪失後の対処パターンと精神健康との関連　心身医学，**41** (6), 439–446.
坂口幸弘・恒藤　暁・柏木哲夫・池永昌之・田村恵子（2002）．遺族の感情表出が精神的健康に及ぼす影響――感情表出は本当に有効な対処方法なのか？――　死の臨床，**25** (1), 58–63.
Stroebe, M., & Schut, H. (1999). The dual process model of coping with bereavement: Rationale and description. *Death Studies*, **23** (3), 197–224.
Stroebe, M., Schut, H., & Stroebe, W. (2005). Attachment in coping with bereavement: A theoretical integration. *Review of General Psychology*, **9** (1), 48–66.
Stroebe, W., & Stroebe, M. (1987). *Bereavement and health*. Cambridge, England: Cambridge University Press.
内富庸介（2011）．がんに対する通常の心理的反応とその基本的対応　内富庸介・小川朝生

（編）精神腫瘍学（pp.43-50）医学書院
Worden, J. (1983). *Grief counselling and grief therapy*. New York : Springer Publishing Company.
Yamamoto, J., Okonogi, K., Iwasaki, T., & Yoshimura, S. (1969). Mourning in Japan. *American Journal of Psychiatry*, **125** (12), 1660-1665.
余語真夫（1991）．喪失と悲嘆　中島義明・安藤清志・子安増生・坂野雄二・繁桝算男・立花政夫・箱田裕司（編）心理学辞典（p.532）　有斐閣
Zhang, B., Wright, A. A., Huskamp, H. A., Nilsson, M. E., Maciejewski, M. L., Earle, C. C., ... Prigerson, H. G. (2009). Health care costs in the last week of life : Associations with end-of-life conversations. *Archives of Internal Medicine*, **169** (5), 480-488.

第9章

Amick-McMullan, A., Kilpatrick, D. G., Lois, J., & Smith, S. (1989). Family survivors of homicide victims : Theoretical perspectives and an exploratory study. *Journal of Traumatic Stress*, **2**, 21-35.
Amick-McMullan, A., Kilpatrick, D. G., & Resnick, H. S. (1991). Homicide as a risk factor for PTSD among surviving family members. *Behavior Modification*, **15** (4), 545-559.
有薗博子・加藤　寛・煙崎久子（2006）．突然の事故により家族と死別した遺族の経年的な心理状態の変化　心的トラウマ研究，**2**, 31-39.
Armour, M. P. (2002). Experiences of covictims of homicide : Implications for research and practice. *Trauma, Violence, and Abuse*, **3** (2), 109-124.
Armour, M. P. (2006). Violent death : Understanding the context of traumatic and stigmatized grief. *Journal of Human Behavior in the Social Environment*, **14** (4), 53-90.
Asaro, M. R. (2001). Working with adult homicide survivors, Part I : Impact and sequelae of murder. *Perspectives in Psychiatric Care*, **37** (3), 95-101.
Bailey, A., Sharma, M., & Jubin, M. (2013). The mediating role of social support, cognitive appraisal, and quality health care in black mothers' stress-resilience process following loss to gun violence. *Violence and Victims*, **28** (2), 233-247.
Freedy, J. R., Resnik, H. S., Kilpatrick, D. G., Dansky, B. S., & Tidwell, R. P. (1994). The psychological adjustment of recent crime victims in the criminal justice system. *Journal of Interpersonal Violence*, **9** (4), 450-468.
Gekoski, A., Adler, J. R., & Gray, J. M. (2013). Interviewing women bereaved by homicide : Reports of secondary victimization by the criminal justice system. *International Review of Victimology*, **19** (3), 307-329.
Harvey, J. H. (2002). *Give sorrow words : Perspectives on loss and trauma*. Routledge.
（ハーヴェイ，J. H.　安藤清志（訳）（2002）．悲しみに言葉を——喪失とトラウマの心理学——　誠信書房）
土師　守（1998）．淳　新潮社
Herman, J. L. (1992). *Trauma and recovery*. New York : Basic Books.
（ハーマン，J. L.　中井久夫（訳）（1999）．心的外傷と回復（増補版）　みすず書房）
平山正実（1997）．死別体験者の悲嘆について——主として文献紹介を中心に——　松井豊（編）悲嘆の心理（pp.85-112）サイエンス社
警察庁（2009）．犯罪被害者白書平成21年度版
Kobayashi, M., & Dussich, J. (2009). The needs of homicide survivors and services de-

livered in Japan : Assessing the gaps. *International Perspectives in Victimology*, **4** (1), 58-69.
小林麻衣子・諸澤英道（2008）．犯罪被害者の支援と保護に関する評価研究　常磐研究紀要，**2**, 45-62.
小西聖子（1998）．犯罪被害者遺族――トラウマとサポート――　東京書籍
小西聖子（2006）．犯罪被害者の心の傷　白水社
Masters R., Friedman, L. N., & Getzel, G. (1988). Helping families of homicide victims : A multidimensional approach. *Journal of Traumatic Stress*, **1** (1), 109-125.
Mezey, G., Evans, C., & Hobdell, K. (2002). Families of homicide victims : Psychiatric responses and help-seeking. *Psychology and Psychotherapy : Theory, Research and Practice*, **75** (1), 65-75.
宮地尚子（2013）．トラウマ　岩波書店
諸澤英道・唐沢かおり・小林麻衣子・白岩祐子　財団法人社会安全研究財団・一般研究助成（2011）．刑事裁判への関与が犯罪被害者遺族の満足度と司法に対する信頼に与える影響
Murphy, S. A., Johnson, L. C., Chung, I. C., & Beaton, R. D. (2003a). The prevalence of PTSD following the violent death of a child and predictors of change 5 years later. *Journal of Traumatic Stress*, **16** (1), 17-25.
Murphy, S. A., Johnson, L. C., Wu, L., Fan, J. J., & Lohan, J. (2003b). Bereaved parents' outcomes 4 to 60 months after their children's death by accident, suicide, or homicide : A comparative study demonstrating differences. *Death Studies*, **27** (1), 39-61.
中島聡美（2016）．女性における複雑性悲嘆――愛着と養育の視点から――　武蔵野大学人間科学研究所年報，**5**, 29-39.
中島聡美・白井明美・真木佐知子・石井良子・永岑光恵・辰野文理・小西聖子（2009）．犯罪被害者遺族の精神健康とその回復に関連する因子の検討　精神神經學雜誌，**111**, 423-429.
緒方康介・石川隆紀・道上知美・西由布子・前田　均（2010）．事故および犯罪被害者遺族の外傷後ストレス症状の因子構造――多母集団同時分析による性別，年齢層別および死別後期間別の因子不変性――　被害者学研究，**22**, 24-36.
大和田攝子（2001）．犯罪による死別と被害者遺族の心理――被害者学および死生学の視点から――　人間科学研究／大阪大学大学院人間科学研究科編，**3**, 95-111.
大和田攝子（2003）．犯罪被害者遺族の心理と支援に関する研究　みすず書房
Parons, J., & Bergin, T. (2010). The impact of criminal justice involvement on victims' mental health. *Journal of Traumatic Stress*, **23**, 182-188.
坂口幸弘（2010）．悲嘆学入門――死別の悲しみを学ぶ――　昭和堂
坂口幸弘・柏木哲夫（2000）．死別後の適応とその指標　日本保健医療行動科学会年報，**15**, 1-10.
Sharpe, T. L., Osteen, P., Frey, J. J., & Michalopoulos, L. M. (2014). Coping with grief responses among African American family members of homicide victims. *Violence and Victims*, **29** (2), 332-347.
白井明美・中島聡美・真木佐知子・辰野文理・小西聖子（2010a）．犯罪被害者遺族における複雑性悲嘆及びPTSDに関連する要因の分析　臨床精神医学，**39**, 1053-1062.
白井明美・中島聡美・真木佐知子・辰野文理・小西聖子（2010b）．犯罪被害者遺族における続柄の相違が精神健康に与える影響についての分析　精神保健研究，**23**, 27-33.
Sprang, G., McNeil, J., & Wright, R. (1993). Grief among surviving family members of

homicide victims: A causal approach. *Omega: Journal of Death and Dying*, **26** (2), 145-160.
Sprang, G., & McNeil, J. (1998). Post-homicide reactions: Grief, mourning and Post-Traumatic Stress Disorder following a drunk driving fatality. *Omega: Journal of Death and Dying*, **37** (1), 41-58.
田中將之 (2007). 犯罪被害者遺族に対する教師・学校の対応 カウンセリング研究, **40**, 70-80.
Thompson, M. P. (2007). Homicide survivors: A summary of the research. In R. C. Davis, Jr, A. J. Lurigio, & S. A. Herman (Eds.), *Victims of crime* (3rd ed., pp.109-123). New York: Sage Publications.
上田 鼓・藤田悟郎・栁田多美・貝瀬千里・佐藤真奈美 (2017). 交通事故遺族の全般的精神健康及び複雑性悲嘆とその関連要因 心理学研究, **87**, 569-578.

第10章

遠藤公久 (1994). 自己開示における抵抗感の構造に関する検討 筑波大学心理学研究, **16**, 91-97.
榎本博明 (1997). 自己開示の心理学的研究 北大路書房
Feeny, N. C., Stines, L. R., & Foa, E. B. (2007). Posttraumatic stress disorder-clinical. In G. Fink (Ed.), *Encyclopedia of stress* (Vols. 1-4., 2nd ed., pp.135-139). San Diego, CA: Elsevier Academic Press.
Goldstein, D. (2005). A comparison of utilization of peer support services and perceived stigma within the Vermont State Police. *Forensic Examiner*, **14** (3), 44-48.
畑中美穂 (2003). 会話場面における発言の抑制が精神的健康に及ぼす影響 心理学研究, **74**, 95-103.
畑中美穂・松井 豊 (2003). 抑制的会話態度及びソーシャルサポートが消防職員の精神的健康に及ぼす影響 日本心理学会第67回大会論文集, 172.
畑中美穂・松井 豊・丸山 晋・小西聖子・高塚雄介 (2007). 消防職員のためのPTSD予防チェックリスト作成の試み 立正大学心理学部研究紀要, **5**, 3-30.
畑中美穂・兪 善英・松井 豊 (2011). 東日本大震災の被災地派遣消防職員における惨事ストレス――派遣先での体験内容とストレス反応の検討―― 日本トラウマティックストレス学会第10回大会抄録集, 44.
Haugen, P. T., Evces, M., & Weiss, D. S. (2012). Treating posttraumatic stress disorder in first responders: A systematic review. *Clinical Psychology Review*, **32**, 370-380.
Hoge, C. W., Castro, C. A., Messer, S. C., McGurk, D., Cotting, D. I., & Koffman, R. (2004). Combat duty in Iraq and Afghanistan, mental health problems, and barriers to care. *The New England Journal of Medicine*, **351**, 13-22.
Horowitz, M., Wilner, N., & Alvarez, W. (1979). Impact of Event Scale: A measure of subjective stress. *Psychosomatic Medicine*, **41** (3), 209-218.
兵庫県精神保健協会こころのケアセンター (1999). 非常事態ストレスと災害救援者の健康状態に関する調査研究報告書
片山美由紀 (1996). 否定的内容の自己開示への抵抗感と自尊心の関連 心理学研究, **67**, 351-358.
河野和明 (2000). 抑制的会話態度の研究――抑制的会話態度尺度・自己隠蔽・自覚的身体症状の関係―― 日本心理学会第64回大会発表論文集, 889.
Leykin, D., Lahad, M., & Bonneh, N. (2013). Posttraumatic symptoms and posttraumatic

growth of Israeli firefighters, at one month following the Carmel Fire Disaster. *Psychiatry Journal*, 274121. http://doi.org/10.1155/2013/274121

Lowery, K., & Stokes, M. A. (2005). Role of peer support and emotional expression on posttraumatic stress disorder in student paramedics. *Journal of Traumatic Stress*, **18**, 171-179.

松井　豊（2005）．惨事ストレスへのケア　おうふう

松井　豊・畑中美穂・兪　善英（未刊）．「東日本大震災派遣消防職員の実態調査」の結果概要　全国消防職員協議会

松下智子（2005）．ネガティブな経験の意味づけ方と開示抵抗感に関する研究　心理学研究，**76**，480-485.

Paton, D. (2006). Posttraumatic growth in disaster and emergency work. In L. G. Calhoun, & R. G. Tedeschi (Eds.), *Handbook of posttraumatic growth : Research and practice* (pp.225-247). Mahwah, NJ : Lawrence Erlbaum Associates.

Paton, D., Huddleston, L., & Stephens, C. (2003). *The interaction between traumatic stress and organizational demands on police officers traumatic stress and posttraumatic growth*. 10th Australasian Society for Traumatic Stress Studies Conference, Hobart, Australia.

Scott, C., & Myers, K. K. (2005). The socialization of emotion : Learning emotion management at the fire station. *Journal of Applied Communication Research*, **33**, 67-92.

消防職員の現場活動に係るストレス対策研究会（2003）．消防職員の惨事ストレスの実態と対策のあり方について　地方公務員安全衛生推進協会

Tedeschi, R. G., & Calhoun, L. G. (1996). The Post-traumatic Growth lnventory : Measuring the positive legacy of trauma. *Journal of Traumatic Stress*, **9**, 455-471.

兪　善英（2010b）．消防職員における配偶者へのストレス開示に関する探索的検討　日本心理学会第 74 回大会発表論文集，132.

兪　善英・古村健太郎・松井　豊・丸山　晋（2017）．東日本大震災被災地に派遣された消防職員のストレス症状と外傷後成長　心理学研究，**87**（6），644-650.

兪　善英・松井　豊（2012）．配偶者に対する消防職員のストレス開示抑制態度が精神的健康へ及ぼす影響　心理学研究，**83**，440-449.

コラム 3

藤代富広（2013）．警察における惨事ストレス対策　トラウマティック・ストレス，**11**，141-149.

藤代富広（2018）．広域災害により部下が殉職した警察幹部職員の惨事ストレスの検討　心理臨床学研究，**36**，47-57.

警察庁（2012）．被災地における警察の活動　焦点，**281**，17-21. 〈http://www.npa.go.jp/archive/keibi/syouten/syouten281/index.html〉（2017 年 8 月 1 日）

Wisnivesky, J. P., Teitelbaum, S. L., Todd, A. C., Boffetta, P., Crane, M., Crowley, L., &...Landrigan, P. J. (2011). Persistence of multiple illnesses in World Trade Center rescue and recovery workers : A cohort study. *The Lancet*, **378**, 888-897.

第 11 章

American Psychiatric Association (2013). *Diagnostic and Statistical Manual of Mental Disorders : DSM-5*. New York : American Psychiatric Publishing.

（アメリカ精神医学会（編）高橋三郎・大野　裕・染矢俊幸・神庭重信・尾崎紀夫・三

村　將・村井俊哉（訳）（2014）．DSM-5 精神疾患の診断・統計マニュアル　医学書院）
青木慎一郎（2013a）．東日本大震災と岩手県被災地職員のメンタルヘルス――三つの時間差現象について――　岩手公衆衛生学会誌，**24**, 6-12.
青木慎一郎（2013b）．復興期のメンタルケアでは「3つの時間差現象に留意を」　地方公務員安全と健康フォーラム，**88**, 4-9.
有薗博子・中井久夫（2007）．PTSD 発症の危険因子と対応　丸川征四郎（編）経験から学ぶ大規模災害（pp.275-285）　永井書店
飛鳥井　望（2011）．急性ストレス障害（ASD）と心的外傷後ストレス障害（PTSD）　日本精神科病院協会雑誌，**30**, 945-950.
防衛システム研究所（2013）．自衛隊の PTSD 対策――東日本大震災から学ぶストレスの克服――（第2版）　内外出版
地方公務員安全衛生推進協会（2011）．災害時の心の健康法――セルフケアと組織対策――　地方公務員安全衛生推進協会
大規模災害時等に係る惨事ストレス対策研究会（2013）．大規模災害時等に係る惨事ストレス対策研究会報告書　総務省消防庁
Figley, C. R. (1995). Compassion fatigue: Toward a new understanding of the costs of caring. In B. H. Stamm (Ed.), *Secondary traumatic stress: Self-care issues for clinicians, researchers, and educators* (pp.3-28). Baltimore, MD: The Sidran Press.
林　春男（2002）．日本社会における災害トラウマ　中根允文・飛鳥井　望（編）臨床精神医学講座 S6 外傷後ストレス障害（PTSD）（pp.319-326）　中山書店
岩井圭司（2006）．各論 1・2・3 自然災害　金　吉晴（編）心的トラウマの理解とケア（第2版，pp.63-95）　じほう
鍵屋　一（2014）．月曜連載地域防災最前線（44）東日本大震災の被災自治体職員に聞く（1）　地方行政，**10462**, 2-6.
河北新報（2018）．沿岸被災地で応援職員 65 人不足　岩手 9 市町村，新年度見込み　河北新報オンラインニュース〈http://www.kahoku.co.jp/tohokunews/201803/20180308_71054.html〉（2018 年 4 月 10 日）
笠井哲也・杉村和将（2013）．疲弊する役所　心病む職員　退職・自殺も　朝日新聞 3 月 8 日朝刊，3.
加藤　寛（2006）．各論 6　災害救援者　金　吉晴（編）心的トラウマの理解とケア（第 2 版，pp.121-131）　じほう
加藤　寛（2009）．消防士を救え！――災害救援者のための惨事ストレス対策講座――　東京法令出版
香山リカ（2012）．誰からも評価されない――香山リカが見た被災地公務員の苦悩――　AERA　9 月 10 日号，61-63.
警察庁緊急災害警備本部（2018）．平成 23 年（2011 年）東北地方太平洋沖地震の警察措置と被害状況〈https://www.npa.go.jp/news/other/earthquake 2011/pdf/higaijokyo.pdf〉（2018 年 11 月 24 日）
公務員連絡会地方公務員部会（2011）．1000 時間後のあなたへ――災害対応職員向けマニュアル――　公務員連絡会地方公務員部会
熊本県（2017）．熊本地震の概ね 3 カ月間の対応に関する検証報告書
桑原裕子・髙橋幸子・松井　豊（2013）．東日本大震災で被災した自治体職員の外傷後成長　筑波大学心理学研究，**47**, 15-23.
桑原裕子・髙橋幸子・松井　豊（2015）．東日本大震災の被災自治体職員の心的外傷後ストレス反応　トラウマティック・ストレス，**13**, 161-170.

桑原裕子・髙橋幸子・松井　豊（2016）．東日本大震災後，地方自治体のストレスケア対策に関する探索的調査　日本トラウマティック・ストレス学会第15回大会，仙台

桑原裕子・髙橋幸子・鈴木圭子・秦泉寺晶子・松井　豊（2012）．東日本大震災における自治体職員のメンタルヘルスについて　地域安全学会梗概集，**31**, 77-78．

丸谷浩明（2011）．東日本大震災の教訓を踏まえた事業継続計画（BCP）改善への提言　土木学会論文集F6（安全問題），**67**, I_1-10．

松井　豊（2009）．惨事ストレスへのケア　おうふう

松井　豊（2012）．インタビュー　松井　豊　筑波大学教授　BCPの新たな課題　従業員のメンタルケア　リスク対策.com，**29**, 44-49．

メンタルヘルス対策サポート推進室（2016）．「東日本大震災に関連するメンタルヘルス総合対策事業」の実施状況及び今後の取組について地方公務員災害補償基金　東日本大震災に関連するメンタルヘルス総合対策事業（平成24〜27年度）実施結果報告書（pp.7-26）　地方公務員災害補償基金

宮城県（2016）．東日本大震災――宮城県の発災後1年間の災害対応の記録とその検証――

宮城県石巻市（2013）．復興関連事業で膨大な業務量　抜本的対策が必要な時期に　地方公務員安全と健康フォーラム，**88**, 16-19．

宮城県精神保健福祉センター（2012）．東日本大震災における心のケア――発災から10ヶ月の活動記録――　宮城県精神保健福祉センター

日本精神神経学会（2011）．東日本大震災復興支援に対する日本精神神経学会声明　2011年5月21日〈https://www.jspn.or.jp/modules/activity/index.php?content_id＝174〉（2018年8月3日）

西田一美（2012）．被災自治体職員に対するメンタルケア――激務のなかでのメンタルダウンを防げ（特集　震災と組合・職場のケア）――　DIO：連合総研レポート，**268**, 8-11．

Norris, F. H., Friedman, M. J., Watson, P. J., Byrne, C. M., Diaz, E., & Kaniasty, K. (2002). 60,000 disaster victims speak : Part I. an empirical review of the empirical literature, 1981-2001. *Psychiatry*, **65**, 207-239.

岡本玲子・岩本里織・西田真寿美・小出恵子・生田由加利・田中美帆…村嶋幸代（2016）．東日本大震災による津波被災半年後に自治体職員が語った有事の業務と思い――遺体対応に焦点をあてて――　日本公衆衛生看護学会誌，**5**, 47-56．

小野寺伸浩（2013）．東日本大震災における職員のストレスケア対策について――被災自治体の労働組合からの報告――　労働調査，**521**, 35-38．

太田保之・川崎ナヲミ・中根允文・荒木憲一・長岡興樹（1996）．災害ストレスと心のケア――雲仙・普賢岳噴火災害を起点に――　医歯薬出版

Perrin, M. A., DiGrande, L., & Wheeler, K. (2007). Differences in PTSD prevalence and associated risk factors among World Trade Center disaster rescue and Recovery workers. *The American Journal of Psychiatry*, **164**, 1385-1394.

坂田成輝（2016）．メンタルヘルス総合対策事業の振り返りと今後求められる対策について　地方公務員災害補償基金　東日本大震災に関連するメンタルヘルス総合対策事業（平成24〜27年度）実施結果報告書（pp.29-41）　地方公務員災害補償基金

澤口利絵・操　華子（2014）．東日本大震災から学ぶ心のケアの支援者支援活動　月刊ナーシング，**34**, 108-115．

重村　淳（2012a）．東日本大震災における救援者・支援者の意義　トラウマティック・ストレス，**10**, 3-8．

重村　淳（2012b）．救援者のトラウマと心理教育　前田正治・金　吉春（編）PTSDの伝え

方——トラウマ臨床と心理教育——（pp.147-166）　誠信書房

重村　淳・谷川　武・佐野信也・佐藤　豊・吉野相英・藤井千代…野村総一郎（2012）．災害支援者はなぜ傷つきやすいのか？——東日本大震災後に考える支援者のメンタルヘルス——　精神神経学雑誌，**114**, 1267-1273.

ストレス災害時心の情報支援センター（2012）．災害救援者・支援者メンタルヘルス・マニュアル　2018 年 5 月 7 日〈https://saigai-kokoro.ncnp.go.jp/document/medical_personnel02.html〉

髙橋幸子・桑原裕子・松井　豊（2014）．復興業務に従事する自治体職員のメンタルヘルスの推移——東日本大震災の 1 年 4 ヶ月後と 2 年 4 ヶ月後の比較から——　東洋大学 21 世紀ヒューマン・インタラクション・リサーチ・センター，**12**, 67-73.

筑波大学医学医療系精神医学（2015）．災害時のこころのケア——心理支援，医療・福祉，生活支援——　筑波大学医学医療系精神医学

Ursano, R. J., Fullerton, C. S., Vance, K., & Kao, T. C.（1999）. Posttraumatic stress disorder and identification in disaster workers. *American Journal of Psychiatry*, **156**, 353-359.

宇都宮明美（2007）．心のケア　丸川征四郎（編）経験から学ぶ大規模災害（pp.232-237）永井書店

若島弘文・野口修司（2013）．地方公務員のメンタルヘルスについて——石巻市役所での心理支援を通じて——　地方公務員月報，**596**, 2-11.

若島孔文・狐塚貴博・野口修司・小林　智（2012）．行政職員への支援　*Interactional Mind*, **V**, 39-43.

World Health Organization（1992）. *Psychological consequences of disasters prevention and management*. Geneva: World Health Organization.
　（世界保健機構　中根允文・大塚俊弘（訳）（1995）．災害のもたらす心理社会的影響　創造出版）

読売新聞社（2011）．記者は何を見たのか　中央公論社

全日本自治団体労働組合（2011）．惨事ストレスとメンタルケア——災害支援参加のあなたへ——　自治労総合労働局法対労安局　自治労労働安全対策室

全日本自治団体労働組合（2012）．被災自治体職員の「こころの健康」調査報告書　全日本自治団体労働組合

コラム 4

大規模災害時などにおける惨事ストレス対策研究会（2013）．大規模災害時等に係る惨事ストレス対策研究会報告書〈http://www.fdma.go.jp/neuter/about/shingi_kento/h24/sanji_stress/houkokusho.pdf〉（2018 年 8 月 31 日）

松井　豊・立脇洋介・俞　善英（2013）．消防職員への惨事ストレスケア——惨事ストレス研修と危機介入システム——　産業精神保健，**21**, 24-30.

俞　善英・松井　豊・立脇洋介・高橋幸子（2010）．「消防職員の惨事ストレス初級研修」のフォローアップ研究——効果の持続性及び実践現況の視点から——　筑波大学心理学研究，**39**, 65-72.

第 12 章

畑中美穂（2019）．ボトムアップ研究から対人関係を読み解く　松井　豊（監修）畑中美穂・宇井美代子・髙橋尚也（編）対人関係を読み解く心理学——データ化が照らし出す社会現象——（pp.149-158）　サイエンス社

Merton, R. K. (1949). *Social theory and social structure*. New York : Free Press.
（マートン，R. K.　森　東吾・森　好夫・金沢　実・中島竜太郎（訳）(1961). 社会理論と社会構造　みすず書房）
笹尾敏明 (2006). プログラム評価　植村勝彦・高畠克子・箕口雅博・原　裕視・久田　満（編）よくわかるコミュニティ心理学 (pp.112-115)　ミネルヴァ書房

コラム5

Jamais Jamais (2007). B型自分の説明書　文芸社
上瀬由美子・松井　豊 (1996). 血液型ステレオタイプの変容の形――ステレオタイプ変容モデルの検証――　社会心理学研究, **11** (3), 170-179.
松井　豊 (1991). 血液型による性格の相違に関する統計的検討　東京都立立川短期大学紀要, **24**, 51-54.
松井　豊 (1994). 分析手法からみた「血液型性格学」　詫摩武俊・佐藤達哉（編）血液型と性格――その史的展開と現在の問題点――　現代のエスプリ324 (pp.114-120)　至文堂
松井　豊（研究代表）(2006). 災害救援者に対する惨事ストレスマネージメントシステムのあり方に関する調査　平成17年度科学研究費補助金（基盤研究（B））研究成果報告書
松井　豊・畑中美穂 (2002). 災害救援者の惨事ストレスに対するデブリーフィングの有効性に関する研究展望1　筑波大学心理学研究, **26**, 95-103.
縄田健悟 (2014). 血液型と性格の無関連性――日本と米国の大規模社会調査を用いた実証的論拠――　心理学研究, **85**, 148-156.
佐藤達哉・渡邊芳之 (1996). オール・ザット・血液型――血液型カルチャー・スクラップ・ブック――　コスモの本
詫摩武俊・松井　豊 (1985). 血液型ステレオタイプについて　人文学報（東京都立大学), **172**, 15-30.
東京消防庁活動安全課・松井　豊・畑中美穂 (2007). 惨事ストレスに関する調査検証　火災, **286**, 18-24.
山岡重行 (2016). 血液型差別に及ぼす放送倫理・番組向上機構（BPO）勧告の効果　日本社会心理学会大会発表論文集, 164.

人名索引

ア　行

アーンスタイン（Arnstein, S. R.）　108
浅井真理子　143, 147
有園博子　153

池田謙一　105
石盛真徳　103
市村（阿部）美帆　8, 9, 14
犬尾さくら　54

ヴァン・エールデ（van Eerde, W.）　22, 24, 26
宇井美代子　84, 86, 87, 89, 90, 92, 94
ウィスニフスキー（Wisnivesky, J. P.）　177
上田　鼓　151
上畑鉄之丞　69
卯月盛夫　108

オーウェンズ（Owens, A. M.）　20
大和田攝子　154
奥田秀宇　102
オストロム（Ostrom, V.）　109, 110
オルポート（Allport, G.）　121

カ　行

カーニス（Kernis, M. H.）　7, 14
鍵屋　一　181
上瀬由美子　121, 125, 126, 128, 130
カラセック（Karasek, R. A.）　66
川浦康至　212
川上桜子　54

キセイン（Kissane, D. W.）　147
キューブラー＝ロス（Kübler-Ross, E.）　135

クナウス（Knaus, W.）　21, 25
グリック（Glick, P.）　85
桑原裕子　189

ゴールドスタイン（Goldstein, D.）　169
小城英子　44, 54
小西聖子　162

小浜　駿　30, 33
コバヤシ（Kobayashi, M.）　155
今野晴貴　72, 77

サ　行

坂田成輝　183
佐藤達哉　211
澤口利絵　181
サンプソン（Sampson, R. J.）　114

シーグリスト（Siegrist, J.）　66
シェリフ（Sherif, M.）　121
重村　淳　183
ジマーマン（Zimmerman, M. A.）　115

スティール（Steel, P.）　23, 25, 26
ストローブ（Stroebe, M.）　136
スレイブン（Slavin, R. E.）　121

セリエ（Selye, H.）　64

タ　行

タイス（Tice, D. M.）　23
田尾雅夫　107, 110
髙橋幸子　187
髙橋尚也　104, 116, 117
高本真寛　73, 76
詫摩武俊　211
田中国夫　102

チュー（Chu, A. H. C.）　24

テデスキ（Tedeschi, R. G.）　174
デュー（Deaux, K.）　84, 92

土肥伊都子　83

ナ　行

ナカタ（Nakata, A.）　69
中邨　章　105
縄田健悟　212

ハ 行

ハーヴェイ（Harvey, J. H.） 150
ハーマン（Herman, J. L.） 161
畑中美穂 167, 169, 171, 173
パットナム（Putnam, R. D.） 114
林 潤一郎 21

ビア（Beere, C. A.） 86
ピシル（Pychyl, T. A.） 24
廣井 脩 61

フィー（Fee, R. L.） 20
フィスク（Fiske, S. T.） 120
藤代富広 177
ブラウン（Brown, R.） 121, 122
フレット（Flett, G. L.） 27

ペイトン（Paton, D.） 174
ベノクレイティス（Benokraitis, N. V.） 84

ホージ（Hoge, C. W.） 168
ホージェン（Haugen, P. T.） 168
ボナンノ（Bonanno, G. A.） 137

マ 行

マートン（Merton, R. K.） 209
松井 豊 137, 166, 169, 174, 211
マン（Mann, L.） 21

宮元博章 21

向居 暁 52

ヤ 行

矢野恵美 127
ヤマウチ（Yamauchi, T.） 70
山岡重行 212

兪 善英 169, 170, 173, 176
遊間義一 123

ラ 行

ラザルス（Lazarus, R. S.） 64
ラッカー（Lucker, G. W.） 121
ラランド（Lalande, K. M. B.） 137

リップマン（Lippmann, W.） 120
リプスキー（Lipsky, M.） 106

レイ（Lay, C. H.） 20, 23
レイキン（Leykin, D.） 174

ローゼンバーグ（Rosenberg, M.） 1, 3, 5

ワ 行

若島孔文 182
脇本竜太郎 14

事項索引

ア 行
アンビバレント・セクシズム　85

一面提示　113

エンパワメント　114

カ 行
外傷後ストレス障害　184
外傷後ストレス反応　184
外傷後成長　174
外傷性悲嘆　151
仮説検証型　201
仮説探索型　201
がんサバイバーシップ　138
官僚制　106
緩和ケア　138
緩和ケア病棟　142

急性ストレス障害　184
急性ストレス反応　184
行政　99
協働　109, 123
協同学習　121
協働の進展プロセスモデル　115
恐怖喚起アピール　113

草の根運動　108
グリーフケア　136

計画タイプ　35
結果の再現性　208
顕在的自尊感情　6

合意形成　112
コーピング　65
個人的な関係　83
コミュニティ　101
コミュニティ意識　102
コミュニティ意識尺度　103
コミュニティ感覚　102

サ 行
サイコオンコロジー　139
先延ばし　19
差別　120
惨事ストレス　165

ジェンダー不平等指数　79
思考の節約　120
仕事の要求度―コントロールモデル　66
自己評価　1
自尊感情　1
死の受容までの5段階モデル　135
市民参加　108
社会関係資本　113
社会的ジレンマ　111
社会的・制度的支持　121
シャドウ・ワーク　83
集合的効力感　114
終末期ケア　141
職業性ストレス　65
心的外傷後ストレス障害　152
信頼　105
信頼関係　205
心理学的ストレスモデル　64

随伴性自尊感情　6
推論過程の整合性　208
スティグマへの懸念　168
ステレオタイプ　119
ステレオタイプ内容モデル　120
ストリート・レベルの官僚制　106
ストレス　63

生活の質　138
性差別主義　82
精神腫瘍学　139
制度信頼　105
セクシズム　82, 84
説得的コミュニケーション　112
セルフ・ハンディキャッピング　27
潜在的自尊感情　6
潜在連合テスト　6

相互作用モデル　84
喪失　133, 150
ソーシャル・キャピタル　113
測定　208

タ　行
大衆　41
対人魅力　42
態度と行動の乖離　112
短期的な自尊感情の変動のしやすさ　7
探索型研究　210
男女平等の判断基準　87

中範囲の理論　209

定量化　208
手続き的公正　113
伝統主義的性役割態度　84

トラウマ　151
トランスアクション理論　64
努力—報酬不均衡モデル　66

ナ　行
二次被害　155
人間関係　42
認知的評価　64

ネオセクシズム　85

ハ　行
汎適応症候群　64

悲哀　150
悲嘆　133, 150
否定感情タイプ　34

不一致　112
複雑性悲嘆　151

分配的公正　113
偏見　120
偏見低減　122

ホスピス　142
ボトムアップ研究　201, 210

マ　行
無作為抽出　207

迷惑施設　124

モダン・セクシズム　85

ヤ　行
有名性　41, 54

ラ　行
楽観タイプ　35
ラポール（信頼関係）　205
ランダム・サンプリング　207

リスク　125
両面提示　113

英　字
ASD　184
DPS　21
GAS　64
GII　79
GPS　21
IAT　6
NIOSH モデル　67
PFI 刑務所　122
PTSD　152
PTSD　184
PTSR　184
QOL　138

執筆者紹介

＊名前のあとの括弧内は執筆担当章を表す。

【監修者略歴】

松井　豊（コラム5）
まつい　　ゆたか

1976年　東京教育大学教育学部卒業
1982年　東京都立大学大学院人文科学研究科博士課程単位取得退学
現　在　筑波大学人間系教授　文学博士

主要編著書

『改訂新版 心理学論文の書き方――卒業論文や修士論文を書くために』
（河出書房新社，2010）

『地域と職場で支える被災地支援――心理学にできること』（共編）
（誠信書房，2016）

【編者略歴】

髙橋　尚也（第6，12章）
たかはし　　なおや

2003年　筑波大学第二学群人間学類卒業
2008年　筑波大学大学院博士課程人間総合科学研究科心理学専攻修了
　　　　博士（心理学）
現　在　立正大学心理学部対人・社会心理学科准教授

主要著書

『住民と行政の協働における社会心理学――市民参加とコミュニケーションのかたち』
（ナカニシヤ出版，2018）

『質問紙調査と心理測定尺度――計画から実施・解析まで』（分担執筆）
（サイエンス社，2014）

宇井　美代子（第 5 章）
うい　みよこ

1997 年　東京学芸大学教育学部卒業
1999 年　東京学芸大学大学院教育学研究科修士課程修了
2004 年　筑波大学大学院博士課程心理学研究科修了　博士（心理学）
現　在　玉川大学文学部准教授

主要編著書
『質問紙調査と心理測定尺度——計画から実施・解析まで』（共編）
（サイエンス社，2014）
『アクティブラーニングで学ぶジェンダー——現代を生きるための 12 の実践』
（分担執筆）（ミネルヴァ書房，2016）

畑中　美穂
はたなか　みほ

2000 年　筑波大学第二学群人間学類卒業
2005 年　筑波大学大学院博士課程心理学研究科修了　博士（心理学）
現　在　名城大学人間学部准教授

主要著書・訳書
『保健と健康の心理学——ポジティブヘルスの実現』（分担執筆）
（ナカニシヤ出版，2016）
『いまさら聞けない疑問に答える心理学研究法のキホン Q&A 100』（訳）
（新曜社，2017）

【執筆者】

市村　美帆（第1章）　　目白大学人間学部客員研究員
いちむら　みほ

小浜　駿（第2章）　　宇都宮共和大学シティライフ学部専任講師
こはま　しゅん

小城　英子（第3章）　　聖心女子大学文学部准教授
こしろ　えいこ

竹中　一平（コラム1）　　武庫川女子大学文学部講師
たけなか　いっぺい

髙本　真寛（第4章）　　横浜国立大学教育学部准教授
たかもと　まさひろ

渡邊　寛（コラム2）　　筑波大学大学院人間総合科学研究科心理学専攻博士後期課程
わたなべ　ゆたか

上瀬　由美子（第7章）　　立正大学心理学部教授
かみせ　ゆみこ

浅井　真理子（第8章）　　帝京平成大学大学院臨床心理学研究科准教授
あさい　まりこ

小林　麻衣子（第9章）　　明治学院大学心理学部助手
こばやし　まいこ

兪　善英（第10章）　　大韓民国・国立精神健康センター
ゆ　そにょん

藤代　富広（コラム3）　　埼玉県警察本部
ふじしろ　とみひろ

髙橋　幸子（第11章）　　東洋大学21世紀ヒューマン・インタラクション・
たかはし　さちこ　　　　リサーチ・センター研究支援者

立脇　洋介（コラム4）　　九州大学アドミッションセンター准教授
たてわき　ようすけ

社会に切りこむ心理学
――データ化が照らし出す社会現象――

2019年2月10日 ⓒ　　　　初版発行

監修者	松井　　豊	発行者	森平敏孝
編　者	髙橋尚也	印刷者	加藤文男
	宇井美代子	製本者	米良孝司
	畑中美穂		

発行所　　株式会社　サイエンス社

〒151-0051　東京都渋谷区千駄ヶ谷1丁目3番25号
営業 ☎(03)5474-8500(代)　　振替 00170-7-2387
編集 ☎(03)5474-8700(代)
FAX ☎(03)5474-8900

印刷　加藤文明社　　　製本　ブックアート
《検印省略》

本書の内容を無断で複写複製することは、著作者および出版者の権利を侵害することがありますので、その場合にはあらかじめ小社あて許諾をお求め下さい。

ISBN978-4-7819-1438-1

PRINTED IN JAPAN

サイエンス社のホームページのご案内
http://www.saiensu.co.jp
ご意見・ご要望は
jinbun@saiensu.co.jp　まで．